中央和国家机关

强素质 作表率

读书活动

主题讲坛 十周年精选读本

ZHONGYANG HE GUOJIA JIGUAN
QIANGSUZHI ZUOBIAOSHUAI DUSHU HUODONG
ZHUTI JIANGTAN SHIZHOUNIAN
JINGXUANDUBEN

本书编委会 编

（下）

中国书籍出版社
China Book Press

目 录

科 技

历史

从辛亥革命到中国共产党的建立

主讲人：金冲及

各位同志，我今天讲的题目是《从辛亥革命到中国共产党的建立》。今年是辛亥革命一百周年，也是中国共产党成立九十周年。它提醒我们注意到一个事实，就是从辛亥革命到中国共产党的成立中间只有十年时间，其间还发生了五四运动。这十年事实上是一个前后相续、一环紧扣一环的发展过程。

毛泽东在 1942 年《如何研究中共党史》的讲话里有这样几句话，他说："研究中国共产党的历史，还应该把党成立以前的辛亥革命和五四运动的材料研究一下。不然，就不能明了历史的发展。"

所以我今天想讲三个问题：一个是辛亥革命；一个是五四运动；一个是中国共产党的建立。这三个问题里一些具体事实和经过不详细讲了，主要是讲这十年中间，历史是怎么一步一步发展过来的。某种程度上也可以说，就是要讲一下中国共产党为什么会在这个时候在中国出现？其中，对辛亥革命大家可能相对生疏一点，而且辛亥革命一百周年再有一个多月就到了，所以对辛亥革命我稍微多讲几句。

一、辛亥革命

大家知道，在中国共产党第十五次全国代表大会上，有一个重要的论断，就是说辛亥革命是二十世纪中国发生的第一次历史性巨大变化。这个报告把辛亥革命与中华人民共和国成立和社会主义制度建立、改革开放摆在一起，这是三次历史性的巨大变化，每一次变化都使中国向前跨上一个新的大台阶。这对辛亥革命是一个非常高的评价，事实上，也解决了辛亥革命的历史定位问题。但在此之前很长时间里，我们对辛亥革命的了解是很不够的，特别是对它的历史意义的认识很不够。我想这既有认识上的原因，也有时代的原因。

1941 年辛亥革命三十周年的时候，革命前辈林伯渠同志在《解放日报》上发表了一篇文章，其中讲到这样两句话，他说：“对于许多未经过帝王之治的青年，辛亥革命的政治意义是常被过低估计的，这并不足怪，因为他们没有看到推翻几千年因袭下来的专制政体是多么不易的一件事。”他这话是 70 年前讲的，他讲的“青年人”，现在在的话也都 90 来岁了，他们尚且认识不足，今天的青年人就更不用说了。

前辈学者任继愈先生去世前一两年在《人民日报》上发表过一篇文章。他讲：只有历尽灾难、饱受列强欺凌的中国人，才有刻骨铭心的“翻身感”。经历百年的奋斗，几代人的努力，中国人终于站起来了。这种感受是后来在新中国成长起来的青年们无法体会到的，他们认为中国本来就是这样的。从任老的话中，我们也能感受到没有经历过几千年因袭下来的专制政体的人，要真切地了解辛亥革命的意义确实很不容易。

这讲的是认识上的原因。

另外还有时代的原因。那就是说，辛亥革命不仅推翻了清朝政府，而且结束了已经统治中国几千年的君主专制制度，它的历史意义是非常重大的，但辛亥革命仍没有改变中国半殖民地半封建社会的社会性质，也没有改变中国人民的悲惨境遇。在那个时候，不光是共产党，孙中山也是一再地讲：革命尚未成功，同志仍须努力。共产党着重要讲，辛亥革命毕竟还没有解决中国社会的根本问题，以此来鼓励大家继续努力，把中国半殖民地半封建的社会推倒，建设一个新中国。以前把侧重点放在这方面，是当时时代的需要。

现在，辛亥革命已经过去一百年了，今天来谈辛亥革命，应该也可能更全面地、客观地论述它在历史上起过什么作用？它的不足又在哪里？它对中国历史以后一步一步向前发展究竟起了什么作用，处于什么地位？这是我主要想讲的问题。

生活在今天的年轻同志，恐怕已经很难想象和体会到100年前的中国处在怎样的状况下。那时候，中国人的苦难实在太深重了。辛亥革命前，1894到1895年发生了中日甲午战争，中国在这次战争中遭到很大的失败，签订了《马关条约》，把台湾割让给日本，日本本来还要把辽东半岛割走。结果，赔款是两万万三千万两白银。这是一个什么概念呢？那时清朝政府的全年财政收入基本上稳定在八千万两银子左右，两万万三千万两白银就等于国家三年的全部财政收入。日本在甲午战争以后迅速发展起来，从财力来说，很大程度上就因为得到了那么大一笔赔款。

另一位革命前辈吴玉章同志在回忆录里面曾经这样讲过，“这真是空前未有的亡国条约！它使全中国都为之震动。从前我国还只是被一些西方大国打败过，现在竟被东方的小国打败了，而且败得那么惨，条约订得那么苛。这是多么大的耻辱啊！”当消息传到他的家乡，那是四川一个比较偏僻的地方荣县，他和他的二哥都痛哭不止。他说：“我们当时悲痛之深，实非言语所能表达。”

但是，事情并没有完，隔了两年多，从1897年年底开始，西方列强在中国纷纷划出势力范围，以租借地的名义，强占了中国很多重要口岸，这里包括香港的新界，包括香港土地的90%，说租期是99年。那时候在西方列强眼里面99年以后，还不就是它的了吗！到1997年期限到了，我们就收回了香港。

到了1900年，也就是进入二十世纪的时候，八国联军进攻中国，世界上所有强国联合起来向一个国家发动进攻，在以往世界历史上还没有过。那时候，八国联军2万人占领了中国的首都北京，并且在北京进行分区统治。在内城，就是最近北京行政区调整前的东城区和西城区，以故宫为中心，东边是沙俄的占领区，西边是英美的占领区，北边是日本的占领区。家家户户门口都要挂那些国家的国旗，它们的士兵可以随便闯进任何人家为所欲为。侵略的时间整整持续了一年。今天我们几乎很难想象那时的悲惨状况。

八国联军侵华后，签订了《辛丑条约》，赔款四万万五千万两银子。就是说为什么你们中国要反抗外国的侵略，你们中国不是四万万五千万人吗？让你们每人赔偿一两银子。《辛丑条约》签订以后也不是事情就完了，沙俄当时出兵占领了中国的整个东北，而且一直到1903年还不撤退，还在报纸上扬言说，要把中国的东北变成“黄俄罗斯”。那时，它跟日本发生矛盾，因为日本也要占领东北，所以，1904年到1905年发生了日俄战争，这场战争在中国的东北进行，但清政府竟宣布两国都是友邦，所以保持“局外中立”。也在那时，英国军队进入西藏，一度占领拉萨。到1910年，日本正式吞并朝鲜，这对中国也是一个很大的刺激。中国和朝鲜是唇齿相依的邻邦，看到朝鲜人成了亡国奴，立刻就想到下一步等待着中国的是什么？所以那时候，摆在中国人面前最大的问题，就是说中国会不会亡？这是压在当时中国人心头最沉重的问题。

当时的清朝政府是个怎样的政府呢？它在《辛丑条约》签订后，对外可以说是一切听从外国的支配。现在我们已很难想象，在那个时候，我们的国家的命运不是掌握在中国人自己手里，而是听任外国列强任意摆布和宰割。英国的记者曾讲到，当时中国甚至连地方官的任命都需要得到外国人的同意，比如说东北任命地方官要得到沙俄的同意才行；在山东任命地方巡抚，这不是一般官员，是山东的最高官员，要得到德国的同意才行。所以陈天华当时说，列位，你以为今天的朝廷还是满洲的吗？它早就是洋人的了！难道我们连“洋人的朝廷”也不该违拒吗？“洋人的朝廷”这个根本问题，被他一语道破，立刻在全国民众中产生广泛的影响。所以，当时的中国，谁能够领导人民抵抗外来的侵略、挽救民族的危亡，谁就能够得到人民的支持；谁不能做到这一点，甚至跟这一点相反，它就会被人民所抛弃。为什么辛亥革命把矛头集中地指向了清朝政府？首先因为清朝政府已经把自己跟外国侵略者紧紧地勾结在一起，所以，中国人民要得到民族的解放，要反抗外国的侵略，就必须把它跟推翻清朝政府联系在一起。

还有，当时中国的一切权力全都集中在清朝政府手里。中国古代政治制度演变的一个重要特征就是中央集权在一步一步加强，到了清朝，雍正年间成立了军机处，每天几个军机大臣都要到皇帝面前，请示事情该怎么办，最后一切都是皇帝说了算，这叫乾纲独断。1908年，清朝政府已到了摇摇欲坠的地步，但它对自己的权力一点儿都不肯放弃。不像有些人所说的那样，那时候根本没有宪法，也没有立宪，它宣布的叫“预备立宪”，公布了一个《钦定宪法大纲》。第一条就是：大清皇帝统治大清帝国，万世一系，永永尊戴。它还规定，国家的一切权力，包括议会的召集、开闭、停展及解散议院、对外宣战讲和、司法制度、外交等一切权力都归皇帝。后来到面临崩溃的时候，也就是 1911 年辛亥革命爆发的那一年，清朝政府说要改变军机处，成立内阁，实行内阁制度。这个内阁一共 13 个人，有 8 个是满族，而且有 5 个是皇族。这批皇族是什么样子？我举一个小例子：宣统即位后，他的父亲是摄政王载沣，载沣的弟弟载涛管过陆军，武昌起义爆发，隆裕太后问载涛，说你看我们的兵怎么样？载涛连连磕头，说奴才只练过兵，但没有打过仗，这个我不知道。

一个政府已到了这种程度，但一切权力仍只高度集中在它的手里。所以大家觉得要是这样一个政府不推翻，中国就一点希望都没有了。所以，从当时情况来看，革命确实是不可避免的。这几年，一部分人中间流行着一些说法，说革命干吗？中国人为什么要打中国人？要是不革命，让清朝政府的改革推行下去，中国的情况会更好一点，等等。1995 年我到西班牙马德里参加第十七届国际历史科学大会，那次大会的中心就是讨论革命和改良的问题。当时出现一股世界性的潮流：全盘否定革命在历史上的作用，包括法国大革命和以后的各次革命。我那次是中国代表团团长，在会上作了一个发言，专门谈了怎么看待革命的问题。孙中山讲过一句话，说革命是万不得已的事情，而且不能一直革下去。你想，要千百万人起来抛头颅、洒热血，不惜作出最大的自我牺牲，这样的革命会是无缘无故地发生的吗？是少数人或者几个人就能鼓动或制造出来的吗？这一点可能大家生活在和平年代没有那种体会。我是在上海复旦大学参加地下党的，熟悉我的人可能都了解我是一个比较温和的人，但是我 1948 年初参加了地下党，为什么？是因为看到当时那个政府不推翻的话，我们的国家民族一点前途和希望都没有了，这才会豁出命去干。如果说能够用和平的方式解决这些问题，谁还会去干那些准备抛头颅、洒热血的事情呢？所以，经历过的人都知道，革命是万不得已的事情，照以前的老话说那就是逼上梁山才会干的事情。

辛亥革命，在某种程度上可以说，它的发生，就是我们这个民族、我们中国人民在饱受列强侵略、饱受专制势力压迫之下，长时期积聚起来的愤怒和仇恨的大爆发。为什么说辛亥革命是一个历史性的巨大变化？我想至少有三点。

第一，它开创了完全意义上的中国近代民族民主革命。这句话，是十五大报告里讲的，我觉得到今天好像还没有引起人们足够的重视或注意。为什么这样说呢？从近代以来，为了挽救垂危的民族，中国人曾经进行过各种各样的尝试，包括太平天国、戊戌变法、义和团运动等等，但是，这些并没有能给中国指出一条新的道路。孙中山第一个响亮地喊出了“振兴中华”的口号。我还记得刚改革开放的时候，有人曾问我，“振兴中华”这个口号是什么时候第一次提出来的？我查了一下，最早还是孙中山在 1894 年 11 月兴中会成立的宣言里提出来的。孙中山一个很重大的历史贡献，是他提出了民族、民权、民生三大主义，用今天的话来讲，就是说要民族独立、民主政治和民生幸福。而所有这些，怎么来实现？要靠革命的手段来实现。这是一个很重要的论断。这样一来，孙中山提纲挈领地把近代中国面对的种种矛盾中的三个基本问题提出来了。这样的主张，在中国历史上还不曾有人这样提出过，它深深地影响了不止一代的中国人。同一时期的其他思想家和政治家，在某些问题上可能比他说得更深刻，但要作为站在时代前列、代表一个新时代的伟大人物，当时没有人能同他相比。

当然，我们可以说，孙中山讲的这三条，跟我们今天的理解并不完全相同。他提出了这些目标以后，怎么来实现？也没有一下子找到一条正确的、具体的道路，而且没有更长远的目标，就是实现社会主义和共产主义，这些都是他的不足。但无论如何，在中国人面前提出这三大问题，这是一个历史性的贡献。所以今天可以说除了极少数人以外，我们中华儿女都把自己称为是"孙中山开创的事业的继承者"。事实上，我们也是为了追求民族独立、民主政治和民生幸福，把孙中山提出但没有完成的事业继续完成，并且在内容上又有新的重大发展。

第二，辛亥革命不仅推翻了清朝政府，而且一举结束了统治中国几千年的君主专制制度，建立了共和政体。这也是了不得的贡献。这一点，生活在今天的人恐怕也不大容易感受得到，正如刚才我引的林伯渠同志讲的话那样。中国的封建社会在世界上可以说是相当发达的，它不仅在经济上、政治上实行统治，而且在意识形态上也形成了一套严密的思想体系，比如说"三纲五常"，就是"君为臣纲，父为子纲，夫为妻纲"等等这一套东西，把人的头脑牢牢地束缚住。现在大家旅游去参观很多古老的房子，一进房子，堂屋里边中间常常有个牌位，上面写的就是"天地君亲师"，那时到私塾去上学，也先要对这个"天地君亲师"的牌位磕头。这是人们从幼年起就被灌输的根深蒂固的观念。

皇帝，人们把他称为"天子"，带有一种神秘的色彩，好像他是代表上天的意志来进行统治的，对他是不能反抗的。《红楼梦》里王熙凤有一句话：舍得一身剐，敢把皇帝拉下马。这句话反过来读，还可以读到另外一层意思，就是说那个时候你如果想把皇帝拉下马，就得要舍得一身剐，就是准备身上的肉被一片片割下来，凌迟处死。一般人不要说不敢做，连想都不敢想。但是辛亥革命把君主专制制度推翻了，这是非常了不得的。中国高度发达的封建社会，形成了一个非常严密的统治网络。这个统治网络的中心、最高点，就是皇帝。辛亥革命一下子把这个头砍掉了，整个旧的社会统治秩序一下子就乱了套。所以，清朝政府被推倒以后，整个旧社会势力的统治，再也建立不起一个统一的、稳定的秩序来，从袁世凯到蒋介石，像走马灯一样，一个接一个地替换，但是，谁都做不到像清朝、明朝那样统治200多年。这为以后革命的发展创造了十分有利的条件。

有一种说法认为，辛亥革命虽然把清朝推翻了，接下来的却是军阀割据、军阀混战，如果没有革命还好一点。这种说法，讲客气一点，是肤浅的、目光短浅的说法。事实上，军阀割据、军阀混战当然给中国人带来深重的苦难，但是，这也说明旧社会势力的统治已没有办法再像以前那样维持下去了，只能靠赤裸裸的、野蛮的军事统治来维持，而这种统治终究是不能长久的。另外，为什么国共合作的北伐能那样顺利地发展？也跟北洋军阀处于四分五裂状态、分裂成张作霖、孙传芳、吴佩孚三股力量互相牵制有关。直到解放战争时期，蒋介石对很多地方，如广西、山西、以至四川某些地区，实际上仍不能指挥自如。所以，辛亥革命以后，那种极端野蛮的军阀统治引起人民痛恨，注定是不能长久维持的，统治势力又处在那种四分五裂的状态，如果用历史发展的长时段的眼光来看，它为下一步革命的进展创造了重要的条件，只是新生儿诞生前的阵痛罢了。

第三，从思想领域来讲，辛亥革命至少带来两个变化，一个是民主精神的高涨，另一个是思想的一次大解放。

首先是带来了民主精神的高涨。本来，国家的事情只能由皇帝“乾纲独断”，老百姓连发言的机会都没有。当时很有名的“公车上书”，上书的人都是有功名的举人，举人当时很了不得，看过《儒林外史》范进中举的都知道，但是他们还不能直接向皇帝上书，而是先送给都察院，由都察院转呈，结果都察院不给他们转呈，没有到皇帝的眼前。那时候，老百姓被称为“子民”，只能乖乖地听话，国家的事情轮不上老百姓来插嘴。但在辛亥革命之后，成立南京临时政府，孙中山曾经讲过，整个《中华民国临时约法》里面，只有一句话是他加上去的，就是“中华民国之主权属于国民全体”。这对每个老百姓来讲，他就感到自己不再是子民，而是国家的主人了。

有人说民国不过是块招牌，这也对，但有这块招牌和没有这块招牌还是大不一样。老百姓开始意识到自己应该是国家的主人，虽然在事实上没有真正成为国家的主人，到中华人民共和国成立老百姓才真正成为国家的主人，但人们有了这样的认识还是一个很大的变化。所以辛亥革命以后，社会风气发生了明显的改变，大家发表各种议论，报刊、社团活动非常活跃。五四运动的发生离辛亥革命只有 7 年多，如果没有辛亥革命后造成的这种社会氛围和民众心理，五四运动是不会发生的。这是辛亥革命带来的人们思想上的一个重大变化。

另一个变化是人们的思想得到很大解放。新文化运动中，《新青年》上面陈独秀写过一篇文章，叫《偶像破坏论》。他说，就拿皇帝来讲吧，其实皇帝本没有什么神奇的、出众的地方，不过因为人们迷信他、尊重他，所以，他才能够成为元首号令全国，一旦被打倒了，就像现在俄罗斯的尼古拉二世、清朝的溥仪，比平常人甚至还更可怜。他说的可怜不是同情的意思，而是说好比一个菩萨塑像，把它拉下来扔在粪坑里，即使再拿起来，它还有什么神奇、出众的地方吗？他讲的这些非常重要，因为过去很长时间内，皇帝都被认为是至高无上的、神圣不可侵犯的。现在连皇帝都可以打倒，那么还有什么过时的、不合理的东西不能怀疑、不能抛弃呢？

所以说，五四新文化运动也是在辛亥革命的基础上发生的。可以说辛亥革命思想是那个时代、那个历史条件下最进步的思想。我们中国共产党中老一辈的、年龄比较大的一些革命家，比如说董必武、林伯渠、吴玉章，甚至朱德，他们都参加过同盟会，在同盟会的旗号下进行过革命。比他们年轻的，像毛泽东，他第一次发表政见是在学校的墙上贴了一个东西，主张共和国应该让孙中山做大总统，后来辛亥革命的时候，他参加了湖南的新军，当了半年兵。比他更年轻的周恩来、刘少奇等等也都是经过辛亥革命的洗礼，在思想认识上有了很大提高，后来又发现光停留在这个地方不行，于是又继续前进了。

辛亥革命在二十世纪的历史上跨出了一大步，但它仍没有从根本上改变旧中国的社会性质和人民的悲惨遭遇。这是为什么？除了当时新旧社会势力的力量对比外，当时的革命党人确实也存在严重的弱点：

第一，它没有科学的理论作指导，没有提出一个明确的反帝反封建的政治纲领。当时在很多人头脑里，最强烈的革命目标就是推翻清朝政府，认为中国为什么那么落后？原因就是在清朝政府的统治，只要把这个政府推倒了，就能够实现民族独立，而且当时很多人对西方的民主那一套十分崇拜，又害怕反对帝国主义会引起帝国主义的干涉，造成革命的失败。当把清朝政府推倒了，很多人就认为革命的目标已经实现，失去了继续前进的方向和动力，大家就各奔前程了。

第二，它没有能够依靠和发动全国最广大的民众，特别是下层的民众起来革命。辛亥革命在一定程度上也发动了群众，比如会党在租界里边进行了很多宣传和组织工作，而且在《民报》与《新民丛报》上展开对要不要进行革命的大论战，再加上本身一次次的革命行动，如徐锡麟、秋瑾的牺牲，黄花岗七十二烈士等等，都起了巨大的宣传作用。但是它始终没有真正依靠社会底层的最广大的劳苦民众。毛主席曾经讲，缺乏一个农村的大变动，这是辛亥革命失败的重要原因。因为它在一定程度上发动了群众，因而能够取得成功，而它又没有能够充分地发动和依靠广大群众，这又成为它失败的原因。帝国主义势力、封建势力在中国是盘根错节、根深蒂固的，不把最广大的人民群众发动起来，要想推倒它是很难的。没有做到这一点，在强大的帝国主义势力和封建势力面前，就觉得自己力量单薄，孤立无援，所以在达到一定目的后，很容易走向妥协。

第三，中国同盟会是一个相当松散的组织，成员复杂，意见分歧，很快出现争权夺利的现象。而在当时中国那么一个复杂和艰苦的环境下，没有一个坚强有力的革命政党作为团结群众的核心，也难以将革命进行到底。清朝政府推倒了，好像革命已经完成了，革命党本身内部事实上已经是四分五裂，各奔前程。没有那么一个核心，怎么能够把革命推向前进？

一句话，缺乏一个能够提出明确的科学的革命纲领，能够发动并依靠全国最大多数民众、由有共同理想和严格纪律的先进分子组成的革命政党的领导，这是辛亥革命留下的根本教训，又是当时中国不成熟的社会条件决定的。

二、五四运动

五四运动是从旧民主主义革命到新民主主义革命的一个转折点。对五四运动通常有两种理解。一种理解是广义上的，就是从 1915 年陈独秀创办《新青年》（最初叫《青年杂志》）开始，一直到 1920 年中国共产党成立前夜。另一种理解是狭义上的，就是指 1919 年 5 月 4 日因为巴黎和会上的山东问题引起的五四爱国运动。这两种理解，人们通常使用的是前者，但很容易忽略一个重要问题：在这个时期中包括着以五四爱国运动为分界点的前后两个阶段。这两个阶段在历史上都有重要作用，特别是重要的启蒙作用，并且有着延续性，但性质并不相同。

先讲第一个阶段即早期的新文化运动。它的发生是以对辛亥革命的反思为起点的，也可以说是对辛亥革命在思想领域里的一次补课。大家知道，陈独秀是五四新文化运动的重要领头人，他在辛亥革命时候，是一个坚定的革命派，曾经参加留日学生的革命活动。回国以后，他在安徽成立了一个“岳王会”，在安徽、南京成立了分会，曾领导 1908 年安庆的新军起义。辛亥革命后不久，他当了安徽都督府的秘书长，是辛亥革命的积极参加者。但是，辛亥革命的果实被袁世凯篡夺了，人民的生活依然很悲惨，国家的状况仍旧那么黑暗。毛主席在《论人民民主专政》里面也曾清楚地讲到，辛亥革命这样全国规模的运动都失败了，国家的情况一天一天坏，环境迫使人活不下去，于是怀疑产生了，增长了，发展了。当时许多人在思考，为什么辛亥革命以后这些问题仍没有得到解决？陈独秀提出一个重要看法，认为辛亥革命是推翻清朝政府的政治行动，而在思想文化领域里，还缺少一场彻底扫荡旧思想、旧文化、旧礼教的运动。所以，人们的头脑仍被这些旧思想牢牢地束缚着，所以共和政体不能得到巩固。他提出了“科学”和“民主”的口号，民主的对立面是专制，科学的对立面是迷信和愚昧。他想用“科学”和“民主”对旧的思想文化进行一次彻底的扫荡，他把它称为“吾人最后之觉悟”，起了巨大的启蒙作用。

白话文也在这时得到有力的提倡，有助于把文化从少数人占有下解放出来，能够为更多平民所理解和接受。鲁迅的《狂人日记》，是第一篇真正以白话文从事小说创作取得的巨大成果。大家都熟悉里面有许多很有名的话，比如，“我翻开历史一查，这历史没有年代，歪歪斜斜的每叶上都写着‘仁义道德’几个字。我横竖睡不着，仔细看了半夜，才从字缝里看出字来，满本都写着两个字是‘吃人’。”这些话听起来令人惊心动魄。所以，初期的新文化运动，我们也应该给它一个非常高的评价。

但初期新文化运动仍是在西方资产阶级民主主义旗帜下进行的，把以个人为中心的“独立人格”和“个性解放”放在最重要的地位。它强烈地反对“奴隶道德”，起着重大的进步作用。陈独秀在文章里讲，国家是一个一个的个人组成的，世界万事，都应该以自我为中心。这个不讲，还有什么别的可说。“奴隶道德”就是抛弃了自我这个中心，屈从他人。胡适当时有一篇很有名的文章，叫《易卜生主义》。易卜生是很有名的作家，当时对中国影响很大。胡适说我写《易卜生主义》，就是要培养一种健全的个人主义。易卜生有一个剧本叫《娜拉》，在中国上演时，另外起了个名字叫《玩偶之家》，讲的是娜拉在家庭里事实上是丈夫的奴隶，最后她觉醒了，离家出走。许多人把它捧得很高，认为它表现了妇女的自觉。鲁迅还是了不得，他做了一篇演讲：《娜拉走后怎样》。他指出：“从事理上推想起来，娜拉或者也实在只有两条路：不是堕落，就是回来。因为如果是一匹小鸟，则笼子里固然不自由，而一出笼子，外面便又有鹰，有猫，以及别的什么东西之类；倘使已经关得麻痹了翅子，忘却了飞翔，也诚然是无路可以走。”鲁迅这个见解很深刻。如果社会没有改造，到处还充满了鹰和猫之类的东西，即使妇女离家出走，难道就解决了中国的妇女问题了吗？

可以看出，初期新文化运动强调的仍在个人的解放，而不是整个国家民族的解放，着眼点重在个人权利，而不是人民的整体利益。这样，仍不能给苦难深重的中华民族指明真正的出路。许多人开始认识到：如果整个社会没有得到改造，个人的问题是不能真正得到解决的。于是，初期新文化运动的中心口号“个性解放”“人格独立”，逐渐被另一个口号代替，那就是“改造社会”“建设新社会”。

但是，社会应该怎么改造？需要建设的是怎样一个新社会呢？大家最初还不清楚。正在这个时候，俄国的十月革命发生了，把社会主义从书本上的学说变成生活中的现实。于是，一些中国的先进分子受到影响。其中，首先是李大钊。他写了两篇很有名的文章，一篇是《庶民的胜利》，一篇是《布尔什维主义的胜利》，成为在中国传播马克思主义的先驱者。但是，说实在的，这种思想在五四前的整个思想界，接受的人是很少的，并不处于主流的地位。而五四爱国运动的发生是一个转折点。它为什么成为一个转折点呢？因为对近代中国人来说，最敏感的问题就是中华民族的命运。第一次世界大战，中国是参战国，当时确实派了劳工到法国去参加支援战争，所以是战胜国之一，而德国是战败国，战后它在山东从中国夺去的特权当然应该归还给中国。中国人原来抱着很大的希望，认为第一次世界大战的胜利是“公理战胜强权”。陈独秀的文章曾讲，美国的总统威尔逊是世界上第一等的好人。但是现在怎么样？巴黎和会成立一个“十人会议”，由美国、英国、法国、意大利、日本的代表组成，每个国家派两个人，关起门来商量做决定。做出的决定中国代表团表示抗议，但他们说，这是不能改变的。这样，原来对西方象征自由民主或者代表公理所充满的希望一下子破灭了，中国的民众极大地愤怒了，五四爱国运动爆发了。先进分子们不再把西方看作学习的榜样，要走新的路——俄国人的路。而且，这是中国历史上以前从来没有过的规模如此巨大的一次群众运动，群众的力量前所未有地显示出来。这个运动中涌现的一些积极分子，也改变了原来比较消沉的心态，大家常常聚在一起，议论中国下一步该怎么办？今后中国该怎么走？

瞿秋白身体不好，有肺病，在五四前思想很消极。鲁迅更早一点的时候，因为辛亥革命以后那个局面，也很苦闷，天天在庙里抄碑。经过五四运动之后，人们的心情不一样了。志同道合的人聚集在一起，大家越来越感觉到，现在我们要走十月革命的道路。

这样是不是抛弃了初期新文化运动的“科学”和“民主”的口号呢？不是，相反是把这个口号的内容更加深刻化、更加准确地表达出来了。民主，不能只是少数人的民主，而是要有绝大多数民众的民主。科学，也不只是一般地主张反对迷信和愚昧，而是要用科学的理论来指导、观察和分析中国面对的各种各样的问题。所以，五四以后，“科学”与“民主”实际上被赋予了马克思主义的解释，比原来更加全面、深刻。

这时在北京以李大钊为首，成立了马克思学说研究会。马克思主义的著作那时完整地翻译成中文的很少，1920 年陈望道才译出了《共产党宣言》全书。李大钊是北京大学图书馆馆长，馆里有很多英文书，北大许多学生可以阅读英文书，就可以共同阅读和研究了。陈独秀到了上海后，也成立了马克思主义研究会。那时候从日本回来一批留学生，像陈望道、李达、李汉俊等人接受了马克思主义，从事这方面的传播和宣传工作。我同陈望道先生很熟，曾问他，你怎么会想到翻译《共产党宣言》？他说是在日本受到影响，带回来的也是日文的《共产党宣言》，从日文翻译的。

所以，五四运动实际上为中国共产党的成立，在思想上和干部上都做了准备，马克思主义开始广泛地传播了，集结了一大批倾向于共产主义的知识分子。

我们每隔十年要隆重纪念一次五四运动。我刚才说五四运动分为两个阶段：1919 年 5 月 4 日是一个转折点。这两个阶段是有内在联系的，而且都发挥了重要的历史进步作用。但是，这两个阶段在性质上是有所不同的，前期它在反帝反封建方面起了很大的作用，但毕竟是资产阶级民主主义性质的，以个人为中心的；而后期是马克思主义思想逐渐在中国先进分子中成为主流。以前我看到不少书和文章，谈五四运动的历史意义，好像讲的都是早期的新文化运动，对“科学”与“民主”的解释也都是早期的，当然，这些也都起了巨大的进步作用。但我们应当讲完整，而且更主要的是要讲：五四为什么成为一个转折点？因为这一点好像注意的人比较少。

三、中国共产党的建立

五四运动为中国共产党的成立，作了思想上和干部上的准备。也就是说，中国共产党的成立，这时已经到了瓜熟蒂落、水到渠成的时候了。当时全国的中心是北京和上海，现在可以最早查到共产国际保留下来的档案记载：1920 年 5 月的时候，上海陈独秀等五个人发起成立中国共产党，并建立起了共产党早期组织。李大钊接着在北京也建立了共产党的早期组织。这以后，陆陆续续在山东、湖北武汉、湖南、广东，甚至在海外诸如日本、法国都建立了早期的党组织。这已经形成一种趋势。

据革命前辈吴玉章回忆说：“处在十月革命和五四运动那伟大时

代，我的思想上不能不发生非常激烈的变化。当时我的感觉是：革命有希望，中国不会亡，要改变过去革命的办法。虽然，这时候我对中国革命还不可能立即得出一个系统的完整的新见解，但是通过十月革命和五四运动的教育，必须依靠下层人民，必须走俄国人的道路，这种思想在我头脑中日益强烈、日益明确了。”这并不是他一个人的思想经历，是有一定代表性的。但当时，虽然一些地方的早期党组织相继成立，但还没有中央机构和全国的统一组织。1921 年 7 月 23 日，党的一大在上海召开，标志着中国共产党的诞生。

在党的建立方面，陈独秀和李大钊是最重要的两个人。对马克思主义的研究和宣传最早的是李大钊，而且他对马克思主义的理解和论述，也比当时所有其他人都更深刻。他对马克思主义的接受至少比陈独秀要早半年，他对马克思主义的了解也比陈独秀深刻得多。但陈独秀确实有一个长处，就是他的性格，好像烈火一样，他一旦接受了一个新的东西，尽管对它本身的理解还不那么深刻、准确，但立刻就要付诸行动。所以，当李大钊在更深入地研究马克思主义的时候，陈独秀则更直接地把力量放在推动建立党的组织上。所以毛主席称陈独秀是五四运动的总司令。在建立党的组织方面，陈独秀的功劳是不可否认的。

从中国共产党的一大到五大，陈独秀一直是党的主要领导人，这并不奇怪。过去我们对陈独秀的批判，是有过分的地方，一个是把很多不是他说的归于他，比如说，在大革命时期，很多错误是从共产国际来的，但那个时候，中国党不便批评共产国际，所以最终只批评了陈独秀。另一个是对他有时讲得太过分了，说他参加托派是汉奸，其实陈独秀一直到死，还是主张反对国民党的统治，主张民主，所以我们对陈独秀应该有一个正确的评价。但是，后来也出现了另外一种情况，从一个极端走到另一个极端，认为陈独秀一切都好，一切都对，这恐怕也是过分的。大革命失败，陈独秀作为中国共产党的总书记，他也有他的责任，他确实也说过一些不正确的话。我们可以理解他为什么会去参加托派。但当时中共中央为什么要把托派的成员开除出党啊？因为在大革命失败后，国民党极端残酷地实行白色恐怖，党在上海的很多优秀的领导人，像陈延年（陈独秀的儿子）、赵世炎等等都被杀害了。在那么一个严酷的白色恐怖的情况下，陈独秀反对中央，搞小组织活动，如不坚决制止会导致党的灭亡。所以说，他确实有自己的责任。所以应该实事求是地讲，对的就肯定，不对的就否定。不要一说好就什么都好，一说不好就什么都不好，应该是肯定好的东西，否定不好的东西。现在对于陈独秀，有些人片面地去讲，反而产生了不好的效果。

当时党的建立，也不是孤立的现象。就在那时候，在法国的蔡和森给毛泽东写信说："我以为先要组织党——共产党。"恽代英等在湖北成立"波社"（波尔什维克的意思）。吴玉章等在四川成立"中国青年共产党"。可见，在中国建立共产党，决不是少数几个人的想法，也不是只依靠外来因素造成的，而是许多中国先进分子的共同要求，是客观局势发展到这一步时的必然产物。历史历来是处在矛盾中间，历史的发展，内因是变化的根据，外因是变化的条件，外因通过内因来起作用。

中国人经过了辛亥革命，又经过五四运动，最后走上了这样一条道路。《毛选》最后一篇文章中写道："中国产生了共产党，这是开天辟地的大事变。"这句话分量很重，令人印象深刻。因为中国共产党的成立，确实是具有了中国历史上任何政党从来也没有过的一些全新的特点，最重要的有三条，而这三条也正好是针对辛亥革命的三条教训所涉及的问题。

第一，它旗帜鲜明地以科学的理论——马克思主义作为自己的指导思想，自觉地用它来观察和分析中国的问题。应该说，没有马克思主义就没有中国共产党。1920年11月，上海的早期党组织起草的《中国共产党宣言》，就阐明了实现共产主义新社会的理想。党成立后，最重要的任务就是要用刚刚学到的马克思主义科学理论来观察和分析中国的实际问题。1922年2月党的二大通过的决议明确提出：“我们共产党应该出来联合全国革新党派，组织民主的联合战线，以扫除封建军阀推翻帝国主义的压迫，建设真正民主政治的独立国家为职志。”

中国沦为半殖民地半封建社会已经八十多年了，但中国人长期对这一基本国情缺乏正确的判断，对革命的对象和目标也缺乏科学的认识。中国共产党成立不久便破天荒第一次明确提出反帝反封建的民主革命纲领（虽然最初还没有提到反对封建的土地制度），实际上阐明了党的最高纲领和最低纲领的关系。这就使在黑暗中摸索的中国人对当时的国情有了基本的了解，有了明确的奋斗目标，并且知道要分两步走。隔了近一个世纪回头来看，我们不能不赞叹这种全新的认识是何等充满智慧，它的影响是何等深远！

第二，走向社会底层，发动并依靠占中国人口绝大多数的劳动民众，成为中国共产党不断前进的力量源泉。1922年，党在《第一次对时局的主张》中就明确宣布：“中国共产党是无产阶级的先锋军，为无产阶级奋斗为无产阶级革命的党。”党的一大通过的《中国共产党第一个决议》中，用了一半以上的篇幅谈怎样到工人中去做工作。许多接受了马克思主义的知识分子党员，纷纷脱下长衫，到工厂里去创办工人夜校和工人俱乐部，开展工人运动。前面提到的陈望道先生，是中国共产党最早的党员之一，是上海区委的第一任负责人，他曾对我说，最初建党的时候人家都是知识分子，他跟茅盾（就是沈雁冰），每天工人放工的时候，到工厂门口，站在一个高的地方，进行演讲。但是工人放工后，根本没几个人理睬他们。后来他们慢慢地摸索到了一些经验，就是先办工人夜校，教他们文化，也给他们讲些新的思想，从里面发现积极分子，以后又搞工人俱乐部，从工人的生活福利等一些不平等的待遇入手，慢慢提高他们的政治觉悟，工人运动就是这么发展起来的。

这里我还想说一个比较重要的问题，大家知道，中国革命胜利走的是“农村包围城市、武装夺取政权”的道路。但中国共产党并不是在农村产生，而是在上海这样的大城市里诞生的。毛泽东、周恩来、刘少奇这些党的领导人，都是先在城市里从事工人运动，然后再到农村中去领导农民运动和游击战争的。他们的思想是代表社会先进生产力的工人阶级的思想，有着远大的眼光和很强的组织力。这一条十分重要。没有它，就只能产生旧式的农民战争，中国革命也不可能胜利。这是为几千年来的中国历史一直到太平天国农民战争的事实所反复证明了的。

顺便我想说两句，工人阶级领导，从根本上讲是一种社会分析，它是从整个阶级来讲的，不是说一个一个工人来领导。工人阶级有三个特点，第一个，它是跟现代化的大生产联系在一起的。这一点把它和地主阶级、农民这种落后的生产方式区别开来了。第二点，在生产领域里，它是有着高度组织性的，这就把它跟农民、手工业者，以及一般的自由知识分子、自由职业者等等区别开来了。第三个，它是依靠劳动为生的，没有剥削，这就把它跟资产阶级区别开来了。可以说，人类发展到最后，别的阶级都消灭了，只剩下一个就是工人阶级。这个是从根本上来看的。

第三，把党建设成一个由有着共同理想和严格纪律的先进分子组成的坚强有力的革命政党，成为领导革命事业的核心力量。革命事业要在极端艰难而复杂的环境中取得胜利，必须有一个能够团结最广大人民共同奋斗的坚强有力的核心力量，否则是难以想象的。事实上，我们党的队伍的建立不是一帆风顺的，也经过了不断的分化和重新组合。中国共产党成立的时候，中共一大有十二个代表，这个问题我想也再说两句，现在有争论，说中共一大究竟是十二个代表还是十三个代表？其实是多了一个包惠僧。包惠僧确实参加了这次会，但是，包惠僧是武汉的，而武汉有了两个代表，一个是董必武，一个是陈潭秋。包惠僧当时到广东去，陈独秀叫他代自己参加会议，所以他不是正式代表。我有两个最有力的根据，一个是在共产国际保留的1921年的档案里边有一个俄文的档案，是中共写的报告，说明第一次全国代表大会出席的有十二个代表，这是档案的根据。另外，胡乔木在对毛泽东的诗词进行注释的时候，给毛泽东写过一封信，因为当时就有十二个跟十三个两种说法，当时李达说是十二个代表，他不但是一大的参加者，而且还是重要的组织者。究竟应该写十二个还是写十三个，毛泽东在旁边批了一句话说，是十二个。所以我想这个问题应该可以做结论了。我感到很遗憾的是，我有一篇文章，写的是十二个代表，发表的时候，编辑出于好意，可能觉得不少人都讲有十三个代表，就给我改成十三个了。这不是我的意思，我觉得就是十二个代表。至于参加的有十五个人，因为还有包惠僧和共产国际的两个人。拿出席一大的十二个代表来说，有的始终坚持下来，成为党的领导人，如毛泽东、董必武；有的英勇地牺牲了；有的中途脱离了党；还有的成为叛徒，被清除出党，如陈公博、周佛海、张国焘。这就像大浪淘沙一样，党正是在这个不断洗刷和筛选的过程中变得越来越坚强有力。只有这样的党，才能在任何艰难困苦的环境中，甚至在遭受严重挫折的状况下，始终摧不垮、打不散，直到夺取胜利。

中国共产党成立就具备了这三个特点，而这三点又确实是针对了辛亥革命时候的三个弱点。而这三点，可以说是中国共产党的三条基本历史经验。第一条要有正确的理论为指导。在当前就是要以马克思主义中国化的两大理论成果，一个是毛泽东思想，一个是中国特色社会主义理论体系为指导，来观察分析中国的问题。第二条是一定要依靠民众。就是以全国最广大人民的根本利益作为我们一切工作的出发点和归宿，也就是说一切为了人民，一切依靠人民，改革开放的成果应该由人民共享。第三条是要不断地加强党的建设，保持党员的先进性。小平同志讲，要培养“四有”新人，其中最重要的是两条，一条是有理想，一条是有纪律。一个党组织，如果没有共同的理想和严明的组织纪律，这个党是站不住的。在新的历史条件下，党还有一个执政能力建设的问题。胡锦涛在党的十七大报告中指出：“必须把党的执政能力和先进性教育作为主线，坚持党要管党，从严治党。”这是在新的历史条件下对党的建设提出的重要要求。这三条就是共产党区别于一切其他政党的不同的地方，是共产党能够胜利前进的保证。这确确实实是历史的经验。

最后，我再简单地说几句。回顾这样一段历史，有一种很强烈的感觉，历史是一个发展的过程，好像就是一场接力赛跑。后来的人总是以前面的人跑到的地点作为他的出发点，接过棒，然后再跑，跑到更前面去了。历史就是这样不断地前进的。人们常常容易有一种错觉，好像历史都是从自己开始的，都是从现在开始的，而忘掉了事情是怎样一步一步走过来的，其实没有昨天也就没有今天和明天。为什么中华人民共和国刚成立就建立了人民英雄纪念碑，而且毛主席当时就说要从一百一十年前讲起，纪念一代又一代为中华民族复兴作出贡献的先人。我们永远不能忘记，中华民族这一百多年走过来的路是多么不容易。

（本文根据金冲及 2011 年 8 月 27 日在中央国家机关“强素质·作表率”读书活动 2011 年第 8 期主题讲坛上的讲座内容整理）

苦难辉煌：
对国家和民族命运的思索

主讲人：金一南

今天这个题目，我相信在座的很多人都读过《苦难辉煌》这本书了，我们把前面讲得简单一些，迅速进入主题。

写这本书最大的动力不是为了给年轻人、老干部看的，而是写给自己内心的，回答自己内心的问题。这个党为什么能成功？1921 年建党时仅仅 50 余人，28 年以后能夺取全国政权。这个军队，1927 年八一南昌起义后只剩了 800 人，22 年之后百万雄师过大江。这个政党、军队的力量从哪里来的？这里面的必然性在哪里？

我们在今天说社会主义革命、社会主义建设取得这么大的成就：2004 年经济总额超过意大利，成为世界第六大经济体；2005 年连续超过英、法，成为世界第四大经济体；2008 年超过德国，成为世界第三大经济体；2010 年超过日本，成为世界第二大经济体。我们的经济高速发展，我们经常讲新中国以令全世界瞠目结舌的速度完成这种脱贫致富。我们建国之初人均 50 美元，今年人均 5000 美元以上，到 2015 年“十二五”规划结束，人均要达到 6800~7000 美元。我们用30年的时间走过别人上百年走过的道路，当然我们30年也积累了别人上百年积累的问题。中国共产党从一开始就是一个不被看好的力量。列宁写过有关中国革命的书不少，但都是谈辛亥革命的。列宁认为中国的民主主义革命，就是资产阶级革命，建立共和，这是最大的事情，至于中国搞社会主义，列宁根本就不看好。当年斯大林也是这样认为，他说真正的共产党是工人阶级的政党，中共清一色小资产阶级知识分子，不是真正的共产党。除此之外，中国当时的思想界泰斗梁启超、政界泰斗孙中山都认为中国不适合走共产主义道路。当时中国社会有300多个政治团体和党派，中共的成立就是增加了一个，仅此而已。我们今天总结出重大的现实意义和深远意义，是因为这个党成功了，所以它的成立就变得特别重大了。

中国共产党必然能成功吗？哪里有这么多的必然？我们是把本来的偶然性最终变成必然。当年中共成立时，中国共产党建党的两个中坚人物"南陈北李"——南面的陈独秀和北面的李大钊，都没有参加中共一大，这在中共的党史上是非常遗憾的。当年中共一大召开仅有13位代表参加，最年轻的是北京小组成员刘仁静，仅有19岁，比他资深的李大钊、邓中夏同志因有事而没来参加。我们看看中共一大这13位代表的各自走向，就知道这个党的道路何其艰难。前面等着他们的是什么？是历史机遇、重大的成功、辉煌的地位、深远的意义？什么都没有！前面是无尽的叛卖，是血与火的考验。大家看有脱党的、被开除的、牺牲的，13位代表加起来从头走到尾的只有两个人：毛泽东——中国共产党中央委员会主席；董必武——中华人民共和国主席。这个党何其艰难，它是那么的幸运吗？前面就是康庄大道、光辉前途吗？什么都没有。中国共产党只是当年中国政治舞台边缘的力量，而这股力量能够从政治舞台的边缘，走到东方政治舞台的中心，影响世界格局、改变世界格局。

在中共的党史上最为重要的一个人物是毛泽东，没有一个人的地位能够取代、超过他，他具有最为重大的作用。就像小平同志讲的，中国革命如果没有这个人，可能至今还在黑暗中摸索。毛泽东同志在整个中国革命的建设中解决了关键性的问题，中国红色政权为什么会存在？毛泽东当年写：“一国之内，在四围白色政权的包围中，有一小块或若干小块红色政权的区域长期地存在，这是世界各国从来没有的事。这种奇事的发生，有其独特的原因。而其存在和发展，亦必有相当的条件……它的发生不能在任何帝国主义的国家，也不能在任何帝国主义直接统治的殖民地，必然是在帝国主义间接统治的经济落后的半殖民地的中国。因为这种奇怪现象必定伴着另外一件奇怪现象，那就是和白色政权之间的战争。”中国的红色政权为什么会存在？至关重要的就是这条，“白色政权之间的战争”。土地革命战争时期，我们的湘粤赣苏区、鄂豫皖苏区、川黔苏区、湘鄂西苏区，全部是在各个白色政权的结合部，中央苏区的发生、发展、扩大，充分利用了蒋桂战争、蒋冯阎战争。当然这里的细节，由于我们今天时间有限来不及详细剖析。如果详细剖析就会知道，中国革命为什么能够发生、发展，并取得胜利？就是毛泽东同志讲的：“我们只需知道中国白色政权的分裂和战争是持续不断的，则红色政权的发生、存在和日益发展，便是无疑的了。”在这个基础之上，毛泽东同志提出了他的著名论断：“星星之火，可以燎原。”

当毛泽东同志把中国社会认识透了的时候，马克思主义的普遍真理与中国革命的具体实践开始结合，毛泽东思想产生。

中国共产党对毛泽东的选择经历了 14 年，从 1921 年中共一大到 1935 年遵义会议，这 14 年的时间里中国共产党撞得头破血流，磕得鼻青脸肿，最后发现只有毛泽东同志的道路是胜利的道路。毛泽东同志不是共产国际指定领导人，不是党的上级领导指定他来接班的，而是党在发展的过程中发现只有这条道路才能取得胜利。毛泽东为中国革命做出了最为重大、无人取代的贡献，在此之前，党的所有的领导人，从陈独秀开始，到瞿秋白、李立三、王明、向忠发、博古，谁对中国社会的认识都没有那么深刻，大家都是按照共产国际的指示指导中国革命。只有毛泽东是根据中国社会的特质来指导中国革命，我们党真正能够选择自己的道路、确定自己的纲领，规范自己的路线，是从毛泽东同志开始的，由此中国革命才能够胜利。毛泽东具备极高的历史自觉。什么叫做历史自觉？就是对社会运行规律的深刻领悟。毛泽东同志贯穿一生的是这种主动精神，一辈子不相信命运的摆布，一辈子不甘愿被规律左右，一辈子主张小人物打倒大人物，一辈子主张打破各种各样的条条框框的桎梏。就是这种巨大的历史自觉，把毛泽东同志从一个湖南农家的普通的农民子弟，推动成新中国集建党、建国、建军于一身的历史巨人。

毛泽东同志自己讲，党内大的处分就挨过八次。但他从来没有受一次处分就上诉、告状、放弃，他接受党的处分，然后再通过长期工作，证明你对我的处分是错的。1927 年毛泽东带领队伍上井冈山开始探索工农武装割据、农村包围城市的道路，开始探索中国革命的正确道路，党给他奖励吗？党给他开除政治局候补委员的处分，党内严重警告，在这个处分之下，毛泽东继续探索。这是巨大的历史自觉，如果没有这种历史自觉，他前面的沟沟坎坎这么多，早就回头了。就是因为毛泽东同志的巨大的历史自觉，把这个普通的农家子弟一直推成为新中国最为关键的领袖。

还有朱德同志。朱德同志当时是国民革命军的准将旅长，衣锦还乡不成问题。朱德同志不甘心，一门心思想加入中国共产党，跑到上海找到陈独秀想入党，把陈独秀吓了一跳。陈独秀把朱德同志劝走了，对身边的人说："我们党可不能让军阀参加啊。"他把朱德归为军阀一类。朱德在国内无法入党，打听到在中国有个旅欧支部在法国，就约了几个好友从上海坐船到法国，想在法国加入中国共产党。朱德到了法国之后，别人告诉他旅欧支部负责人张申府、周恩来去了德国，朱德又从巴黎坐火车赶到柏林，最后在柏林加入中国共产党，在柏林、苏联学习之后，回国参加八一南昌起义。

八一南昌起义是中国共产党武装力量的奠基，但当时南昌起义的领导班子里没有朱德。为什么呢？一个关键的原因，朱总司令带的力量太少了。南昌起义主力叶挺十一军八个团，贺龙二十军六个团，朱德率领南昌市公安局500人不到，起义部队南下后，这500人都跑光了，朱总司令成了名副其实的光杆司令。朱德没有部队，组织交给他临时管理叶挺十一军二十五师，3000人左右，留在三河坝殿后。后来部队主力全军覆没，领导人分散突围，只剩下三河坝2000余人。南昌起义在当时是非常尴尬的，两三万人的起义队伍最后只剩下三河坝的2000多人。怎么办？队伍一片混乱，关键这是叶挺的队伍，叶挺到南洋去了，朱德这时站出来控制住队伍，说："我们不能散，我们队伍有人有枪，有人有枪就有办法。"后来官兵回忆说："我们当初之所以有办法，是因为勉强听取了这位老同志的意见。反正大家都走投无路了。这位老同志说他有办法，那就跟着他看看，看看他有什么办法？他没办法我们再走不晚。"所以朱德当时把叶挺的部队控制住是很勉强的。起义的队伍都穿着短衣短裤，南昌的8月1号天气非常的热，跟着朱老总一直走到10月底还是短衣短裤。没有备装、没有食品、没有药品、没有弹药，什么都没有。所以一边走一边撤，一边走人一边跑。都看着这老同志也没有什么办法，越走人越少。走到江西安远队伍只剩 800 人。中央接到报告："师长、团长均皆逃走，各营、连长亦多离开"。师以上军事干部只剩朱德一人，政工干部一个不剩，团级军事干部只剩王尔琢，政工干部只剩陈毅，队伍面临一哄而散之势。这真是中国革命千钧一发的时刻，这 800 人如果散掉，南昌起义片甲不留。中国人民解放军到哪里去寻找自己的奠基啊？就在江西天心镇稻田的土坎上，朱德站上去说："大革命失败了，我们起义军也失败了，但是我们还是要革命的。同志们，要革命的可以跟我走，不要革命的可以回家，不勉强。"朱德当时举了个例子：1905 年俄国革命失败了，但 1917 年他们成功了，我们今天就是俄国人的 1905 年，我们一定会迎来我们的 1917 年。大家从朱德同志的这种激情中，感觉到一种信仰的力量。没有人相信革命还会成功，就这么一个旧军队过来的旧军人，他相信革命一定会成功，这 800 人跟着他信了。所以陈毅同志就讲，朱总司令在最黑暗的日子，在群众情绪低落到零度、灰心丧气的时候，指出光明的前途，这是司令最伟大的地方。什么叫力挽狂澜？这就叫力挽狂澜。这支 800 多人的队伍里面，没有人能想到 22 年之后百万雄师过大江，但每一个自愿留下来的人，从朱德身上都感受到革命一定会胜利的信念。

当年四散撤退的南昌起义领导人，谁能够想到，起义过程中没有担负主要领导，不是开路先锋就是殿后、从头到尾在打杂的朱德，最后是他收拢南昌起义残部，坚持斗争，从而成为中国人民解放军第一军人——中国工农红军总司令、中国人民解放军总司令。南昌起义如果成功，能当总司令的人比比皆是，根本轮不上朱德，他当时连领导班子都没进去。南昌起义失败了，朱德的全部价值在失败中展现了，这是历史提供的机缘。西方有句话叫危机毁灭权威，危机诞生权威。

危机要毁灭旧的权威，危机中要诞生新的权威。朱老总的全部权威在危机中诞生，当初党的指示是分散突围，没有任何组织告诉朱德，你收留的残部将来要上井冈山，你将来就是中国人民解放军奠基的第一人，朱德完全凭着历史的自觉。

1955年中国人民解放军授衔，排列十大元帅之首的朱德，十大元帅之三的林彪，十大元帅之六的陈毅，排列十大将之首的粟裕，1927年10月都站在800人的队伍里面，朱德稳住的这800人最后成为了中国共产党埋葬蒋家王朝的基本主力。你说这800人是残兵败将？还是燎原的火种？全在一念之间。当时师长、团长全部走光，他们认为手下只剩800人，这种残兵败将没法收拾，赶紧脱离队伍，另找别的出路去了。朱德留下来了，把这800人变成了燎原的火种。解放后，国务院副总理谭震林同志有一段回忆，他说："假若朱德不能把南昌起义的队伍带上井冈山，而井冈山只有秋收起义那一点力量，很难存在下去。"八一南昌起义的队伍来了，军官几乎都是黄埔军校毕业，士兵清一色北伐军的队伍，战斗力由此大增，这不是"朱毛会师"的重大意义吗？一直到今天，中国人民解放军陆军17个集团军，头等作战主力的军都能够联系上红四军28团，在今天它依然是中国人民解放军陆军核心战斗力的发源，这就是南昌起义的重大贡献。

有句话这样说："人的一生纵然漫长，但是关键时刻只有几步。"朱德凭借他所做的这一件事情，就可以成为谁都无法颠覆的中国人民解放军的泰斗，这种历史地位是在历史最艰难的时刻奠定的。

我们再来看看周恩来同志。周恩来对于中国共产党到底意味着什么？尼克松有段评价比较贴切，他说："毛泽东是一团烈火，周恩来是一个控制火势的人。"我自己想了个我认为更合适的比喻：打开一个手电筒去照射的时候，顶多十几米光线就散了；而要是一束激光，几公里之外都能烧穿一块钢板。激光的能量就在于激光的高度聚焦。周恩来于中国共产党的工作就是通过大量的组织协调完成党内力量的聚焦，把党内脾气各异、兴趣各异、性质各异的人结合起来，把个人恩怨抛开，完成党的力量的聚焦，使松散的团体变成了坚强的、能够夺取政权的党，周恩来为此做了重大贡献。

我给大家举个例子，长征之初，1934 年 10 月红军出发之前，毛泽东同志曾经给中央写了一封信，表示自己不跟着队伍走。毛泽东同志在信里写：我自愿带领一、三军团的部分领导和红九军团二十师留下来，坚持苏区斗争，欢迎中央再回来。毛泽东的这封信当时交给了中央负责人博古。博古同志当年 28 岁，非常年轻，是中共中央主要负责人。他当时看了这个信以后，不知道该怎么处理，就把信交给了周恩来，周恩来同志看了信之后跟博古同志讲了一句话：我去找他谈。周恩来连夜骑马从中央所在地瑞金赶到毛泽东同志的住地，两个人关起门来彻夜畅谈，核心一句话，劝毛泽东跟着队伍一起走。第二天早上谈完话，毛泽东同意跟着走了。如果毛泽东不跟着走，红军长征是什么样的长征，遵义会议会怎么样？红军真的能走出困境吗？而毛泽东同志如果留下来，他的生命安全能有保障吗？这不正是周恩来于中国革命的重大贡献吗？周恩来同志在中国革命的多次转折中都作出这样的重大贡献。

遵义会议召开时，博古不适合担任党的领导人了，要换张闻天同志出来担任，但博古不愿意把权力交给张闻天，遵义会议没有像我们一般人印象中的那样解决了领导权问题。遵义会议开过 20 天，中央的两个挑子，一个挑子是中央印章，一个挑子是中央文件，依然跟着博古。20 天之后，走到云南一个叫“鸡鸣三省”的地方，周恩来与博古彻夜畅谈，核心一句话，劝博古把权力交出来。博古同志 1946

年因飞机失事牺牲了，牺牲之前多次对他的好友潘汉年讲过周恩来与他的谈话，我们今天看见的是潘汉年口述的记录，周恩来通篇谈话没有批判过博古一个字，都是现身说法。周恩来对博古说："你我都是留过洋的，我们都是吃过洋面包，你是留俄的，我是留日、留法的，我们留过洋的人对中国的国情都不是那么的了解。"周恩来讲他自己，他说："自从我领导南昌起义失败后，我就知道中国革命靠我们这些人搞不成，你博古当领袖你搞不成，我周恩来当领袖我也搞不成，我们要找一个真正懂中国的人，那个人才能搞得成。老毛是这样的人，他懂中国，他能搞成。你我谁也不要企图当领袖，我们共同辅助他把事情搞成。"周恩来还讲了一句话："现在我们的最高原则是作战胜利，只有这样才能得到一致，我们要将问题提到最高原则上来解决。"

第二天一早，博古的两个挑子全部上交中共中央，张闻天顺利接班，后来博古在毛泽东与张国焘开展斗争时，坚决站在毛泽东一边。毛泽东开展与王明的斗争，博古也不站在王明一边。博古后来讲，周恩来一席谈话对他影响至深。我想这是周恩来的一个基础，他考虑的是中国共产党的胜利，他忠于的不是个人，他忠于的是这个党。他追求的不是个人的历史地位，而是党的胜利。周恩来把党人做到了极致。我认为只要世界上存在政党这种形式，周恩来就是所有党员的榜样，不仅是中国共产党党员。周恩来用他的全部生命践行了这一点——党人，为中国共产党做出了最大的贡献。

所以我经常讲，这不正是周恩来同志的历史自觉吗？如果中国共产党的道路从运气的角度来讲的话，毛泽东、朱德、周恩来这样领袖的结合，是中国共产党天大的好运。毛泽东对党的路线方针政策的把握，朱德的坚定的革命信念和必胜的斗争精神，周恩来大量的组织协调工作，形成了共产党坚不可摧的"铁三角"。他们是一个坚强的、完整的共产党的领导集体，他们这三个人凭借强烈的历史自觉，达成了完美的历史和谐。

正因为此，中国共产党才能战胜近代以来一个空前有力的蒋介石集团。蒋介石集团是自袁世凯集团之后，在中国社会空前有力的政治力量。蒋介石当年出任黄埔军校校长，他亲自决定了黄埔的门联：升官发财，请走他路；贪生怕死，莫入此门。

这是黄埔以信仰建军所获得的力量，黄埔军北伐谁也挡不住他，在相当一段历史时期内，蒋介石集团所向无敌，他也是为他的信仰作战的。从中国近代历史看，老蒋通过收买、驱逐、行刺、战争等等手段，使众多对手纷纷倒地。他赶走许崇智，软禁胡汉民，孤立唐生智，枪杀邓演达，刺杀汪精卫，用大炮机关枪压垮冯玉祥、阎锡山、李宗仁、白崇禧、陈济棠，用官爵银元收买石友三、韩复榘、余汉谋，等等。这些中国近代有名的人物，没有一个是老蒋的对手，纷纷被他弄垮，谁都斗不过他。

所以在中国的革命进程中国民党有一些好故事，抗战中有，北伐中也有，但共产党的故事肯定更好，国民党打了败仗就散了，共产党打了败仗却不屈不挠，继续顽强奋斗，一往无前。

我们今天的一切都建立在周恩来讲的那句话：最高标准最高准则是夺取胜利，离开胜利一无所有。共产党为了胜利，为了追求真理，一无所惜、义无反顾。

陈独秀大革命时期犯了右倾机会主义错误，你说陈独秀不是个革命者吗？陈独秀家境殷实，他的二叔经商家产万贯，膝下无子，想把财产全部都过继给陈独秀。陈独秀当时一门心思办《新青年》杂志，搞革命，坚决拒绝。他二叔派来的两个小伙计不甘心地劝他，说：“少东家，你先别发火，北京还有几处铺面，你是不是先到北京的几个铺面看看再说，北京的几个铺面很不错，少东家看了就会回心转意。”陈独秀立刻勃然大怒说：“你们俩给我滚！我要消灭私有制！”

我们今天很难设想，我们曾经有这样的一批共产党人，义无反顾地追求自己内心的梦想，我觉得这个党能够天翻地覆是从这儿来的。我经常说，一个人如果没有梦就是行尸走肉。人要实现自己的全部梦想也很难，但梦会带你走出很远的距离，比没有梦想走的距离远得多。所以我说：“怀抱理想主义去做事业，多数时候会头破血流。但如果能够成功，必定是一个伟大的事业。”任何的伟大都是由梦想成就的，我们在账房里能够把利害得失算计得清清楚楚，却唯独算不出伟大来，因为你算计的过程中没有梦想，而梦想是伟大的基础。共产党人的远大抱负绝不会被眼前的利益所驱使，这是共产党员不竭的生命力的来源。在我们党的历史上，有无数先烈不惜为了内心的梦想付出惨痛代价，抛头颅、洒热血。

周恩来曾说：“敌人可以在三五分钟之内消灭我们的领袖，我们却在三五年内重新把他们锻造出来。”世界政党史上没有一个政党像中国共产党这样，党的领袖像割韭菜一样一茬一茬被对方屠杀，在大革命关键时期出现大量叛徒。

江苏省委书记赵世炎就是被江苏省秘书长出卖，秘书长带人上门抓捕，赵世炎被捕枪毙。陈独秀的大儿子陈延年继任江苏省委书记，江苏省委交通员叛变，又被交通员带人上门抓捕。大革命时期最高领导人政治局、组织局主任罗亦农被出卖，很快被枪毙了，他的职务相当于今天的政治局常委。中国革命遭遇了这种急流险滩，大量的灾难，难以设想。中国共产党人多少人的奋斗牺牲才使得我们的胜利由偶然变成了必然，没有任何一个国家的革命历程能与中国革命的惨痛程度相比。十月革命列宁被捕流放过两次；托洛茨基被捕流放两次；

布哈林被捕流放过三次；加米涅夫被判处终身流放；斯大林被捕流放达到七次。但是要在中国试试看，一次就有去无回，哪轮到七次呢？

我们今天承认蒋介石是个民族主义者，但在屠杀共产党人这一点上他却毫不手软。当年蒋介石的电报常常是“见电斩立决”。如果沙皇尼古拉二世学了蒋介石的手段，我看十月革命根本就发生不了。领袖们全部毁灭，列宁都被枪毙两次，哪有什么十月革命？你想想斯大林被枪毙七次啊，哪会有十月革命呢？这种残酷性谁能跟我们比呀，中国革命经历了最严峻的环境的考验。

中共中央总书记向忠发被捕叛变，蒋介石也只让他活了三天，照样枪毙，叛变也枪毙他。

除此之外，高级领导干部叛变比比皆是：中央特科负责人顾顺章被捕叛变；上海中央局负责人李竹声、盛中亮被捕叛变；中央军区参谋长龚楚叛变；红十六军军长孔荷宠叛变；湘赣省委书记陈洪时叛变；闽浙赣省委书记曾洪易叛变；闽北分区司令李德胜叛变……革命就是大浪淘沙，中国革命风太高、浪太急，淘汰率太高了。任何革命都有投机，但投机中国革命太难了。

我下面给大家介绍两个著名的大叛徒：一个是前红军代总参谋长龚楚，我们党最早从事农民运动的三位领袖之一。1928 年朱德、陈毅率南昌起义余部辗转粤北，遇见的第一个共产党员就是龚楚，龚楚在朱毛会师过程中起到了重大作用。所以朱毛会师成立红四军，湖南省委致信红四军军委：红四军军委书记由毛泽东担任，常务委员会由三人组织——毛泽东、朱德、龚楚，中央给红四军的电报不是称“朱、毛”红军，而是“朱、毛、龚”红军，这就是龚楚的历史地位。

长征时毛主席、朱德走了，龚楚留下来叛变了。

1935 年 1 月，龚楚以中央军区参谋长的身份向国民党投降。1949 年底，龚楚又以一个国民党中将的身份向中国共产党投降。两次投降都是为了活命，第二次投降龚楚自己都觉得太难受了，是向他手下的连长林彪投降。林彪当年是龚楚的下级的下级的下级，龚楚想见自己的这个老下级，见都见不着，林彪是第四野战军司令，四野司令不可能见你一个随属专员，林彪的下级的下级的下级就把你处理了。龚楚投降后思前想后觉得不对劲，跑到香港去了，后来写了本书叫《我与红军》。书中对怎么企图诱捕项英、陈毅只字不谈，专门写新中国某某领导人当年是我的下级，摆老资格。龚楚还是想回来，但深知共产党人最恨的就是叛徒，不敢回来。直到 1988 年最高人民法院颁布了法令，免除对全国国民党军政人员的刑事追究，龚楚才觉得安全了。1990 年，龚楚回到家乡广东乐昌县（今广东省乐昌市）常来镇时年过九旬，他回来连写三封信，分别写给邓小平、杨尚昆、王震，向当年的同志、今天新中国的重要领导人表示敬意和问候。杨尚昆、王震当年都是龚楚的下级，龚楚写信的时候，杨尚昆是国家主席，王震是国家副主席。小平同志当年出任红七军政委，他俩是搭档，所以龚楚单独给邓小平同志发了一封电报，报告他已从香港返回故乡。小平同志从北京给他挂了个长途，龚楚举着电话听筒老泪纵横，我们可以想象一下，当时打电话的这两位老人，一个是红七军的军长，一个红七军的政委，现在打电话的一个是中国改革开放的总设计师，另外一个充其量只能算一片寻找根基在哪里的落叶。

另外一位大叛徒是张国焘。我前面讲了龚楚在香港写了本书叫《我与红军》，给这本书作序的就是张国焘，两个大叛徒在香港搞到一块去了。在今天相对公正地看，毛泽东、张国焘可以说是中共党内极具领袖气质的两个人物，他们与此前的领导人相比最大的区别是都不以共产国际的指示为然，都要走中国革命自己的道路，这两个人都主张独立自主。

土地革命战争时期，这两个人领导了两块最大的苏区，毛泽东领导中央苏区，张国焘领导鄂豫皖苏区；他们分别指挥了两支最有力的红军部队，毛泽东指挥中央红军，高峰时期八万人，张国焘指挥红四方面军，高峰时期也是八万人；而且这两个人还有第三个共同点，都非常好地完成了知识分子与工农群众的结合，在各自苏区都取得了至高无上的权威。张国焘这么一个极具领袖资格的、优势巨大的领导人，却在 1938 年叛逃了。张国焘叛逃时的身份是陕甘宁苏维埃主席，周恩来、李克农两个人从延安追到西安，从西安追到武汉，劝张国焘回延安，张国焘没有回头。

张国焘从 1921 年中共一大执行主席，到 1938 年陕甘宁苏维埃主席，1949 年全国胜利，他坚持了 17 年，还剩 11 年他坚持不住了。张国焘曾经在革命中做出过不小的贡献，却在 1938 年时叛逃，投到国民党军统，向戴笠报告中共高层的内部斗争，为把中共搞垮出谋划策。直到 1948 年他才看出中国共产党即将获得全国胜利，赶紧调整立场，脱离军统、脱离国民党，想搞第三党，却来不及了，最后跑到加拿大，1979 年病死于多伦多养老院。

一个人在最后时刻都会回想一生最辉煌的时刻，想必张国焘在加拿大客死他乡的时候，会回想到 1935 年 6 月一、四方面军的会合，他骑一匹白色骏马，在 10 余位警卫的簇拥之下飞驰两河口，毛泽东率领政治局全体委员走出三里路，立于蒙蒙细雨中恭候的情景。毛主席对张主席的资格、资历、军力、手中的实力给予极大的尊重。当天晚上张国焘与周恩来谈天的时候，询问周恩来军队到底还有多少人？周恩来一看就觉得张国焘野心外露，回答说大约还有 3 万左右，实际上当时中央红军只剩下1万人了，而红四方面军有8万人。这样问题就浮出水面，一、四方面军分裂不是因为纲领、政策、路线问题，而是因为实力相差悬殊。张国焘后来发现中央红军就这么点儿人，他就说，为什么中央委员都在这1万人里面，我这8万人里没有几个，而且你这1万人还搞了个遵义会议，把中央领导人都换了，我这8万人不知道，那你遵义会议的合理性、合法性在哪里？于是就率领8万3千红军南下，毛泽东则率领7千红军北上，连张国焘的十分之一都不到，毛泽东把那一刻称为一生中最黑暗的时刻，比大革命失败还要黑暗。

中央红军毛泽东带领7千人，到陕北只剩6千人，陕北根据地当时被红二十五军控制。而红二十五军是张国焘一个部属，毛泽东当时没有把握，给负责人徐海东写了一封信，借钱是一方面，试探是更为重要的一方面。徐海东同志接到信后把军供给部长找来问还有多少钱，军供给部长说还有6000多大洋，徐海东同志大笔一挥，给中央红军5000大洋，自己留了1000大洋，同时留一封信，完全服从中央红军指挥。毛泽东同志一块石头落地了，陕北是个安全可靠的根据地，终于找到落脚点了。

毛泽东后来反复讲，徐海东对中国革命是有大功的人，徐海东一生征战屡次负伤，其中6次重伤，战功卓著，但对中国共产党最大的贡献是在革命的关键时刻服从中央指挥，为革命作出最大贡献。1955年徐海东同志被毛泽东同志亲点授衔，大将排序第二。在陕北之前，徐海东与毛泽东同志一面都没有见过。他具备共产党员的党性，他如果只是个简单的军人的话，他不会这样做。

徐海东同志与毛泽东同志一面都没有见过便坚决服从，你看我们军队另外一员大将陈赓，与蒋介石那么深的关系却坚决不从。陈赓是黄埔一期毕业时蒋介石最欣赏的学生。他在东征军的连队战功卓著，蒋介石把陈赓这个连调为总司令部警卫连，陈赓实际上是蒋介石的卫队长。一次东征军作战，黄埔军被全线冲垮，蒋介石深陷重围，撤退不及，想举枪自尽，陈赓在这个时候冲上来，背着他跑了三里路，救了蒋介石一命。

陈赓与蒋介石的关系，就师生关系来说，蒋介石是校长，陈赓是学生；就上下级关系来看，蒋介石是总司令，陈赓是总司令的卫队长；就个人关系来看陈赓还救过蒋介石一命。如果陈赓要留在蒋介石身边，真是高官任做，骏马任骑，荣华富贵享尽。但陈赓最终选择离开了蒋介石。为什么会这样呢？陈赓同志去世太早，这个谜一直没有揭开。直到有一次台军退役将领到大陆来访问，他当年是陈赓的下级，也是蒋介石的贴身侍卫之一，他给我们回忆这一段后我们才明白，为什么陈赓当年离开了他的总司令？他说其实也不是什么太大的事，就是一件事，我的老班长（他称陈赓为“我的老班长”）就嫌总司令在指挥作战之余，老是打开收音机收听上海的股市，就这一点，陈赓觉得蒋介石不是真正的革命者。

陈赓离开蒋介石后到苏联去学习。回国后在周恩来的领导下，在上海做地下工作，又受周恩来指派进入张国焘领导的鄂豫皖苏区，在鄂豫皖苏区出任红军师长，在鄂豫皖苏区第四次反围剿作战中，陈赓身负重伤。鄂豫皖苏区无法救治他，张国焘下令把陈赓秘密送到上海，不幸在病床上被捕。蒋介石一听把陈赓抓住了，大喜，作出指示对陈赓不需要写反动启事，不需要做登报声明，治好伤，立即任命，并派人通知陈赓，委员长马上来看你。蒋介石到了医院，陈赓坚持不见，蒋介石只能吩咐把他的伤治好，苦笑一声走了。

中国共产党都聚集了一些什么样的人？你看徐海东与毛泽东一面

都没有见过，坚决服从，陈赓与蒋介石那么深的关系，坚决不从，我们共产党就聚集着一批这样的人！近代以来，没有哪一个政治团体像中国共产党这样，有如此众多的奋斗者为了心中的理想抛头颅、洒热血、前赴后继、义无反顾。他们不为官、不为钱、不怕苦、不怕死，只为信仰。如果中国共产党就是为了个人首先富起来，没有人会跟着我们干的，我们不可能取得这样的成就，我们的党不管理论如何变换，不管一代一代领导怎么变化，都围绕着中南海新华门那永远不变的五个字：为人民服务。

2009 年，郑州市规划局副局长逯军的这句“你准备替党说话，还是准备替老百姓说话”被列为当年最“牛”的网络语言。党是执政的，你是被执政的，党是统治的，你们是被统治的，到底站在哪一边，如果以这种状态认识我们的党，中国的红色政权还能够存在吗？这是我们今天必须面对的严峻问题。当我们今天物质财富的建设取得重大成就之时，面临的内外安全挑战却空前严峻。当我们事业发展到今天的时候，却在思想、意识、信仰的方面产生空缺、漏洞和崩裂的现象。中国的红色政权为什么能够存在？中国的红色政权还能不能够存在？毛泽东当时解决了。但这还需要我们的共产党员用自己的实践，而不是用理论，一代一代地回答下去，中国的红色政权还能不能存在？还将怎样继续存在？这是今天对我们严格的拷问。我写《苦难辉煌》，决不仅仅是为了歌颂过去的伟大光荣。我们军区的政委，他看完了《苦难辉煌》，讲了这么一句话：看似写历史，实则写现在，看似问过去，实则问将来。我们党的力量从哪里来，我们能不能保持住力量的源头？党员的信仰到底是什么？我们能不能坚守当年那种信仰？有人总结苏联解体的教训，苏共垮台亡党亡国的教训，就是从高级领导干部经营家庭开始，这就是我们今天必须加以高度注意的问题，这就是我在写《苦难辉煌》时的全部考虑。

我最后讲讲法国《世界报》的评论，评论说：中国每一次出现危机，都会有共产党垮台的预言，垮台的预言家没有看到的是中国共产党人的反思，他们具有的快速调整、自我批评以及不断考察国外有效模式的灵活方式，不但巩固了政治基础，而且还具有与民众达成一种新的社会契约的能力，这种契约即经济效益和爱国主义两根支柱。

我觉得法国报纸说的对我们最高的夸赞就是这句话，中国共产党人表现出了全球共产党历史上前所未有的可塑性。我们在变化。奥巴马在竞选总统的时候讲了一句话“要改变”，中国共产党一直在进取，我们的改革开放就是不断的变。前不久我看到丁文江讲了一句话，印象至深，他说只要我们智者中的智者、精英中的精英不甘心沉沦，这个民族就总有希望。我觉得这句话的分量非常重，我们今天出现了种种的问题，领导层、执行层，整个社会问题众多，那我们今天的共产党员，尤其是共产党的领导者，这种精英中的精英、智者中的智者，如果你能保持奋发的状态，保持着对理想的追求，这个民族就有希望！这就是我们中国共产党人要通过不断的变革，同时洗涤自身，获得这种能量，实现民族复兴。我们今天所有的复兴都是物质指标吗？国民生产总值达到什么程度，我们就复兴了吗？任何民族的复兴都是物质精神双轮并举的，物质轮子很大，精神轮子很小，车轮不打转了吗？反之亦然。

《苦难辉煌》这本书最后成稿于2006年中美首次联合军事演习，在我们从美国的圣地亚哥向加拿大维多利亚岛前进时，881舰在北美海域遭遇了自下水以来的最大风浪，最让人恐惧的是，2万2千吨的军舰舰首每一次和巨浪撞击时，军舰的龙骨都会发出轰隆轰隆的巨响，这对我们军舰官兵是极大的考验。大家确实很紧张，我当时已经有个不祥的念头，这回算糟了，回不去了，这本书白写了。当时我有这样一个念头，如果有直升机来救援的话，我走不走无所谓，把笔记本带回去，书稿全部在里面。我们当时唯一的办法只有往风浪的方向前进，但这对军舰撞击力非常大。881 舰只有一套动力系统，一旦出了问题便是灭顶之灾。第三天我们抵达加拿大维多利亚岛，风浪消失得无影无踪，老舰长跟我讲了一句意味深长的话，至今让我难忘，他说幸亏我舰是 1979 年下水的，都是上海老工人的焊缝。当我们今天把一切成果归改革开放的时候，我们不要忘记，新中国成立六十年，改革开放三十年，前三十年我们奠定了良好的工业基础，培养了良好的工作作风，这依然是中华民族未来的依托。

从另外一个层面上讲，也是当时全舰官兵各司其职，坚决一致战胜了风浪。三天之内不能起火做饭，因为所有水都要清洁出来。我参加军演回来，我的司机在机场走到我跟前都没认出我来，才一个多月时间就变得又黑又瘦。美国一次航母出动要六个月之久，你说他不辛苦吗？这就是大国的代价！大国必须有一批人为国家的利益效命。中华民族在复兴的过程中，必须有这样一批人，为国家利益，为中华民族效命。当风浪来临的时候我们各司其职，做好工作，保证大船度过风浪。我们现在风浪还小吗？如果在这个时刻我们觉得财产不保险了，想把财产转移到更安全的船上去，我们想着靠救生圈、救生品活命，我们的船必然要颠覆。我认为中国共产党在今天中国历史上地位和未来在中国历史上的地位，最重要的一点就是它在 1840 年到 2050 年的两百年时间内，实现了中华民族百年救亡、百年复兴。

1840 年到 2050 年，中国前一百年救亡，后一百年复兴，前一百年我们历经坎坷，后一百年依然如是，我们同样有“大跃进”“反右”“文革”这样的曲折，但是共产党员从来没有放弃自己的追求。

救亡的命题是中国共产党完成的，发展的命题它正在取得阶段性的成果。我觉得这是中国共产党的历史地位、历史责任和历史使命，我今天最后要讲到，从1840年到2050年，中华民族的命运在这两百年内，发生了何等波澜壮阔的变化，而这种大变化又是多少人拼搏牺牲奋斗的成果，真正认识这一惊天动地的伟大事件，才能使我们站在前人的肩膀之上，避免幼稚、浮躁与浅薄，走向沉稳、厚重与成熟，而获得这样的基础，我们未来去完成的才是真正意义上的中华民族的伟大复兴。

我今天就讲到这儿，谢谢大家！

（本文根据金一南2012年10月27日在中央国家机关“强素质·作表率”读书活动2012年第10期主题讲坛上的讲座内容整理，未经本人审阅）

文化

儒家思想与当代社会

主讲人：陈　来

各位朋友，大家上午好。今天我讲的题目叫《儒家思想与当代社会》。我觉得老子和庄子还好讲一点儿，老庄的思想比较另类，它刺激你从一些你想不到的地方想问题，比如说我们都从正面考虑，他提示我们从反面考虑。这样的思维是反向的、否定的，但它往往能挑战我们的习惯思维，给我们以新鲜感。

儒家思想不是这样，它可以说是平淡无奇的，我们讲起来也常被认为是老生常谈。但是为什么这些平淡无奇、老生常谈的东西今天还要讲？这其中包含着一个中庸的道理。大家可能认为，中庸不就是中庸之道吗？其实，“中庸”这个词有其哲学上的解释，“中庸”的“庸”字在我们今天看来，主要就是平庸，但汉朝人解释：庸者，用也。就是指你怎么用它，把中的道理拿来用就叫中庸。“中”是指根本的原则，它是中国很古老很重要的智慧。怎么用这个“中”，就是中庸。宋朝有个大哲学家朱熹，今年是他诞辰880周年，他对“庸”字进行解释，认为：庸，平常也。其实，古书上的“庸”不仅有平常的意思，还有恒久恒常的意思。朱熹很强调平常的意思，认为平常的东西才能恒久，平淡无奇的东西才能长久。他举例说只有粗茶淡饭可以顿顿吃、天天吃、月月吃、年年吃而吃不出毛病，所以最平常的东西就是最永久的东西，这就是一个哲理。同样，儒家思想看起来都是一些平平常常的道理，例如尊师重道、父慈子孝，这谁不知道啊，但是这个道理是有永恒性的。儒学这一讲为什么又好讲又难讲，就是我们要把平淡的东西不断地加以分析，这是不容易的。比如，我们这个读书活动的主题叫做“强素质·作表率”，这就是一个儒家的题目，表率就是儒家的概念，这个题目本身就已经标示了在我们的思维和价值信念中包含了很多儒家的东西，只是大家不自觉而已。

一、儒家文化

儒家文化是一个源远流长的文化，儒家是指孔子开创的一个学派。孔子生于公元前 551 年，卒于公元前 479 年，距今 2500 多年了，因此，儒学学派也有 2500 多年的历史了。这样一个传承久远的文化传统，在世界文化史上也是罕见的。一般认为，一个能够传承久远的文化传统必然包含着一个经典的内核，具有一套经典的体系，而这套经典体系也决定了这个学派的主要特质和性格。我想这应该是适合儒家传统的特点的，所以我们讲儒家文化的特点就从它的经典体系开始。

儒家经典体系的第一部分是“五经”。“五经”的第一部是《诗经》，大家比较了解，特别是《诗经》里面的一些爱情诗，比如“君子好逑”之类。第二部是《书经》，就是《尚书》，它主要涉及的是夏商周三代的政治文献，后来就成为大家所看到的上古历史。第三部是《易经》，二十年前大家很少知道，但今天街头巷尾书摊上摆着许多关于《易经》的书，这是古代占卜之书，也包含了古代的哲学思想。第四部是《礼经》，“礼”在当时主要是礼仪、礼节和社会规范。第五部是《乐经》，这个大家了解的更少，因为《乐经》到秦始皇焚书坑儒以后就失传了。“乐”是一个广义的概念，不仅包括音乐也包括舞蹈。《乐经》主要从理论上肯定了礼乐文化中“乐”这个部分的重要性。最后是《春秋》，也可以叫《春秋经》，记载鲁国的历史，大家知道，关于孔子的很著名的文化事件，就是他除了把《诗》加以整理删改以外，还删定了《春秋》。这六部文献不就是“六经”了吗？的确，从先秦到两汉之间本来是有“六经”概念的，到了汉武帝的时候，《乐经》没有了，所以汉武帝立“五经”博士，以国家的力量正式肯定我们这个国家有一套文化经典，而且设立专门的专家来研究它。

“五经”或者“六经”跟儒家有什么关系呢？夏、商、周三代的诗歌、乐舞、政治、历史，包括在《易经》里面所体现的古人的思维，这些东西跟儒家有什么关系呢？为什么算作儒家的经典呢？因为这些经典经过孔子的整理，孔子教授弟子把这六部经典作为核心和精华。如果将儒家与其他学派进行比较，你会发现一个非常重要的特色，就是儒家是以传承“六经”作为最重要的文化责任和使命的。老子和庄子没有。老子和庄子有一点反文化的色彩，不是说他们的思想完全不可取，比如说他们主张“返朴还淳”，是有值得肯定的地方，但他们认为文明越发展就越失去了纯朴的本性，因此他们反对代表文明发展的《诗》《书》《礼》这些东西，可见道家是不讲文化传承的。先秦各家里只有儒家讲文化传承，孔子带着他的弟子每天都讨论六经这些东西。以前我们了解得不多，最近二十年发现的大量出土文献证明了这一点，例如九十年代发现的竹简就记载了孔子和子贡以及其他的学生讨论《易经》。后来上海博物馆公布的从香港买回来的出土战国文献，第一篇就是孔子的《诗论》，即孔子和他的学生讨论《诗经》的问题。

儒家是传承三代文明的主要学派。儒家早期的七十子及其后学，每天讨论什么？就是文化的传承问题。这个很重要，文化如果没有传承，你这个国家的历史怎么写？所以一个国家有历史，最重要的不是说国家不断地在这块土地上有生息的人群，而是说有一个连贯的历史记忆，这是我们中国历史的特色。在世界文化史上没有第二个国家能像中华文明这样有这么长久的、连续的传承。跟这个连续性相匹配的是，这个不间断传承的文明和文化的载体所依存的政治实体，在几千年来基本维持统一。这两项成就在世界史上独一无二。有人说中国文化长远，世界上还有一个例子就是犹太文化，它也一直延续到今天。但是，犹太文化有它依存的固定的政治实体吗？没有。犹太人在世界上各个地方流动，直到 1948 年才有犹太复国主义。我们中国以长江和黄河流域为基础的中华民族政治实体，不断扩大，不断融合，虽饱受战争之苦，但从未完全被外族侵占或长久分裂。这是很难得的。一个文明只有具有巨大的融合力和凝聚力，才能达到这样的结果。融合力、凝聚力从哪里来？就是从我们平淡无奇的儒家文化中来。所以，大家不要小看儒家讲仁义礼智，讲父慈子孝，讲家庭亲情，这正是中华民族的凝聚力、融合力的根本性的东西。儒家经典跟其他学派的经典相比还有个特点，就是儒家所传承的以“五经”或者“六经”为核心的经典体系，不是一家一派的、一个宗教的经典，而是一个文明的经典，即中华文明的经典，这一点具有非常重要的意义。

“五经”的体系到汉代以后逐渐扩大，从“七经”“九经”直到“十三经”，在这个过程中增加了《礼记》。《礼经》在汉代以“仪礼”的形式保留下来，汉朝人又搜集了先秦时期对《礼经》的解释，结集成了《礼记》。叫“记”的东西就不叫“经”，它是辅助经的读物。《春秋》则有三种传，传就是解释、说明的意思。后来，春秋的“三传”也慢慢地进入到经典体系。另外，《论语》和《孝经》在汉代虽然不是经，但是已经有了“经”的地位。《尔雅》是一部字典，因为研究古经必须借助古代的字典，所以也进入经典体系。到了宋代，《孟子》也入经了。今天我们看“十三经”，除了前面的“五经”以外，还有《礼记》《春秋三传》《尔雅》《论语》《孝经》和《孟子》。其中，《礼记》是对《礼经》的一些解释，《春秋三传》是解释《春秋》的，《论语》《孝经》《孟子》是先秦儒学的东西，虽然有一些新内容，但它们还是以“五经”的文化作为根本核心的。

这种情形到了宋朝以后有点变化。从 2500 年前一直到唐代，我们的经典体系是以“五经”为主的儒家经典体系，与其相匹配的人格特征和人格代表我们叫“周孔”。今天我们讲儒家常说“孔孟之道”，这是后来的说法。从汉代到唐代，不讲“孔孟之道”，而讲“周孔之道”，“周”就是周公，孔是孔子。周公的大部分思想保存在《尚书》里面。可是到了宋代以后，在儒家经典系统里面有一套新的经典体系开始跟“五经”并列，其地位甚至超过了“五经”，这就是“四书”。“四书”就是《论语》《大学》《中庸》《孟子》，这样排次序是有原因的，《论语》是孔子的教导，《大学》一般被认为是孔子学生曾子发挥了孔子的思想写成的，《中庸》是孔子的孙子子思的一些基本思想，而孟子本人则是子思的学生的学生。南宋朱熹第一次把四本书合起来称“四书”，到元代以后都没变。朱熹自己就写了那部有名的《四书集注》，成就很高，但他晚年很凄惨，因为当时的朝廷打击他，说他是伪学之魁。他死后十几年，宋理宗把他的儿子招来，说你父亲写的书太好了。到了元朝正式把他的《四书集注》作为科举考试的答案，一直到明清还是这样。不仅在我国这样，在朝鲜也是这样。一直到十九世纪整个朝鲜朝的统治思想都是朱熹的《四书集注》的解释。在宋元明清这四个朝代"四书"的地位越来越高，道理在什么地方呢？我们看《圣经》，知道有《旧约》和《新约》之别，其实"五经"和"四书"的区别就有点儿像《旧约》和《新约》的区别。《旧约》里面包含许多诗歌、礼仪和历史的东西，《新约》则完全集中在道德的教诲。"四书"就是完全集中在道德教诲。朱熹讲过一句话，他说"五经"好像是粗禾，"四书"是熟饭，"五经"还要加工才能吃，"五经"带有很多不是精华的东西，而"四书"是精华的东西。任何宗教都有这样一个变迁，就是越来越突出它核心价值的部分，而把那些跟核心价值没有直接关系的部分在经典体系中慢慢淡化，这就是"四书"为什么能取得这样地位的原因。因此，我们可以说"四书"体现了中国人的核心价值观，这个核心价值观扮演了这样一个角色，就是中国人有一套传统的成体系的价值观念。

儒家思想代表了中国人的核心价值观，这套核心价值观是跟中国人的历史文化处境和生存条件相符合的，它和中国人生存的历史环境、历史条件、生产方式、交往方式是弥合在一起的，因此符合当时中国社会的需要，所以它就成为了中国文化的主体部分。那么，什么是不适合中国文化的需要？有些文化也不能完全说不适合，但是可以做一些比较。比如说，佛教作为外来宗教进来的时候，首先它不是一个本土的东西，但不是本土的东西不等于就不能够被本土文化所接受，但它要经历一个选择的过程，看适不适合这个社会的需要。因为中国社会长期以来是一个农业社会，而且是一个乡村宗法共同体的社会，是以家族为主要形式的生活共同体。中国又是一个中央集权的国家。佛教是一个出世的宗教，中国人把佛教弟子叫出家人，就是说他要出离家人的共同体，这对中国文化来讲就是一个挑战和冲击。因此佛教进入中国以后，始终跟本土文化有冲突，但也有融合，其中最重要的一部分就是佛教慢慢地向中国文化低头，就是它要承认“孝”和“忠”。“孝”所代表的家庭文化的价值，佛教起初并不承认，因为所有入世的价值它都不承认，它是要出离此世的，这个“世”就是你的社会关系。人的本质就是社会关系，它就是要你脱离所有的社会关系，你要离开你的父母，抛弃你的妻子、儿女，脱离政治社会，到山林修行。当然，它有它的道理，即你只有摆脱了这些社会关系才能够清静地修行，达到最高的境界。这是从修行的角度来讲，如果从本体来讲，佛教认为这些关系都不是实在的东西，都是虚假的东西，甚至人生都具有虚假性，是空的。这样一套思想适不适合中国社会的主流需要？能不能成为中国社会的主流价值？如果中国社会原来是一片空白，也许它就可以进来成为这个社会的主要思想，但是中国社会有自己本土的文化，主要就是儒家，儒家一直在强烈地批评佛教，强调我是讲修身齐家治国平天下的，你讲得最多只是修身而已，你这套东西不适合中国社会。所以我刚才讲，儒家适合中国社会的需求因而成为了中国文化的主体部分。从先秦两汉开始儒学就不断地传承中华文明的经典，一直到十九世纪后期，所以，儒家对中国文化的传承起了重要作用。如果我们从民族精神的角度来看，中华民族的民族精神可以说是由不同的兄弟民族的文化共同构建的，但如果从中华民族精神的主导方面看，我们不能不说儒家的文化和价值在塑造中华民族的民族精神方面起了不可替代的重要作用。

最后一点，儒家的创始人孔子在几千年的中华文化发展中，特别是在近代以来中华文明的重新建构中已经成为了中华文明的精神标志。我们看看海外几千万华人，如果你问他们什么是中华文明的精神标志？我想这个答案基本是一致的，那就是孔子。孔子已经不是一个个人的问题了，他在历史中已经被赋予了中华民族精神标志的含义。所以我们今天对待孔子就要很慎重，不能仅仅简单地把他当作一般的历史人物来对待。

二、儒家的治国思想

儒家的治国思想，我们分五点来讲，即以人为本，以民为本，以德治为本，以修身为本，以家庭为本。

第一点是"以人为本"。"以人为本"这四个字其实并不是儒家最早提的，而是见于《管子》,《管子》这个书比较杂，里面也有很多儒家思想。我们可以说至少从西周以来，"以人为本"的思想就在不断发展，而且包含不同的含义。首先是讲人和神的关系，这是一个很重要的发展，因为在那么早的时代，人文主义的思潮就能够战胜宗教的力量，这是中华文明能够不断发展的重要根源。所有的古代宗教都讲尊天敬神，天和神是第一位的，但是在从西周到春秋的几百年中，已经不断发展的思想却是人比神更重要。在春秋时代有句话讲："夫民，神之主也。"就是说人民是神的主体，神要依赖于人，要按照人的要求和意愿行事，这正体现了人神关系中的"以人为本"思想。其次，在早期儒家思想里也讨论了制度跟人的关系，最典型的是《荀子》里面讲的"有治人，无治法"，就是说法再好还是要看人；"法不能独立，类不能自行"，就是法律这个东西不能自动被执行；"得其人则存，失其人则亡"，再好的法度也要有君子执行才能发挥好的作用。这也是一种"以人为本"，我们叫人治。今天我们说人治的思想需要从很多方面加以批判，但是你不能不说它也是一种“以人为本”的思想。最后，“以人为本”的价值取向倾向于重视人际关系，而不是仅仅讲个人。也就是说一个人不仅要管自己，而且要考虑人际关系。以上三条就是儒家治国思想中“以人为本”包含的三层含义。

第二点是“以民为本”。只讲“以人为本”还比较抽象，比如说人和神是宗教的关系，人和制度是政治的关系，人际关系是社会学的关系，而在中国古代是非常讲究实际的，特别是政治管理方面，所以“民”的问题更突出。今天这个问题大家仍然在讲。我们新一代中央领导集体这些年的讲法里面就有很多“以民为本”的思想，比如说“情为民所系”的提法，最近大家非常重视的民生问题、亲民政策等等，就体现了现在的领导集体强调的政治价值跟传统的儒家民本主义思想有直接的联系。这个民本思想来源相当古老，在《尚书》里面有一篇叫做《泰誓》，是商朝人的思想，可能经过周朝人的改造，说“民之所欲，天必从之”，就是说人民的欲望，老天爷一定要顺从。我们承认有个老天爷，可是这个老天爷没有它独立的意志，它是以人民的意志为自己的意志的。这样一种对天的宗教理解，已经把天民意化，这是中国人的特点。在《尚书》里面更古老的有一篇叫《五子之歌》，说“民惟邦本”，国之本在民，也体现了民本思想。

儒家继承了三代文明的民本思想，在《孟子》里面讲得最突出。大家都知道有个故事，就是朱元璋看《孟子》非常生气，因为《孟子》里面有很多地方都是讲民本的，而相对来说把君放在很次要的地位，最典型的就是那句话，“民为贵，社稷次之，君为轻”。朱元璋一看，这还得了，找一个大臣把《孟子》里面的这话都给删去了。他本来想把孟子牌位请出孔庙，满朝大臣都跪在地上不起来，说这可不行。这就是政治权威跟道德价值的对比，《孟子》所代表的是中国传统的道德价值，你现在用这个政治权威把道德价值铲除是不行的，所有的士大夫都不接受，最后只好重新编一个新的《孟子》，叫《孟子节文》，当然这个长久不了，到了明朝后来的皇帝就不太把这个当回事儿了。可见，“以民为本”的思想作为儒家治国思想的一个根基，有很深的历史根源，并且深入人心。

在《孟子》里面把善政和善教分开的思想也体现了儒家的民本思想。他说善政不如善教得民，善政就是管理得井井有条，善教就是善于教化人民，这是两种不同层次的政治管理方式。善政的“善”就是有效的管理，能使民畏之，能使民服从，而善教则是能使民爱之。他说善政得民财，善教得民心，我们的法令政策有效的执行能够得民财，但是只有善教才能得民心。有句老话说，得民心者得天下，这个是老生常谈，平淡无奇，但这也正是儒家所坚持的非常重要的信念。它始终把得民心、得到人民的拥护看成是政治的最高境界和成就，而不是说仅仅从工具的意义上把人民管住，建立一套秩序。我们今天当然不必凡事都按孔子、孟子所讲的做，但是他们这套思想对中国人有很大影响，人民也会从这个角度来衡量政治的成败和高下。这就是政治文化作为价值对政治的一种影响和制约，所以不能小看了传统文化的意义。

第三点是“以德治为本”。“以人为本”“以民为本”的思想在西周到春秋的时候已经出现了，而“以德治为本”则是从孔子开始才明确提出。如果说政治管理模式有一个大的转变的话，我认为这个转变从思想上就是从孔子开始提出的。孔子讲为政以德，又说“道之以政，齐之以刑，民免而无耻。道之以德，齐之以礼，有耻且格”。这个“道”就是领导的意思，道之以政，就是用政策政令来领导。“齐”就是整齐划一、规范的意思，齐之以刑，就是用刑法来规范社会，什么结果呢？民免而无耻。“免”就是人民可以不去做那些出格的事，“无耻”，就是没有羞耻心。可见，孔子始终认为一个好的社会治理不仅仅是靠政策法令和刑法来使这个社会有序，而是要使这个社会的人们有羞耻心。这样的社会怎样达成？他说“道之以德，齐之以礼，有耻且格”，就是说用道德领导，用教化的方法去引导。礼就是礼俗，它可以慢慢内化，用它来做这个社会的规范，使人们有耻且格，也就是行为上不出格，同时有羞耻心。孔子的治国方法是以德治国，以礼治国，就是诉诸一种非法律手段，以礼俗和道德教化为主要途径的社会管理方式。为什么用这种方式？因为他的理想的政治不是一个单纯的秩序，而是一个有羞耻心的社会。这个说起来也是平淡无奇的，但这就是儒家的理想，这个理想更重视精神文明在一个政治社会中的意义。

这个思想大家现在听起来是老生常谈，但在当时有一个转型的意义。就是孔子以前的政治理解一直是以政令和刑法治理社会作为主要的思路，到孔子这儿变了，所以孔子的话是有针对性的。商朝以来，大多数情形是以政令为主导，以刑法为禁止手段的一种管理社会的模式，碰到问题就改，但是在理论上没有提出一个典范，孔子就提出来了，你是“以德治国”还是“以刑治国”？我们看中国历史，特别是到了孔子的时代，春秋后期，很多国家的改革都是朝着一个以刑治国的方向进行，越来越变成靠成文法来管理社会，在孔子看来，这就是使人们没有羞耻心了。因此孔子的思想不仅具有现实意义，而且有超越意义，超越了以前“以刑治国”的典范。更广义地看，这种思想里包含有一个德和力的关系，就是“以德服人”还是“以力服人”的问题。《孟子》里讲，“以力服人者，非心服也”“以德服人者，中心悦而诚服也”。从前《论语》里也讲，“何为则民服？”就是说怎么样使老百姓服从。西方政治学说认为服从是政治学的重要问题，命令与服从的关系是政治上的主要关系。但是儒家的思路是挑战把命令和服从看成主要政治关系的思路，它的思路始终围绕的是善政不如善教，"以力服人"不如"以德服人"。荀子后来也讲"以德兼人者王，以力兼人者弱，以富兼人者贫"。这是早期儒家关于"以德治为本"的政治思维，在当时确实有典范转移的意义。

第四点是"以修身为本"，也具有典范转移的意义。《论语》里有句话，"政者，正也"，好像是对政治下定义，政治就是纠正，规范。"政者正也，子帅以正，孰敢不正？"帅就是表率，率先。跟他对话的人是一位诸侯国的君主，所以他的意思是你作为君主，你先做到正，那么谁敢不正呢？后面说"其身正，不令而行，其身不正，虽令不从""苟正其身矣，于从政乎何有？""何有"是说没有什么困难，你能够正身的话，你从政就没有什么困难了，"不能正其身，如正人何？"你自己都不能正，怎么正别人呢？

这个思想我们说起来也是老生常谈。孙中山先生对政治下过一个定义，说政治就是管理众人的事，政就是众人的事。我们古代有类似的讲法，《左传》里说"政以治民"，但这跟孙中山先生的讲法不完全一样，孙中山是说管理众人的事，而"政以治民"说的是管理人民，这是两个不同的概念。管人就是要把人管得服服帖帖的，管理众人的事是要把他们的事情办好，有点服务型政府的意思。但是孔子以前古代的政治，就是"政以正民"和"政以治民"。《左传》这两句话讲的是春秋中期和前期的东西，孔子讲的是春秋后期的东西，孔子在这里就有一个转变，"政者正也"这几个字其实不见得是孔子的发明，而是孔子在陈述已有的对政治的理解，春秋时代对政治的理解就是"政者正也"，正什么呢？政以正民。政治就是要正老百姓的。所以"政者正也”，本来是传统的政治学概念，认为政治的本质就是规范、管理、纠正人民，孔子则对它做了一个相反的诠释，认为正是要正自己，是君主正自己。从正人变成正己，这是孔子对为政之道的一个新的诠释。在孔子这里，政治的本质不再被理解为是正人，而是正己，正己就是首先要作表率。“以修身为本”，这在《大学》里讲得更清楚，说“自天子以至于庶人，一是皆以修身为本”，从天子一直到老百姓，都要修身，修身是最根本的。因为儒家对这种表率和示范作用有一个最根本的信任，他们认为领导者能够以身作则起表率作用，被领导者自然就会按这个方式去做。可见，“以修身为本”这个思想看起来平淡无奇，但是从它的历史发展的角度来讲，它在历史上是有革命意义的，当然经历革命以后就沉淀为儒家政治思想的传统了。

第五点，“以家庭为本”。在政治管理方面，儒家也注重家庭的作用。孟子讲，“天下之本在国，国之本在家”，就是始终把家、国和天下看成是一个连续性的结构，家庭的原则适用于国家，国家的原则适用于天下。在古代，特别是春秋战国时代，家是一个很大的家，古代实行分封制，天子分封给卿，卿分封给大夫，大夫分封给士，士分给家，因此家也是一个分封单位，跟其他大的结构相比，也具有同样的政治结构。从前的家是对上一级的贵族负责，到了汉代以后，每个家庭就变为直接面对中央政府，但这种文化基因不断被强化，家庭始终被看成国家的根本。在古代的政治思想里，不是把家看成私的领域，把国看成公的领域，公私严格分开，而是把家始终看成跟国有同构性的东西。我们常说“忠臣出于孝子之家”，你对父亲都不孝，怎么能期待你在国家的活动中忠于君主、忠于国家呢？虽然孝子只是实践家庭道德，但说明这个人有更普遍的道德意识，表面上是对家庭的忠诚，实际上是对道德承诺的那种献身，所以换了不同的场合，他同样能对道德奉献自己的承诺。

我们就讲儒家治国思想这五个特点，我刚才讲，我们也要呼应一下道家的治国理念“无为而治”。我想“无为”并不是儒家排斥的概念，但是儒家有自己的理解，孔子就说过“无为而治者其舜也与？”认为舜就是“无为而治”。儒家把尧舜作为圣王的典范，尧舜有仁心，这个舜是“无为而治”；下面又说“夫何为哉？”他做了什么呢？“恭己正南面而已矣。”可见，儒家讲的“无为而治”不是什么都不做，而是要恭己，恭己就是敬德，不是让你到处干涉老百姓。那种正民的思维才是干涉老百姓，孔子是要你从正民转到正己，在不扰民的情况下发挥表率的积极作用。这就是儒家所理解的无为。另外，孟子也讲，“无为其所不为，无欲其所不欲”，这个显然是对道家的一种回应。“无为”是不要做那些你不应该做的事，而不是什么都不做。这就是儒家对无为的理解，一方面是恭己正己，修己敬德，做道德的表率，另一方面，不应该有的欲望去掉，不应该做的事情不做，如此而已。这是一个对比。

再一个对比，儒家对于君主的说法，很多人有一种庸俗的理解，认为儒家就是讲君君臣臣父父子子，就是崇拜君主的思想，这个是不对的，要作历史分析。君君臣臣父父子子其实是孔子面对当时一个诸侯国国君的提问所作的回答，实际上里面包含了对这个国君的批评，就是在那个时代，君不君，臣不臣，父不父，子不子，整个政治秩序和伦理关系都受到破坏，跟他相答问的这个君主本身就是非法打破既有的政治、伦理关系当上君主的，所以孔子在这里包含了一种讽刺。在《论语》里也谈到一些跟君主关系的言论。例如，定公问他有没有“一言丧邦”的情况，孔子讲，“言不可以若是其几也”，“几”是简单的意思，说话不能那么简单，要看什么情况。比如说有一个君主，他说我并不觉得当君主有什么快乐的，“唯其言而莫予违也”，就是我说话谁都不敢违背我的意愿，这个我觉得好。孔子就说：“如其善而莫之违也，不亦善乎？如不善而莫之违也，不几乎一言而丧邦乎？”你说的这是个好话，对国家有利的话，别人不敢反对这个当然可以。如果你说的话对国家不利，臣子都不敢反对，这不就是“一言丧邦”吗？孔子就借着“一言丧邦”批评了这种君主的心态。我就用这两个例子来呼应道家的治国理念和他们对儒家的批评。

三、儒家的人生观

在中国历史上，儒家对理解中国的政治制度、政治实践、政治文化起了很重要的作用，同时，也为中国社会和中国人提供了基本的价值观，而价值观很多都体现在人生的态度、人生的理想上。我们举几个例子。

第一，人生态度，我们有几句话，叫刚健有为，宽容和谐，中庸之道。刚健有为，这是跟其他思想相比较而言的，比如说老子，他不讲刚健，而讲柔弱，是另类思维，也有意义。但是儒家讲的人生态度确实是刚健有为。例如，《周易》里有两句话就是“天行健，君子以自强不息。地势坤，君子以厚德载物”。天的运行是很刚健的，君子要仿照它，要刚健有为、自强不息；地势坤就是地的厚重，厚德载物，就是要宽容和谐。这都是儒家所讲的人生态度。当然儒家也讲中庸之道，中庸之道就是不偏不倚，不走极端，这是儒家所讲的人生态度和思维的另一个特点。有些思想很深刻，我们叫片面的深刻，而儒家的思想是在平淡中深刻，平淡中持久。我想片面的深刻其实是比较容易做的，而要在平淡中讲出深刻则需要有更高的水平。儒家讲的这种中庸思想在文献里也有体现，例如，“中也者，天下之大本，和也者，天下之达道。”本就是根本，达就是最广、最普遍化的，达道就是普遍的原则。中、和这是儒家人生观很重要的概念。中庸就是不走极端，不追求片面，要在平实、正大、宽容中体现自己的人生，这是儒家的人生观。这个人生观我想它能够成为主流的人生观，也就是我们可以期待全社会的人都这样做的人生观，另类的人生观我们不能期待全社会的人都这么做，这就是普遍化的程度不同。

第二，道德理想，我们也有几句话，公私义利，志士仁人，君子理想。第一句话，公私义利。儒家认为道德最重要的就是怎么处理公和私，义和利的关系问题。义代表道义的原则，利是利益的整体。公是更大的集体利益，也是我们公务员的义务，私是我们个体的，小家庭的利益。宋朝人讲什么是公私？公私就是义利；什么是义利？义利就是公私。我想公私这个问题不是每个人都会碰到的义利问题，它更多的是我们国家公务员和领导者会碰到的问题。古人为什么讲公私讲得很重，把公私之辩看得很重，因为它的对象是士大夫。什么是士大夫？“士”就是你有知识分子的一面，“大夫”是说你是有官职的，有管理责任的，这样的人最容易碰到公私的问题。我们看古代的官德，基本上就是“以公灭私”，这句话在《尚书》里面就出现了。公私义利在古代主要是对士大夫讲的，不是对人民讲的，不是说人民不要有私，不要有利。孔子也讲，“尧舜不能去民之欲利”，就是尧舜当圣王也不能让老百姓没有私心，没有利益。这是很深刻的，以往我们在一大二公的时代，把自留地都取消了，就是不让人民有欲利，但是实践的结果，这个路是走不通的。正确的方法是“因民之所利而利之”。“因”是顺随，人民有这种利益的要求，你要根据这种利益的要求让他能够得到利。所以儒家讲公私义利之辩就说儒家反对私利是不准确的。

第二句话，志士仁人，这个标准比较高，孔子讲："志士仁人，无求生以害仁，有杀身以成仁。"这个仁就代表道德理想。这是道德领域的一种普遍规则和要求，就是我们要能够在面对重大道德选择的时候敢于把自己的生命奉献出来完成道德理想。这是儒家的精神，是正面的精神。在道德理想方面，儒家非常讲究自由独立的人格，它不是像我们有人讲的，只是让人君君臣臣当个顺民顺臣。孔子讲，你当臣子，你对你的上级、你的君主只是以顺从他作为根本的原则，这叫妾妇之道，不是大丈夫之道。什么是大丈夫之道？就是孟子说的"居天下之广居，立天下之正位，行天下之大道。得志，与民由之；不得志，独行其道。富贵不能淫，贫贱不能移，威武不能屈，此之谓大丈夫"。大丈夫之道跟妾妇之道是不一样的，把妾妇之道当作为臣之道这是孔子、孟子反对的，作为一个臣子一定要保持大丈夫的人格。

第三句君子理想，是讲普适价值。最普遍的价值是什么呢？我想就是仁的价值和伦理。仁的伦理在《论语》里面往往被表达为忠恕之道。《论语》里是这样说的，孔子有一天对曾子讲，"吾道一以贯之"，就是说我们有这么多思想，但是有一个贯穿其中的根本原则，曾子说我知道了，孔子就出去了，但是其他的门人不知道，曾子解释说"夫子之道，忠恕而已矣"。这一贯之道就是忠恕。后来，子贡问，有没有一句话我可以终身奉行实践的？孔子说："其恕乎！己所不欲，勿施于人。"又有一次子贡说，有这样的人，博施于民而能济众，把好处都广泛地施加给民众，这个叫仁吧？孔子说，这个不只是仁，他已经快接近圣了，尧舜恐怕也不能做的这么好。然后说，仁是什么呢？仁就是"己欲立而立人，己欲达而达人"。这三句话体现了我们所说的忠恕之道，仁的普遍原理。具体讲，恕就是“己所不欲，勿施于人”，忠就是“己欲立而立人，己欲达而达人”。在伦理学上，特别是恕道“己所不欲，勿施于人”叫做伦理学银律。金律是己所欲而施于人。这个观点近二十年来有很大的转变。上世纪80年代末，有一个天主教神学家提出一个看法，他说二十世纪以来的热点事件，最重要的还是战争与和平的问题，而所有战争的热点背后都有宗教问题。因此他提了一个口号，说没有宗教的和平就没有世界的和平。宗教之间怎么能够达到和平？就是我刚才讲的宗教学的思路，从经典入手，先看看不同宗教的经典里面有什么东西是我们大家最基本的共识。这个最基本的共识也就是普适的价值，我们能不能找到这个共识，从这个地方开始，来扩大宗教的和平合作，达到世界的和平？因此，他就跟美国一位伦理学家合作，想召开一次世界宗教议会。历史上，1895年在芝加哥就开了世界第一届宗教议会，100年以后，1994年在美国召开了新一届世界宗教议会，100多个宗教组织把他们的宗教经典都拿出来，结果找到了共识，并且通过了一个世界宗教伦理宣言。这个共识就是“己所不欲，勿施于人”，成为了世界宗教的金律，或者叫世界普遍伦理的金律。

“己所不欲，勿施于人”好像有一点被动的意思，但是今天我们从新的角度看，文化间的关系，国家间的关系，民族间的关系，那种强加于人的态度是非常危险的。能够己所不欲，勿施于人，在宽容中求和谐，这是最可取的。把所有记载这一原理的宗教经典排开，排在第一位的是伊朗的拜火教，拜火教在公元前800年有一个表述，但这个表述比较含糊，最清楚的表述就是排在第二的《论语》，“己所不欲，勿施于人”。这位西方天主教神学家就开始大胆地用“仁”字，他自己在神学里讲“仁”，讲仁学，而这个“仁”是跟人关系密切的一种仁学，这代表了近代思想里很重要的一个转变。这就是儒家思想对现代思想的一种重要影响。当然，除了“己所不欲，勿施于人”之外，“己欲立而立人，己欲达而达人”也有重要意义，我们今天碰到东西部发展巨大差距的问题，我们就从发达地区的角度提倡己欲立而立人，己欲达而达人。这个表述，我们叫做“忠”，但是它同样属于“仁”，所以“仁”是忠恕之道，不仅对孔子来讲是一个一以贯之的根本原则，而且也应该是最有能力普遍化的普适法则。

第三，儒家的实践取向，就是知行合一，在明代哲学家王阳明的思想领域里得到最完整的表述，我们也引了他的一段话。他说现在的人把知和行分成两件事做，以为先知后行才是对的，我先去求知，等知求好了，然后再去行。他说这个不行，实际的结果是终身不行，终身不知，因为知是永远求不尽的，所以实践就永远不能实现。他是批评朱熹的，朱熹讲先知后行，知先行后。他针对明朝的情况说朱熹的这个思想有不好的结果，所以他要把行放在前面，知行合一，王阳明说我今天说知行合一是要对症下药，社会有这种病，不是我杜撰。知行合一正是中国儒家实践里面一个很重要的传统。

第四，儒家的终极关怀。第一点，就是天人合一。自然与人的和谐，宇宙、万物和人类有共通的本质、共通的法则，都是天人合一的内容。古代不仅是儒家，包括道家也是这样认为，大的宇宙跟人类小的宇宙的原则始终是相通的。因此，天和人不是分裂的而是统一的。我们不像西方人那样认为天和人有一种超越的割裂，天代表超越人生和这个世界的创世者，它跟被创造的世界完全不一样。我们所理解的天跟人始终是贯通一体的。第二点，万物一体，到了宋代、明代的时候，这种观念越来越强烈了。如北宋哲学家程颢讲的，这不是一个存在论的表达，不是说宇宙是这么结构的，天和人是同构的，这是从一个境界上来讲，就是每一个人都应该把万物看成和你是一体的。比如说，别人掐你的手指时你感到痛，你知道手指是你身体的一部分，但是另外一个人受苦受难，你没有感受到他的疼痛，就是麻木的。只有你看到他的痛苦，并且能够感同身受，这才叫做万物一体。这已经不是存在论、宇宙论的概念，而是一种非常高的人生境界。第三点，叫“保合太和”，这是《易经》里面的话。保合太和就是最广泛的、最永久的和谐。儒家有这样的终极关怀是有针对性的。我们曾经有一个最崇尚斗争的时代，我们把实然的、实存的矛盾看成是合理的，主张我们应当通过斗争去解决，去发展。那样一种行为模式曾经造成了很多惨痛的事件，它跟儒家的价值理想、终极关怀是相反的。在崇尚斗争的概念里面，和谐没有它的地位。今天我们讲要建立和谐社会，这是符合儒家思想传统的，而儒家思想不仅是一个社会的和谐，它是小到人的身心和谐，大到家庭、社区、国家的和谐，更大变成整个宇宙的一个永久的广大的和谐，这才是儒家的理想。所以，宋代有一个哲学家张载说过一句话，很合乎辩证法，他说“对必反其为，有反斯有仇”，就是毛主席讲的矛盾就是对子，对子就是相反相仇，但是张载后面又有一句话，代表了儒家的理想，说“仇必和而解”，相对立的双方终究要和解。这就是儒家的保合太和的人生理想。

四、儒学与当代中国

我们刚才讲了儒学的人生观、治国观，也用了很多经典上的话给大家证明。我想回到现代社会，我们不用这种引经据典的方法，而用一些现代的观察，从现代的角度来看儒学价值观的特点。我想用对比的方式，用现代的一些表达来强化我们对儒学的价值与当代社会关系的认识。

第一句话：道德比法律更重要。刚才我们引证过一些话，归结到今天的说法就是道德比法律更重要，不是说不要法律，而是说道德更重要，对士大夫尤其是如此。

第二句话：社群比个人更重要。个人只是个个体，社群小一点来讲是家庭、家族、宗族、社区，更大的则是国家、民族。

第三句话：精神比物质更重要。儒家不是一个折中主义者，它要突出一些重点。物质也不是不要，特别是老百姓，要因民之所利而利之，但是精神更重要。

第四句话：责任比权利更重要。这个责任可以是对家庭的责任，对团体的责任，对社会、对民族的责任。这个权利，今天在西方政治学的领域里更多的是指个人的权利，儒家不是不讲权利，但是它更突出责任的重要性。为什么我们叫价值观的特点，特点就是优先性，不是说儒家不要法律，不要物质，不要权利，而是要有优先性，一个价值观体系的特点就是表现在优先性的安排上。

第五句话：民生比民主更重要。老百姓要有温饱生活，其他东西才能去谈。民主的发展是按阶段走的，不能把民主看成是绝对的、在社会发展的任何阶段都是首要的价值，而民生才是更基本的价值。

第六句话：秩序比自由更重要。这个不同的学派有不同的看法。庄子可能觉得自由比秩序更重要，法家只要秩序不要自由。但是儒家应该说更强调秩序，但不是不要自由。

第七句话：今生比来世更有价值。儒家是积极的现实主义者，重视今生，而佛教说到底是摆脱轮回，把来生看得比今世重要。

第八句话：和谐比斗争有价值。对必反其仇，可是“仇必和而解"，这才是儒家的方向。

第九句话：文明比贫穷有价值。用这两个词作对比不一定准确，道家不推崇文明，它推崇原始状态，儒家始终对文明有高度的肯定，早期的礼就是一个文明的标志，儒家是最保守、发展和传承这个礼的。它的文明意识非常突出。

最后，家庭比阶级有价值。这是儒家的一种思想，我们从前所理解的一种马克思主义是认为只有阶级斗争才是有价值的，今天时代已经变化了。儒家思想提供给我们一个新的思考，家庭是不是一个有根本价值的东西？古往今来总有一些消灭家庭的想法，像柏拉图，还有一些共产主义者认为共产主义社会没有家庭，但今天回到我们中国人的现实生活，家庭确实是一个非常有价值的东西，儒家对这一点给予了高度的肯定。

我们今天谈中国的问题，用以上十点将儒家思想跟其他一些思想做了区分和对比，比如说与个人主义、自由主义、自由民主主义的对比，都是有针对性的，都跟现代社会相关，这样我们可以整体的了解儒家价值观的特点。当然这还是粗略的，每一条你也可以叫做本位，可以说儒家是道德本位主义、社群本位主义、责任本位主义、民生本位主义，而儒家不仅仅是一种主义，它是由这么多的主义体现的价值观所构成的整体。

回过头来看整个当代中国的变化过程和儒学在其中的角色，我们可以做一个简单的历史回顾，分为几个阶段：1949 年到 1965 年是第一阶段，叫政治建构阶段，共和国成立；第二个阶段，"文化大革命"，1966 年到 1976 年，十年浩劫；第三阶段是经济改革，我们的改革是多方面的，但突出的主导是经济体制改革，这在十四大以后更明确；第四个阶段叫协调发展，这是新世纪以来开始的新阶段。

第一个阶段，政治建构阶段，它本质上是政治革命的继续，是国内革命战争的继续。革命时代，在文化上是反对儒家的，要以革命的意识形态来批判各种非革命的日常生活文化。儒家是平淡无奇的、日常生活的文化，是日用常行的道德伦理和生活规则，因此 1949 年以后的一段时间，它受到革命文化的批判。毛主席讲得很清楚，革命不是绘画，绣花，不能那样温良恭俭让。虽然儒家思想的确不是政治革命的意识形态，但要补充说一句，儒家是允许革命、肯定革命的，特别是中国的儒家。中国的儒家承认革命，但是革命不是常态，非要革命不可的时候才肯定革命。日本的儒学是反对革命的，他们有一个假设，说如果孔孟带着革命到日本来，我们要把他打回去。他们不能理解儒家的革命思想，日本人怎么能推翻天皇呢？但在中国，改朝换代的革命很多，中国的儒家在原则上不是不肯定革命，而是不把革命看作常态，它始终认为常态是日常生活。

第二阶段，1966 年到 1976 年，叫继续革命，是无产阶级专政下的继续革命。继续革命在文化上批孔，认为法家是革新的，儒家是保守的，要用斗争的意识形态来批判守成的文化理念，因此要批判儒家。毛主席讲，安定团结不是不要阶级斗争，阶级斗争是纲，其余都是目。西方学者在这里把“保守”翻译成“守成”，就是说文化的传承本身就是一个保守的过程。儒家不是一个崇尚斗争的文化，而是一个崇尚安定团结的文化，因此它受到批判。

第三阶段，十一届三中全会后我们发起经济体制改革，取得了经济的高速发展，但也存在问题。在整个邓小平时代，因为最关注的是经济体制改革，要摸着石头过河，所以他的论述里很少谈文化。我想这跟这个时代的使命有关系，这个时代突出的特点就是体制改革，因此，比较忽略文化，特别是传统文化，当然包括儒学。从儒学跟这个时代的关系来讲，儒学不是给经济改革提供精神动员，因为它是道德秩序的维护者，它的角色在另外的地方。但是这个时期在知识分子中间有人开始注意提儒家了，因为道德秩序的变化使得大家不断关注儒学的角色。

第四阶段，叫协调发展，这可以说是文化秩序的重建阶段，我们开始更加重视那种安定团结、治国安邦的思想，而且，中华民族的伟大复兴和中华文化的伟大复兴这样的口号也越来越被大家所接受。我没有做过文献调查，但是中华民族的伟大复兴、中华文化的伟大复兴出现在我们的历史文件中应该是1995年到2000年之间，还是相当早的。民族的复兴、民族文化的复兴必然带来中国文化包括儒学的复兴。最近七八年来，我们已经看到特别是在民间兴起的老百姓和企业家对传统文化和儒学的那种高度广泛的热情。所以说在这个协调发展和文化重建的阶段，儒学开始复兴了。我们看一百多年来儒学发展的历史，它经受住了现代化和西方文化的冲击，经过了一系列的转化之后，在现代中国焕发了生机，迎来了新的发展前景。

第三，我想今天儒学的复兴有两个重要的原因，一个就是我们现代化经济发展的成功所带来的全民族文化自信的增强。这从1993年、1994年就开始了，十几年来我们那种由于现代化不成功，将满腔愤懑喷向自己祖先的八十年代的情感有了很大的改变，这体现了整个民族文化信心的一种恢复，这要归功于体制的改革。所以我把它叫做现代化的初步成功和民族文化的恢复。我前年有一个讲法，说2008年的北京奥运是中国现代化初步达成的标志，现代化有初级阶段、中级阶段和高级阶段，虽然我们现在仍然是发展中国家，但是这个现代化的初步成功确实是国民文化心理得以改变的重要原因。第二，就是我们国家政治文化的变化，特别是以执政党为核心的政治文化的变化。

我刚才讲，邓的时代是不太关注文化的时代，但是从邓以后，就开始有变化了。比如说“以德治国”就是儒家式的口号，“与时俱进”也是儒家宇宙观的发展，“以人为本”“以和为贵”“执政为民”都是儒家的看法，现在这些都是我们公开的提法。我们的好几位领导人，从江泽民、胡锦涛到温家宝在海外讲演的时候，都是从自强不息、以人为本、以和为贵这些概念作为一个核心来宣示中国政策的基础。这就是从中国文明来宣示中国政策的中国性，来阐明我们中国政策的文化意义，呈现我们中国的未来。我想，我们执政党最近十多年来开始重新吸取儒家的治国理念和价值观念，来应对我们碰到的各种问题，这并不是说领导人就是喜欢儒家思想，而是他们负责任地面对我们的文化资源，面对我们的问题。这种变化，用学术话语讲，我把它叫做执政党执政文化的再中国化。再中国化，不是说我们以前的东西不是应对中国问题，没有中国性，而是说我们现在更自觉地运用中国传统文化的资源，更自觉地站在传承中华文明的角度来全面增强我们的合法性。我觉得这就是我们现在儒学复兴的两个重要根源。

郭沫若同志 1926 年写了一篇文章叫《马克思进文庙》，因为我们很多人都是中央国家机关的负责同志，所以我就讲这个故事。我们现在面临着什么问题呢？就是马克思与中国化的问题。中国化跟马克思主义、跟儒家思想传统是什么样的关系？怎样处理这个关系？按左的思想就是马克思跟中国传统文化没关系，势不两立，我想现在很少有人这样看。郭沫若在他的文章里编了个故事，说这天孔子带着他的三个弟子正在上海的文庙里享用祭祀，外面大门推开，四个大汉抬着轿子进来了，也没有通报，子路很不高兴说什么人进来了，孔子说来者都是客，要有礼貌。轿子停下，下来一个人，满脸胡子，说是卡尔·马克思。孔子很好学，谁有专门的知识，他都向人家学习，他也向老子学习过礼。孔子听说马克思名气很大，就请他到台上问，你到敝庙有什么见教？马克思说，我来领教了，我听说我的思想在中国流传很广，可是有人说我的思想跟你的思想是对立的，我今天想了解了解我的思想跟你的思想有什么对立？我的思想在你的国家能不能推行开来？孔子说，我还没怎么读过你的书，是不是你先说说你的思想？马克思说，我有几个基本的思想，首先我跟西方历史上的宗教家不一样，我有一个强烈的现实世界的关怀，我就是要改造这个世界，变成一个幸福的、美好的世界。孔子说，我就是这个思想，我不是走出世主义的道路，我也是现实感很强，这个是相合的。马克思又讲了社会主义的理想，孔子说我的《礼运·大同篇》也是这样讲的。他们又谈论了对财富的看法。马克思说想不到在中国这么远的地方两千多年前有我的这么个老同志，两个人谈得很开心，后来孔子把他送走了。这是郭老写的一个小小说一样的杂文。

郭老是第一代的马克思主义史学家，他对马克思主义的态度和中国文化的态度值得我们深思。那个时候他已经看到中国的儒家文化传统跟马克思主义的文化可以融合，不是对立的，所以他在“文化大革命”中受到毛主席的批评，毛主席说，“十批”不是好文章，因为《十批判书》是讲孔子的。我们走过这个时代来，我觉得怎么样处理这个关系，仍然是我们时代的课题，但是，我想我们的前辈史学家、文学家已经做了很多很有意义的工作，我们今天应该重新学习他们的一些有代表性的、有价值的思考，来充实我们当代关于马克思主义与儒家关系的思考。

（本文根据陈来2010年7月28日在中央国家机关“强素质·作表率”读书活动2010年第7期主题讲坛上的讲座内容整理）

古典诗词的阅读和欣赏

主讲人：葛晓音

中国古典诗词的成就极其辉煌。由于历史悠久，题材内容丰富、形式风格变化多样、表现艺术也是千差万别。因此怎样阅读和欣赏古典诗词也不能一概而论。要欣赏古典诗词，最基本的问题是理解。这里主要想从几个方面来谈谈如何提升理解和欣赏古典诗词的水平。

一、作品的内容、风格和题材类型的关系

中国古典诗歌的题材是从少到多逐渐增加的，在题材的形成和扩大的过程中，会形成某类题材作品的内容主题以及艺术风格的传承性。像感遇言志、咏史怀古、边塞游侠、山水田园、赠人送别、乡思羁愁、闺情宫怨等等，几乎是永恒的题材，这当然和古代社会历史的过于悠久，造成人们的生活方式和感受大同小异有关。此外中国古诗又有一种拟古的传统，使他们在学习前人创作的过程中，把前代相沿已久的题材主题继承下来，这就促使诗歌在表现艺术上不断进步。了

解这个规律，对于我们理解诗歌很有帮助。比如许多脍炙人口的名句，有时要经过好几代人的提炼。

如：

春蚕已感化，丝子已复生。——《子夜歌》
思君如明烛，中宵空自煎。——王融《赋得自君之出矣》
春蚕到死丝方尽，蜡炬成灰泪始干。——李商隐《无题》

像这样将前人最初的一点创意发挥到透辟无余、乃至成为名句和警句的例子非常多，所以对名句的欣赏，要结合这种题材和表现艺术的传承性来认识。对名篇的理解，也是一样。因为后人在写作时，往往融化前人同类题材的意思。有时不了解之前的作品，就不理解诗里的用意。比如送别诗，从汉魏到唐宋，数量极多。李白《送友人》看起来很容易懂：

青山横北郭，白水绕东城。此地一为别，孤蓬万里征。
浮云游子意，落日故人情。挥手自兹去，萧萧班马鸣。

这首诗写送别友人的情景，是古代送别最常见的。地点在城外：城北青山横卧，城东白水围绕。一山一水既是写山清水秀的景色，也是为了与下一句强调"此地一为别"形成对比：山水似乎都依恋着此城，而人却如孤蓬开始了飘游万里的征途。浮云是眼前景，但也是比兴，游子正如浮云，无法掌握自己飘游的去向；落日点出送别的时间，但也隐含着光阴流逝、人生聚短离长的悲哀。这样理解是因为中间两联化进了汉魏古诗中许多类似的意思。比如孤蓬比游子，有曹植的《杂诗》其二："转蓬离本根，飘飖随长风。何意回飚举，吹我入云中。类此游客子，捐躯远从戎。"浮云比游子，有李陵诗："仰视浮云驰，奄忽互相逾。"了解这些前人的送别诗和游子诗，才理解浮云比游子的"意"不仅指飘游万里，更有感时不遇，不能掌握自己命运的人生感慨。在落日中告别，故人的情又是什么情呢？看曹植《箜篌引》："惊风飘白日，光阴驰西流。盛时不可再，百年忽我遒。"就可以理解了，落日使人想到光阴的迅速，人生百年的短暂。游子的盛年不再，然而仍然飘游在前景暗淡的旅途中，分手时心情如何就可以想见了。所以最后说从此挥手告别，连两匹将要分道扬镳的马儿也禁不止发出了悲鸣。了解意象中包含的前人诗歌里积累的意思，才能看出这首诗的好处。前人称赞这首五言律诗有古诗的格调，因为以浮云比喻游子，因落日感伤光阴，是汉魏游子诗里常用的比兴意象。萧萧马鸣也是《诗经·小雅·车攻》中的诗句。诗里所用的意象都是人们送别时最常见的，同时又有深厚的历史内涵，这就以很高的概括力写出了古往今来人们送别友人时常有的感慨。

宋词以伤春感别为基本主题，对于离别这类题材的表现就更复杂多变了。周邦彦《夜飞鹊》：

河桥送人处，良夜何其？斜月远堕余辉。铜盘烛泪已流尽，霏霏凉露沾衣。相将散离会，探风前津鼓，树杪参旗。花骢会意，纵扬鞭亦自行迟。

迢递路回清野，人语渐无闻，空带愁归。何意重经前地，遗钿不见，斜径都迷。兔葵燕麦，向残阳影与人齐。但徘徊班草，欷歔酹酒，极望天西。

这一首写送别，上下片各选取残夜清晨送行和与黄昏落日归来的两段时辰分别写景。上片写河桥送人时斜月已落，烛泪滴尽，在细雨般沾衣的凉露中，散了离筵。“良夜何其”令人联想到苏武诗：“征夫怀往路，起视夜何其”。津鼓是渡口报时的更鼓，用李端《古别离》：“月落闻津鼓”。参旗为星名，《史记·天官书正义》：“参旗九星在参西，天旗也。”同时也关合到苏武诗里的“参辰皆已没，去去从此辞”。打探津鼓和参旗，本是问时辰的意思，但旗鼓的字面容易引起戎事的联想，与骢马相联系，行者或许是从戎赴边的人，即使不是，也多少渲染了几分出行的豪气。下片写行人从远方归来，从“何意重经前地”一句，方才悟出上片所写的其实是昔日送别这人的回忆，遗钿不见，指当初送他的女子已经不在，河桥送别处只剩下兔葵燕麦、草迷斜径。可见当初送别的地方已经一片荒凉。“向残阳影与人齐”一句，真切地写出归者茕茕独立于残阳斜照的葵麦之间、形影相吊的形象。而藉草而坐，把酒酹地，极望天西的结尾也余味无穷。白日西驰，迟暮之悲自在言外。由此可进一步体味上面李白所说的“落日故人情”的意思。这首词或许是作者亲身的经历，但更容易令人联想到汉魏唐宋的古诗中，常常写到的征人思妇送别的情景和行人归来后故园荒芜的场景，因而词里的内容又有了包容历史传统主题的更深意义。作者将送别选在清晨，将归来选在黄昏，这两个时段又各与少年的豪气和老年的衰暮相应，从而使世事的沧桑之感与人生的盛衰之感交织在一起，清真词的深厚往往由此见出。

再比如边塞诗。边塞诗的题材与战争有关。虽然诗经、楚辞中早就有描写战争和士兵的诗歌，但是，文人借边塞题材抒写立功理想的诗歌，是从建安时期曹植的《白马篇》才开始的。南朝的鲍照继承了这种传统，又在诗歌中增加了边塞风物和征人思妇等内容，并把捐躯报国的高昂斗志和边塞征戍的艰苦结合起来，确立了边塞诗的题材范畴。盛唐的边塞诗成就最高。总的说来，盛唐边塞诗歌颂了广大战士英勇抗敌的精神，描绘出祖国边塞辽阔壮丽的风貌，揭露了汉族和外族、统治者和被统治者、将军和士卒之间的矛盾，反映了进步文人重振国威的理想和各族人民渴望和平的心愿。比起以前的边塞诗来，内容更加丰富深广。欣赏盛唐的边塞诗，要特别注意其思想感情的复杂性，这种复杂性造成了盛唐边塞诗善于将悲壮高亢的基调和雄浑开朗的境界融为一体的特点。

白雪歌送武判官归京

北风卷地白草折，胡天八月即飞雪。
忽如一夜春风来，千树万树梨花开。
散入珠帘湿罗幕，狐裘不暖锦衾薄。
将军角弓不得控，都护铁衣冷难着。
瀚海阑干百丈冰，愁云惨淡万里凝。
中军置酒饮归客，胡琴琵琶与羌笛。
纷纷暮雪下辕门，风掣红旗冻不翻。
轮台东门送君去，去时雪满天山路。
山回路转不见君，雪上空留马行处。

这首诗以咏白雪为主线，在八月飞雪的绚丽奇观中，抒写了诗人客中送别的愁绪和久戍思归的心情。诗一开头，就展示出边塞萧瑟的秋景：北风席卷大地，原野上枯萎的白草被纷纷吹折。这还不是寒冷的冬季，刚到八月，胡地的天空就飞起了大雪，在“春风不度玉门关”的西域，一夜北风使白雪凝结在万千枯树的枝头，竟使诗人恍然如见千万树梨花在一夜之间开放。春风梨花的比喻虽然给诗人带来了温暖的幻想，但很快就回到了严寒的现实：军中的营帐挡不住外来的寒气，雪花散入珠帘，打湿了罗幕。说明风雪之大，一直侵入到帐幕的最深处，所以穿着狐皮衣服也不觉得温暖，锦缎做的被子更显得单薄。将军因为冻得僵硬，以至无法拉开角弓，都护身上的铁甲更是冷得穿不上身。这四句写的都是军队长官幕中的情形，他们虽然住在重重帘幕之中，有狐裘锦衾遮盖，尚且如此苦寒，更何况身处冰天雪地中的战士和归客呢？诗人没有直接表达这层意思，而是用两句外景的渲染将这层言外之意带过：大漠如瀚海般极目无边，上有百丈坚冰纵横交错；而雪意犹浓的云层凝聚在万里天空，如同惨淡的愁云笼罩在人心头。下面紧接着描写军中饯行的场面：在主帅的营帐中设置酒宴送别归客，不免触动自己的思乡之情，再听到伴奏的是胡琴琵琶和羌笛这些异乡的乐器，就更伤情了。与军中宴乐的热闹相对的，是辕门外暮雪纷纷、风掣红旗的静态描写。这幅无声的画面可以令人想见座中人送客出门时默默无语、凝视帐外的情景：雪还是纷纷下个不停，风还是那么强劲，以至于帐外凝雪结冰的红旗被风拉直之后再也不会翻卷。这两句和“瀚海阑干”两句呼应，再次渲染帐外的严寒，因为被送的同僚就要在这样的天气中出发，而留下的人们还要继续在这艰苦的环境中戍边，所以无论去者留者，面对这场风雪，都是分外伤情的。这首诗的最后六句写目送同僚渐行渐远的情景，由于雪上的脚印特别清晰，使人想到从今虽然分隔两地，彼此之间却有行人走过的一道踪迹相连。这条路又正是通向长安的道路，所以诗人不觉随着这道踪迹而神驰故乡了。写惜别，也是写思乡，二者交织在一起，更是一往情深。这就是“雪上空留马行处”所包含的言外之意。

这首诗始终从描写雪景的角度表现诗人复杂的情绪变化，句句写景，句句有情。大雪成为贯穿全篇、牵引诗人感情发展的主线。诗中的情调虽然苍凉悲壮，但又表现得极为奇丽豪放，可说是充分体现了盛唐边塞诗的特色。

二、联系体裁的因素来理解古典诗词的创作特色

中国古诗中有古体近体两大类，古体包括五古、七古、五七言古绝、三言四言六言、乐府；近体包括五律、七律、五言排律、五七言律绝等等；词有小令、长调等等。不同的体式有不同的鉴赏标准。比如歌行长于铺叙，要求层次复迭，有波澜起伏。欣赏时或取其气势奔放跌宕（如李白《将进酒》），或取其叙情委曲尽致（如白居易《长恨歌》），以酣畅淋漓、婉转曲折、摇曳多姿为佳。而绝句则以含蓄为上，讲究主题和意象单纯，留有不尽之意。而每一种诗体在它的发展阶段也有不同。举七律为例，崔颢《黄鹤楼》：

昔人已乘黄鹤去，此地空余黄鹤楼。
黄鹤一去不复返，白云千载空悠悠。
晴川历历汉阳树，芳草萋萋鹦鹉洲。
日暮乡关何处是？烟波江上使人愁。

这首七律是令黄鹤楼享誉天下的传世名作。传说黄鹤楼有辛氏卖酒，因道士在墙上画鹤能舞而致富。十年后道士重来，乘鹤飞去。诗人对这一传说的神往，在诗里转化为对时空悠久的遐想，又与楼前远

眺历历可见的晴川树和芳草萋萋的鹦鹉洲形成过去和现在的虚实对照，便更能触发人们关于宇宙之间人事代谢的感慨和怅惘。正因为这首诗既合典故，又切合景观，能将古今登楼之人所见所感都概括无余，所以连李白到此都觉得无从落笔：“眼前有景道不得，崔颢题诗在上头！”这首诗的主要好处在于其声调美和意境美是不可复制的，在七律处于盛唐刚刚成熟的特殊阶段才可能出现。声调美，指的是它的歌行句法，前四句一气流注。分两层递进，三次重复黄鹤，回环复沓，更增强了民歌般悠扬流畅的声调。当然仅仅声调美还不足以成名作，原因在哪里呢？就因为崔颢诗这种悠扬的声调和诗里黄鹤杳然、白云悠悠的意境特别协调。悠远的意境和悠扬的音调相配，相得益彰。而这种声调美是天然而非人为的，因为有其历史原因：七律从六朝末年源自乐府，声调和写法一直和乐府歌行分不开。这种意境美，也来自初唐乐府歌行的常见内容，即往往感慨宇宙的永恒、人间的沧桑，引起人无穷的遐想和淡淡的惆怅。《黄鹤楼》只是把这种感慨通过黄鹤的故事表现出来而已。所以两者的结合，正体现了七律从初唐过渡到盛唐的特殊风貌。随着七律的发展，诗人们要求发掘它自身的表现潜力，和乐府歌行区别开来，这种声调就渐渐消失了。在这个发展的过程中，杜甫所起的作用最重要。他探索了七律的很多表现方式，七律的完全成熟是由他完成的。因此，杜甫七律变化极多。我们举他一首声调同样流畅的七律《登高》来看看它和崔颢七律的不同：

风急天高猿啸哀，渚清沙白鸟飞回。
无边落木萧萧下，不尽长江滚滚来。
万里悲秋长作客，百年多病独登台。
艰难苦恨繁霜鬓，潦倒新停浊酒杯。

这首诗是杜甫晚年旅居夔州时所作。写他登高所见江上秋色，抒写了晚年到处漂泊、艰难潦倒的处境和无限悲凉的心情。开头两句突出了一种动感：风急、天高、猿声哀鸣，渚清、沙白、鸟儿来回飞旋。这种动感与声调的讲究有关：字和音节安排得密集而紧凑，每句各包含三景，一字一顿一换，便使句式结构与所写景物达到契合无间的程度，以一种快节奏渲染出秋气来临的紧迫之感。为缓解节奏的迫促感，又采用了流畅的“灰”韵，造成了声调的回环流转。这就令人强烈地感受到：风之凄急，猿之哀鸣，鸟之回旋，都在受着无形的秋气的控制，仿佛万物都对秋气的来临惶然无主。于是，本来写不出形态的秋意，便借风、猿、渚、鸟所构成的这种飞旋回荡的动态表现出来了。

秋气来得是那样急速，自然会使诗人想到人生的秋天也是来得那样急速，而不由得产生惶然之感。所以，“无边落木萧萧下，不尽长江滚滚来”这一联，就不只是单纯写景了。这两句用叠字对偶，节奏放慢，是歌行式的声调。使第一联的急促节奏转换为滔滔滚滚的气势：“无边”则放大了落叶的阵势，“萧萧下”，又加快了落的速度。无边落叶就像无处不在的秋气，它是那样无情，催促着注定要消逝的事物快速逝去，使人联想到一切有限的生命。同样，写滚滚而来的长江，也有意加快了江水的流速。与上句相对，未免含有逝者如斯、时不待人的悲慨。但同时也包含着哲理的启示：尽管春后有秋，万物遇秋都要衰落凋零，但宇宙和生命又是永恒的，正如这长江，水不停地滚滚流去，却永远也没有流尽的时候。这就构成了气象壮阔、富含理趣的意境。

秋气来临的快速令诗人想到自己一生所经历的寒暑变换之快速。所以下联说：“万里悲秋常作客，百年多病独登台。”这两句意思层层递进，总结诗人毕生的悲秋之苦，末二句“艰难苦恨繁霜鬓，潦倒新停浊酒杯”则是抒写眼前的处境之苦：也是层层递进，以逐渐低沉的声调，写出独立于秋气之中的诗人贫病交困而孤独寂寞的形象。

前人赞此诗“一篇之中，句句皆律，一句之中，字字皆律”“而有建瓴走阪之势”，指出如此精密的对仗和严格的声律，却能形成如此流畅的气势，实属不易。首联密集的音节安排与写景的急速变换相对应，构成动荡回旋的意象；次联的对仗极为精工而采用歌行式句法，又增加了流畅的韵味。后两联连用递进句法，一意贯串，遂使全诗一气呵成，回荡着飞扬流转的旋律。充分调动文字在意象和声调等方面的特点，通过精心的结撰组织，使字句所形成的节奏声调体现出字面意义所不能充分表达的感受，从而使诗境的内涵得以开阔，显然是这首七律在艺术上最难的地方。可见这种声调是巧妙安排句式节奏的结果，与《黄鹤楼》那种自然形成的声调美不同。

再以词体来说，林庚先生对于词的特点，有一段很精彩的说明：“词以表现女性美的生活基调和儿女风流作为其主要内容，生活的情调便由关塞江湖的广大缩小到庭院闺阁之间。所表现的只能是对青春消逝的感伤，这就限制了词的境界和气派。然而词到底为诗坛创造了一次新的诗歌语言，从句式到语法到词汇都出现了再度诗化的新鲜感。它唤起一片相思，创造了画桥、流水、秋千、院落、小楼、飞絮、细雨、梧桐等一系列敏感的意象，支持了词长达百余年的一段生命。”

所以词的本色当行是婉约的，善于含蓄地表现细腻敏锐的感受，意象多富有暗示性。不妨看一首晏殊词：

鹊踏枝

槛菊愁烟兰泣露。罗幕轻寒，燕子双飞去。明月不谙离恨苦，斜光到晓穿朱户。

昨夜西风凋碧树。独上高楼，望尽天涯路。欲寄彩笺兼尺素，山长水阔知何处？

这首词是晏殊表现相思离情的名篇。上片开头“槛菊愁烟兰泣露”一句语意浓缩：栏杆外的秋菊笼罩着一层烟雾，好像很忧愁，兰花上挂着露水，像是在哭泣。“愁烟”“泣露”用的是移情手法，即把人的主观情感转移到景物上去。这一句看似写菊和兰，实际是写闺中少妇被愁云笼罩、对着栏杆外的兰菊哭泣的情状。随后两句写景逐渐从外向内转移，并点出少妇如此忧愁的原因：“罗幕轻寒，燕子双飞去”，一阵阵轻微的寒意透进罗幕，燕子也离开屋梁上的巢穴，双双飞走了。借燕子的成双成对反衬人的孤单，从六朝以来古诗词中常见，这里同时照应上句“槛菊”，暗示季节已经到了秋天。以下直抒离愁：“明月不谙离恨苦，斜光到晓穿朱户。”抱怨明月不懂得人心中的离愁别恨，直到天亮，月光还透过窗户照进来。这个为离愁所苦的人为什么要怪罪月光呢？这是因为明月会让人想到月圆人不圆，而且从“斜光到晓”一词可以想见，思妇被相思之情折磨了一夜，不能入寐，只能将无可奈何的愁苦化为对明月的埋怨。这就是词的暗示手法。

下片和上片之间正是通过“昨夜”和“到晓”的时间承接联系在一起的。“昨夜西风凋碧树。独上高楼，望尽天涯路”，这个失眠的人听了一夜的西风，到天明的时候，便看到树叶都被吹落了。秋天仿佛在一夜之间突然来临，天地之间变得十分空旷。站在高楼之上，可以一直看到通向天涯的道路。登楼远望当然是因为所思念的人远在天边。但是虽然可以望尽天涯，其实真正要找的却什么也看不见：山远水长，音讯难通，即使想给远方的人寄一首诗、捎一封信，又该寄到哪里去呢？从字面看，只是极写离情的阻隔，然而也包含着人生会短离长、漂泊无定的落寞之感。

这首词语言精美，带有一种富贵气息，但表现温柔含蓄，境界空廓高远。抒情看似直白，用意却曲折婉转，并辅以移情，以及景物的烘托、暗示和反衬等手法，因而具有婉约派词委婉含蓄的典型特征。

三、通过学习中国古典诗学和词学的理论来提高欣赏水平

中国古典诗学从秦汉时代开始，到清代末年，逐渐积累起一套自成体系的欣赏理论，至今仍在运用。因为古代的欣赏家本人都是作家，他们对作品的评论偏重在感性的和印象的，以及创作经验方面的，特别贴近作品，审美感受细腻准确。他们不仅提出了许多总结创作规律的概念，如比兴、气骨、兴象、意象、意境、格调、神韵、法度等等，而且还善于用大量的比喻来说明其对作品的感觉。由于现代人对古典诗歌的疏远，古人的感觉就特别值得我们珍视，在许多情况下，成为我们今天理解文本、感受诗词艺术的重要依据。

例如自然和人工的关系，是中国诗学中的一个重要话题。中国古代鉴赏理论往往强调好诗应该是天然浑成，没有人工痕迹的，对于这种观点我们要懂得辨析。实际上，除了信口而出的民歌以外，所有的文人诗都是要经过构思的。差别只是在于有的看不出构思痕迹，有的

比较明显，但即使思理很清楚的诗也有很多好作品。所以唐宋以后的诗学理论普遍认为由巧思而达致自然，是诗歌的很高境界。陶渊明的诗向来被誉为自然的典范，但陶诗也有构思很特别的好诗，例如：

《拟古》其八

少时壮且厉，抚剑独行游。谁言行游近，张掖至幽州。饥食首阳薇，渴饮易水流。不见相知人，惟见古时丘。路边两高坟，伯牙与庄周。此士难再得，吾行欲何求。

这首诗写陶渊明少年时的人生抱负。诗里所写的都是北方地名。他并没有去过。行游到张掖和幽州，说明他曾有过立功边塞的雄心壮志。首阳山的薇菜是避世的伯夷叔齐吃的，易水是荆轲刺秦前诀别燕太子的地方。伯牙和钟子期是一对懂琴的知音。庄周思想是超脱世俗的哲学。一座座坟丘象征自己钦慕的先贤和知音在现实中都已经找不到了。全诗把这些古人的遗迹集中在一起，化成他虚拟的壮游途中所见的景物。表现了少年时志在四方的豪气，对避世的节操和除暴的义气的向往，以及自己在人生长途中坚持以古人的节义作为精神食粮的意志。这首诗的构思原理是把抽象的理念化为虚拟的情境，全诗一气呵成，语言十分朴素，没有刻意求奇的痕迹。

杜甫的诗往往含意很深，表现变化很多，因此阅读杜诗一定要搞清他的思路，才能体会其中的妙处。比如《曲江》二首其一：

一片花飞减却春，风飘万点正愁人。且看欲尽花经眼，莫厌伤多酒入唇。

江上小堂巢翡翠，苑边高冢卧麒麟。细推物理须行乐，何用浮名绊此身？

这是杜甫在两京收复之后回长安的翌年（758年）暮春重游曲江所作七律，"一片花飞减却春"，构思新奇：春光似乎是万点花片叠加而成，所以飘落一片就减掉一片春光，妙在用加减法把不可计数的春光实物化了，天天在计算着多少春光被减，风飘万点自然更要愁煞人了。那将要落尽的花都一一经过诗人之眼，为解春愁不怕伤酒照样滴滴入唇，那么可以想见诗人几乎是一片落花一杯酒地在计算着还有多少春光残留了。

江上小堂寂寞无主，翡翠巢筑于其中。苑边高冢无人祭扫，石麒麟卧于其旁。从字面来看是写曲江乱后荒凉景象，感慨人事兴废。前人的注解都这样讲这两句诗，但我们可以再深入一层思考，曲江可写的景物很多，杜甫为什么用这两个意象来对仗？它和前面四句又是什么关系？翡翠鸟的美丽娇小和石麒麟的庞大无情，在形象上造成对照，清晰地昭示了青春的短暂可爱和死亡的冷酷永恒。这就是杜甫要细细推求的"物理"：万物兴废本是自然之理，帝王宫苑也不免变成高冢荒坟，又哪来永久的功名富贵呢？因此不必为浮名所羁束，及时享受青春才不辜负有限的人生。这样才能进一步理解前四句写伤春的内在含义，看到整首诗的意脉贯穿，才能更深刻地体会杜诗意蕴的丰富和构思的新颖。

又如形神关系，推崇写意，贬低写形，也是中国古典美学的重要主张。苏东坡较早提出绘画要传神写意的理论，传神的手法不但在宋代以后的诗词创作实践中被发展，而且相关理论到了明清时，最终形成非常重要的"神韵说"。那么写意和写形各有什么特点呢？我们也可以通过具体的作品分析来理解。

试比较苏轼和章质夫的两首杨花词，可以看出二者各以写形和写意为主的明显区别，这也是苏轼词品之高胜过许多正宗婉约词人的原因。

宋神宗元丰四年（1081 年）春夏，苏轼正谪居黄州。当时章质夫（名章楶 jié，浦城人）任荆湖北路提点刑狱，与苏轼常有书信往来和诗词唱酬。他的《水龙吟·咏杨花》，在当时很有名：

燕忙莺懒芳残，正堤上柳花飘坠。轻飞乱舞，点画青林，全无才思。闲趁游丝，静临深院，日长门闭。傍珠帘散漫，垂垂欲下，依前被、风扶起。

兰帐玉人睡觉，怪春衣，雪沾琼缀。绣床渐满，香球无数，才圆却碎。时见蜂儿，仰粘轻粉，鱼吞池水。望章台路杳，金鞍游荡，有盈盈泪。

苏轼看到这首词，便和了一首《水龙吟·次韵章质夫杨花词》，“次韵”就是依照别人的词原来的韵脚来和作。词的全文如下：

似花还似非花，也无人惜从教坠。抛家傍路，思量却是，无情有思。萦损柔肠，困酣娇眼，欲开还闭。梦随风万里，寻郎去处，又还被、莺呼起。

不恨此花飞尽，恨西园、落红难缀。晓来雨过，遗踪何在？一池萍碎。春色三分，二分尘土，一分流水。细看来、不是杨花，点点是离人泪。

杨花在大江南北的春天常见，白色如飞絮，像雪花般到处飘舞，遇物就被粘住。章质夫词将杨花的这种特点把握得十分准确，而且借杨花所飞到之处，将视线从春光烂漫的郊外逐渐移向深闺的庭院和佳人床前，最后写出闺中少妇望游子不归的愁苦。词中写杨花到处飘坠沾惹的动态，以及堆积起来滚成轻球又容易散碎的情状，都很生动真切，加上辞藻华丽，可以说在物态的描写方面是很成功的。苏轼的和作，如果还是在描写杨花的形态方面下工夫，就很难超过原作的水平。以咏物为题材的作品，固然首先应该做到形貌刻画的逼真，但是如果单纯追求形似，不能算是上品。苏轼这首词正是吸取了咏物诗的经验，全从比喻和写意落笔，因此在构思的巧妙和写物的传神方面远远高出于原作之上。

全词分上下两片，上片写杨花的飘荡，全从思妇的角度去看：先说杨花像花又不像是花，一语道出杨花的基本特征。因为不像花，所以并不受人珍惜，任其飘落。杨花离开了枝头，落在路边，似乎是无情之物，但是细想起来，也有它的深意。“抛家傍路”一句，看似把杨花飞离本枝比作抛开家庭，流落路旁，但其字面又令人联想起游子的同样情景，这正是作者的用意所在。因此下文都从思妇的“思量”上着想：闺中少妇在家中因思恋游子而愁坏了柔肠，困倦之极时，娇美的眼睛欲开还闭。这是直接写思妇的忧愁不眠，却又是以美人的柔肠比喻杨柳枝条的细柔，以美人睁不开的睡眼比喻细长的柳叶。柳枝柳叶是杨花所抛离的“家”，深闺也正是游子所抛离的家。妙在笔带双锋，人花双绾。这就是“无情”的杨花令思妇“有思”之处。游子思妇是中国古代诗歌的一个古老主题。在外飘荡的游子，有的是被征发到边塞的战士，有的是在仕途上奔走的文人。唐代著名的《春怨》诗说：“打起黄莺儿，莫教枝上啼。啼时惊妾梦，不得到辽西。”写思妇渴望在梦中见到远在辽西征战的丈夫。“梦随风万里，寻郎去处，又还被、莺呼起”几句，活用了这首诗的意思。由于上句柳枝柳眼的比喻写出了一个思妇悲愁的容貌，所以这里直接进入思妇的梦境，连接非常自然。而随风万里飘荡又正是杨花的特点，被黄莺呼起的是思妇的梦，杨花的易碎也正像梦一般轻飘易碎。上片的后半部分都是以思妇的愁态和春梦引起对杨花形态的联想，这就是写意的笔法。

下片由梦的追寻自然转到追寻杨花的遗踪：“不恨此花飞尽”，与上片开头呼应，既然无人可惜杨花，当然飞尽也没有遗憾，恨的只是西园里满地落花无法收拾。这里“恨”与“不恨”的主语都是思妇。通常人们怜惜的都是花园里的姹紫嫣红，“满园落红难缀”，意味着红颜衰老难以恢复青春。由于古诗里以鲜花比喻女子红颜已有悠久的传统，因此这里不需要再直接写出思妇自伤老大的心情，为什么只恨落红的意思也就清楚了。杨花虽不可惜，但是杨花飞尽就意味着春天已尽。既然春天随杨花一起离去，那么追寻杨花的遗踪也就是追寻春天的踪迹：一夜风雨过去，清晨只见落红满地，哪里还能找到杨花的遗迹？只有一池散碎的浮萍还能令人忆起它的前身，因为古人认为杨花落入水里就化成浮萍。如果说杨花在风中飘荡还能见出三分春色，那么就连这最后的三分，也因为大部分杨花委于泥土，小部分随水流去，而全部消失了。这里直接用“三分春色”指代杨花，既点出了寻找杨花遗踪的深意，又因为把不可分割、不可计量的春色实体化，而使构思修辞格外新颖。那么追寻杨花遗踪的是谁呢？当然还是上片所写的思妇。在她的眼里，杨花已经不是杨花，每一点都是离人的眼泪了。这一结尾又是一个新颖的比喻。直到这时，作者才明确地点出全篇将杨花和思妇合二为一的匠心：随尘土流水而去的既是杨花，也是思妇无法挽回的青春。

以苏词和章质夫的原作相比，可以看出，两首词的内容虽然都是咏杨花，写思妇，但是章词中的杨花和思妇是分离的，作者跟着杨花飘游的踪迹由远及近、由里到外地摄取景和人的情状，贯穿全篇的是杨花的种种形态。而苏词则从思妇的视点来观察杨花，以飞舞凋零的杨花与思妇的泪眼春梦互为比喻，花和人融为一体，贯穿全篇的主要是柔婉幽怨的惜春之情，这就是咏物词写形与写意的高下之分。所以宋末大词人张炎《词源》称这首词“真是压倒今古”，决非过誉。

到南宋姜夔手里，咏物词写意的手法又有新的发展。他的特点是善于大量运用典故来写意。我们来看一首他最著名的作品：

暗香

辛亥之冬，予载雪诣石湖。止既月。授简索句，且征新声，作此两曲。石湖把玩不已，使工妓隶习之，音节谐婉，乃名之曰《暗香》《疏影》。

旧时月色，算几番照我，梅边吹笛？唤起玉人，不管清寒与攀。何逊而今渐老，都忘却春风词笔。但怪得竹外疏花，香冷入瑶席。

江国，正寂寂。叹寄与路遥，夜雪初积。翠尊易泣，红萼无言耿相忆。长记曾携手处，千树压西湖寒碧。又片片吹尽也，几时见得？

词的开头有一节小序，说明创作这首词的缘起。这首词和另一姐妹篇《疏影》都是咏梅词，取自宋初诗人林逋《山园小梅》诗中“疏影横斜水清浅，暗香浮动月黄昏”两句诗意。《暗香》则重点写梅的清香。

上片开头从“暗香浮动月黄昏”的诗意化出，回忆从前与情人在黄昏月下赏梅的韵事，“旧时”和“算几番”点出旧日曾多次经历过这样美好的情景：黄昏的月色下，自己的笛声唤起了美人，一起冒着清寒去攀摘梅花。这里暗用贺铸《浣溪沙》“玉人和月摘梅花”的意思。吹笛暗用汉代乐府横吹曲《梅花落》的典故，在咏梅诗里常见。但用在这里，不但令人想见悠扬的笛声在月色和花树间回荡的韵味，而且使吹笛成为昔日爱情故事中的一个小插曲，表现出男女主人公的雅趣，用得很有创意。由此自然令人联想到梅香随着笛声在月下清冽的寒气中飘浮的情景。

接着是从回忆转到现实，感叹如今年纪渐老，风情才思已经减退。“何逊”两句用南朝齐梁时代的诗人何逊自比，是因为何逊在任扬州法曹时曾经做过一首有名的《早梅诗》，这首诗描写了梅花从盛开到凋零的过程。后代诗人咏梅花时常用这个典故，以何逊比喻写梅花诗的人。所以姜夔在这里用何逊自比，又说忘记了当初春风得意时的词笔，不必提到“梅”字，就包含了当初曾经写过多少梅花诗的意思了。这就令人通过典故联想到早梅盛开的情景，梅花之清香自可想象。

以下借“但怪得”三字从回忆转到眼前在宴席上赏梅的正题，用苏东坡《和秦太虚梅花》诗中“江头千树春欲暗，竹外一枝斜更好”的句意，说竹林外的一枝稀疏的梅花，在冷风中将香气传到了酒席上。“但怪得”三字的言外之意是：自己本来渐渐忘记了旧事，也没有才思了，但梅花的冷香又勾起了自己对梅花的思念和咏梅的冲动。这就巧妙地将回忆和现实自然地连成一气，从“梅边吹笛”到“疏花”，暗示了梅花盛期已过、逐渐稀疏的过程，昔日的“春风词笔”和今日的“渐老”又包含着无言的盛衰之感。

下片紧接上片，宴席上的情景和回忆交错出现：江南水乡在大雪之中，一片沉寂。不由得感叹自己想寄一枝梅花给远方的情人，却为遥远的路途所阻隔。寄梅的想法来自南朝陆凯的一首小诗；“折梅逢驿使，寄与陇头人。江南无所有，聊赠一枝春。”姜夔把这首诗的意思和眼前夜雪渐渐堆积的景色糅合在一起，眼光又转回宴席。却觉得杯中之酒进入愁肠，令人更容易伤心。而红梅默默无言，又像是一片相忆之情耿耿在怀。这两句移情于酒席上所见之物，使令人“易泣”的“翠尊”和“耿相忆”的“红萼”，仿佛幻化了旧时情人的影子。所以下面紧接着又沉入了对往事的回忆：永远记得当初携手赏梅的地方，那里是西湖岸边，千树梅花层层迭压在清冷碧绿的水面上。“压”字用形容重量的动词来形容梅花极盛时期花团锦簇的景象，极其生动形象。这里强调西湖，还因为宋代西湖梅树以孤山为多，而林逋就住在孤山，他一生不娶，种梅养鹤，号称“梅妻鹤子”。所以这里写到西湖，又正是照应这首词的取名来自林逋诗句。然而正当沉浸在梅花极盛的回忆中时，作者突然又回到了现实：纵然是如此繁盛的梅花，又还是一片片被风吹落了，几时还能见到？以眼前凋零景象对照当初盛况，又是一次盛衰的对比，最后所问的既是何时再见梅花，更是何时才能再见伊人。余音袅袅，令人怅惘不已。

这首词在咏梅中融入了对昔日恋情的美好回忆和深沉感伤，梅开与梅落都在与恋人共赏梅花的优雅意境中展现，在人生聚散的盛衰之叹中又隐隐可以体味诗人的身世之感。全词只有一次提到“香冷”，但月下的清寒、湖畔的千树，都能令人想见弥漫在寒风、月色、碧水之中的清香，这就将梅花的神韵传达出来了。而词里所用的典故又都是前人常用的熟典，这就令人很容易从典故的含意联想到梅花的各种情态，如何逊的咏梅、陆凯的寄梅，苏轼的爱梅，林逋的种梅，既表现了梅花由盛到衰的不同情态，又赋予梅花以历代文人赏梅的高雅情趣。正是这种传神写意的表现手法，使这首词达到了韵致高绝、含蓄无限的境界。

四、联系相关的宗教哲学思想和古代文化知识，加深对诗词内涵的理解

虽然一般的注本对于字词的意思都会注出来，但是对其文化背景了解的深浅，也会影响到对文本的理解。例如从六朝到唐代，很多山水诗都包含着玄学佛学的理趣。我们要理解山水诗的意境美，必须初步了解老庄哲学思想以及佛教思想对审美思想的影响，才能看得懂其中包含的理趣。

山水田园是中国古代诗歌最重要的题材类型之一。从南朝到中唐，是中国山水田园诗的高峰期，其审美方式和精神旨趣都在这一时期形成，并且确立了山水田园诗的基本主题，这就是表现人对大自然活跃生命的深沉体悟，向往回归自然的淳朴和纯真。这种天人合一之美是中国传统文化的重要特色之一，其深厚的文化内涵就与这一时期老庄思想和禅宗的发展有关。

我们知道盛唐山水诗的最大特色之一是具有空静的意境美。这与山水诗的审美观照方式和禅宗性空的观念有关。澄怀观道、静照忘求，是中国山水诗独特的审美观照方式。“澄怀观道”是晋宋时期宗炳说的：“老疾俱至，名山恐难睹，唯当澄怀观道，卧以游之。”（《宋书·宗炳传》）所谓“澄怀”，是说诗人要让自己的情怀、意念变得非常清澄，没有一丝一毫的杂念，在这样的状态下才能体会山水中蕴藏的自然之道。所谓“观道”，指观察自然存在和变化的规律。“静照忘

求”是王羲之在一首诗里说的：“争先非吾事，静照在忘求。”（《答许询诗》）意思是在深沉静默的观照中忘记一切尘世的欲求，甚至忘记自己的存在，这样就能达到心灵与万化冥合的境界。这种静照是吸取了道家和佛家的“虚静”“灵鉴”综合而成的。当心灵精神变得十分清澈透明的时候，就像一面晶莹的镜子，从虚明处映照出完整的自然。这时人们便认识到自然景物是以各种不同的形态姿貌客观地反映在人的心神中。宗白华先生曾经指出晋人特别欣赏清朗澄澈、明净空灵的美，(《论世说新语与晋人的美》)，这正与其观照方式有关。在“虚明朗其照”（庐山诸道人《游石门诗序》）的审美视野中，一切自然的景象都是清朗明净的。由澄怀观道而获得的空明清澄的意象，几乎成为早期山水诗的共同特点，这种静照忘求的审美方式一直延续到盛唐，特别是王维、常建、王昌龄、柳宗元等唐代诗人，都很擅长描写空静的意境，这又与静照和禅的性空相结合有关。禅宗在初盛唐已经很流行。禅宗的性空之说就是悟出自己的心性本来就是空无的，这样才合于大道。我们来看一首盛唐诗人常建的名作《题破山寺后禅院》，可以帮助我们理解这种空境：

清晨入古寺，初日照高林。竹径通幽处，禅房花木深。
山光悦鸟性，潭影空人心。万籁此都寂，但余钟磬音。

这首诗写诗人游览破山寺所见的幽静景色，以及从中领悟的理趣。开头两句境界开阔高朗：清晨进入古寺，初升的太阳照耀着高大的树林。从诗题可知，诗人欣赏的重点在寺庙的后禅院。所以第二联略去进入古寺所经过的多进院落，直接取道于竹林深处的小径，进入后院的禅房。“竹径通幽处”是很平实的陈述，却被后人稍加改动而产生了“曲径通幽”这一著名的成语。虽然是在花木深处，但后禅院的天地显然十分宽广：这里可以看到远山，听到鸟鸣，还有清澈的潭水倒映着蓝天。“山光”是指阳光照耀下明亮的山色。所以鸟儿叫得分外欢畅，这正是山光给鸟儿带来的喜悦。而潭水悠悠，与天空相映，显得特别空明，人对着这潭中的天光云影，内心也变得一片空明。这两句是写诗人由山色、鸟鸣、潭影得到的感悟：当面对潭影变得心地空明以后，排除了尘世间的一切杂念，就能更清晰地体会鸟性与山光相悦的自然之趣，这正是大自然内在的活跃生命。

最后两句是对上面两句的进一步发挥：自己的心性在进入了如此空明的境界以后，才体会到了万籁俱寂的空静。“万籁此都寂，但余钟磬音”从字面看也是对古寺的实写，但是诗人在“空人心”之后，听不到任何声音，只感觉钟磬之音在回荡，就不仅仅是写听觉，而是表现内心对整个世界的感悟了。盛唐山水诗常常写到寺庙里的钟磬，这不仅是因为钟声悠长，能够引起惆怅的共鸣。而且是因为钟声更像是宇宙间的韵律，可以洗净尘俗的杂念，令人悟出心性的空净。因此，最后两句是写诗人在面对潭影、听到寺里的钟磬之时，恍然进入了虚空的世界，感受到了从宇宙深处传来的大自然的节律。所以人虽在“幽处”，而内心却像开头描写的“初日照高林”一样，进入了一个极其高远清朗的境界。

再比如“独往”最早见于《庄子·外篇·在宥》：“出入六合，游乎九州，独往独来，是谓独有。”《列子·力命》也说：“独往独来，独出独入，孰能碍之？”这种独往独来是指在精神上独游于天地之间，不受任何外物阻碍的极高境界，后来逐渐被神仙道家坐实为游仙的行为。《淮南子·精神训》说：“若此人者，抱素守精，蝉蜕蛇解，游于太清，轻举独往，忽然入冥。”《抱朴子·论仙》把独往说成是在深山里修炼成道。由于这种修道和隐逸往往联系在一起，后世诗文中，关于“独往”也就有了两种使用语境，一种专指道士修炼，唐代连僧人出家也可称独往；另一种语境是表现隐居的心迹或行为。事实上暂时的游憩于山林，也可以称独往。盛唐人山水诗多取这种意思。

“独往”不仅概括地表现了盛唐诗人在山水中体悟的任自然的玄理，而且常常不露痕迹地化入艺术表现之中。诗人在体悟独往的境界时，往往有意无意地突出诗人独往独来的形象，“忽然入冥”的行迹，从而创造出清空幽独、令人神往的意境。如果从这一角度来重读某些山水诗名作，会有更深一层的理解。如王维的《终南别业》：

中岁颇好道，晚家南山陲。兴来每独往，胜事空自知。
行到水穷处，坐看云起时，偶然值林叟，谈笑无还期。

《诗人玉屑》评此诗：“此诗造意之妙，至与造物相表里，岂直诗中有画哉！观其诗，知其蝉蜕尘埃之中，浮游万物之表者也。”倒是真正理解了诗中的“兴来每独往”的深意。《玉屑》所说的正是《淮南子·精神训》“若此者，抱素守精，蝉蜕蛇解，游于太清，轻举独往，忽然入冥”的意思。这首诗直接用了“独往”一词，说兴致来了每每独往，并且具体描写了这种独往的意趣：随着流水走到水尽头，便坐下来观看白云生起，水穷云生的景物变化是大自然的安排，同样，人的行和止也随水流云起，任其自然，说明无论内心还是形迹同样都没有任何牵挂和障碍，这不正是《列子·力命》所说“独往独来，独出独入，孰能碍之”的境界吗？随水流任意而行，与林叟谈笑而无还俗之期，这不正是“离群以独往”（《抱朴子·明本》）“浩然得意”“漱流忘味”（《抱朴子·辨问》）的玄趣吗？此诗之妙，正在于没有任何玄言和佛语，只是展现了水与云的自然变化与主人公独游其中的自得之乐，便让人领悟了其中无穷的理趣。

明清诗论称赞盛唐的山水诗是“妙悟”的典范。一般认为妙悟借用禅宗的语言，指盛唐诗人写山水诗的感悟是直接来自对眼前景物的会意和一时兴致的触发。但是如果我们领会了盛唐山水诗意境中的这些理趣，就可以进一步了解诗人的妙悟不仅仅是对山水之美的欣赏，而是他所遇情景恰好触发他对某种自然之理的体悟，并且能在意境构造中自觉地融入这种领会，从而令识解的读者在诗境中也能体会出更深的一层意蕴，这也应该是“妙悟”的另一种含义。同时，性空、独往这些虽然是玄理和佛教的概念，但由于其意象在盛唐山水隐逸诗中的广泛使用，其含义为众所周知，可以自然地转化为一种幽适之境和自在之趣，即使没有刻意寄托，也能引发有关哲理的联想。因此这类理趣在诗境中犹如水中之盐，不见其迹而唯有言外之味，使盛唐山水诗在优美的意境之外别具神韵。

古人有一句话：“诗无达诂。”读者对于同一首作品可以有不同的理解，但是大体上还是有一个欣赏的客观标准的。首先应用心揣摩作者的用心，然后才能在此基础上引申发挥，加入自己的理解，不能牵强附会，生拉硬扯。也就是要以理解的确切作为欣赏的基础。欣赏需要一定的理论修养，但是一切欣赏的理论分析都来自生动的创作实践，读诗者先要用心感受作品，然后再思考作者是怎样表现其思想感情的，这样才能追求理解的精准和深度。而欣赏水平的提高，归根结底还是要大量阅读名作，长期培养对艺术的敏锐感受。

（本文根据葛晓音 2013 年 2 月 23 日在中央国家机关“强素质·作表率”读书活动 2013 年第 2 期主题讲坛上的讲座内容整理）

哲学与人生

主讲人：楼宇烈

各位领导，各位同志，大家上午好！很荣幸今天有机会来和大家分享我的学习心得，原本以为今天是公休日可能会影响大家休息，没想到还有这么多领导、朋友前来听讲。

谈到哲学与人生的关系，我曾经在中央电视台《文明之旅》做过一期节目叫做《三理养生》，在节目中提到过生理养生、心理养生、哲理养生，这其中“哲理养生”是最根本的一个养生方法。北大哲学系在北大被称作“长寿系”，我今年快 80 岁了，在哲学系中按年龄大小要排到二十几位。哲学确实让我们开阔胸襟、开阔眼界，化解人生中的烦恼，所以我认为哲学对保证生命的健康很有意义，今天我要讲的题目就是《哲学与人生》。

现在可以说大多数人提起哲学来还是有一种神秘感，一种高不可攀的感觉，觉得它跟人生离得很远，这可能在很大程度上是受到了西方哲学的影响，西方哲学研究的都是玄之又玄的问题，都是一种抽象的概念的逻辑推理，所以在人们心目中哲学非常深奥、非常玄妙、非常脱离实际。其实我们在日常生活当中任何一个人都离不开哲学，哲学是一种人生观、世界观，其实世界观最后也要落实到人生观，你对世界有一种什么样的认识，你的人生就会走一个什么样的道路。世界上的学问就是研究天、地、人。中国很早就提出了这个问题，《易经》里就提到天、地、人，天道、地道、人道，我们所有的学问其实都在研究这些。

“天”是万物的根源。有一句话：“天生地养”，所以天地是生万物的，那么“天”由什么来生呢？是自然而然的生，还是由“神”来创造的呢？西方的文化，尤其是西方中世纪以来的文化，认为世界万物是由神、由上帝来创造的，上帝不仅赋予了人类生命，还赋予了人类灵魂，是万物生命的来源，这是“天”的问题。那么中国讲的生命来源是什么呢？也是“天”，但这个“天”不是神，而是阴阳二气。在中国东汉的时候有一个哲学家叫王充，王充就讲过，“天地合气，万物自生”。所以万物也是“天”生，但这“天”不是神，而是阴阳二气，气化而生，气变而死，这是一个自然的过程。所以“天”就讲万物的由来，可以说就形成了几个系统，一个是由上帝或神创造，一个是自然产生。印度文化里也有这两种说法。佛教产生前，印度主要是信奉婆罗门教。婆罗门教也是主张神产生万物，但是它不像基督教是一神教而是多神教，以为世界是多神创造的，这些神创造了世界的这些方面，那些神创造了世界的那些方面。甚至还有这样的一些说法：一些神创造了世界，一些神维护了世界，一些神破坏了世界，这才有生生死死的变化。婆罗门教认为这个世界并不是创造出来就不动了，它会变化，需要维持，又要有变化和死亡，所以它把神分成了几大类。公元前六世纪出现了一个宗教——佛教，佛教是反对神创造世界的。佛教里面有一个理论叫“缘起论”，讲的是万事万物都是缘起，因缘而生，因缘而有，也因缘而死，因缘而无。它与中国的自然生万物有相同的地方，但也有差别，佛教的缘起强调的是事物之间的一种必然联系，而中国的自然生万物的观念则比较重视偶然的生存，“物偶自生”、“万物自生”，但总的来讲都是反对神创论的。

然后再讲讲“地”。“天生地养”，万物都靠“地”养，尤其是我们的生命，植物也好，动物也好，人也好，我们没有“地”怎么来生存？怎么来长大呢？所以整体来讲，我们研究的学问就是在研究“天”“地”“人”，而研究“天”和“地”归根结底也是为了“人”，“人”要依靠“天”“地”养。我们对世界的认识如果仅仅是为了认识世界而认识世界，我想这是没有意义的，我们认识了世界是要让它为我们人类来服务，让我们活得更加健康。只有明白了天地之间的变化，然后去适应它的变化，我们的生命才会健康，才更加有意义。

所以我讲哲学是有关人生观、世界观的学问，我们认识了这个世界是什么，也是为了让我们的人生更有意义、活得更健康。

哲学是文化的一个核心。人类创造了各种各样的文化，有物质形式的文化，也有非物质形式的文化。那么给文化做一个简单的概括，主要包括这四个方面：价值观念、思维方式、生活样式、信仰习俗。其中价值观念和思维方式可以说是哲学研究中最主要的东西，也是文化中最重要的。我们有什么样的生活样式和信仰习俗是由我们的价值观念和思维方式来决定的。价值观念和思维方式是无形的，但起指导性、决定性的作用，生活样式和信仰习俗是我们看得见摸得着的，这之间是相互有关联的。就像我们人类，有肉体的生命也有精神的生命，肉体生命是基础，而指导我们用什么样的方式生活则是由精神生命来决定的。一个人没有了精神，就是没有灵魂，那他的肉体就是一具行尸走肉。所以我讲我们的生活样式和信仰习俗就像我们的肉体，我们的价值观念和思维方式就像我们的精神，这两者都不能忽视，但是起决定作用的是价值观念和思维方式，也就是我们的精神生命。

西方的哲学同样是在研究价值观念和思维方式，发展到近代十八、十九世纪，在西方的哲学里面更加强调了思维方式这一类问题，恩格斯曾经讲过哲学归根结底是一个思维方式的问题。

近百年来，我们受到西方思维方式的影响，那种非此即彼的二元思维方式占了主导地位，此就是此，彼就是彼，此是好，彼就是恶，分得很清楚，好像只有这样才能有标准可以判断和掌握，所以我们做很多事情首先要做一个定量定性的标准，希望大家按照这个标准去做，然后我们可以方便地考察和检验。而现实中，我们的世界真是那么简单吗？是非此即彼吗？中国传统文化中的思维方式就不是非此即彼的二元分裂的一种思维方式。我想最形象地去认识中国哲学的思维方式，就是太极图。太极图有一条曲线，一边白，一边黑，黑白在一个圈子里，黑就是阴，白就是阳，它在一个整体的圈子内，黑的是一头大一头小，白的也是如此，过去我们就叫阴阳的消长，彼离不开此，此也离不开彼，有了彼才有了此，有了此才有了彼，所以必须要看到这个世界上的一切事物都是相辅相成的。

中国董仲舒曾经讲过“凡物必有合”。任何一个事物它一定有两个方面，合就是两个东西合在一起，有阴就有阳，有上就有下，有前就有后，有左就有右，没有一个东西只有左没有右，只有上没有下，所以“凡物必有合”。拿我们人生来讲，理想和现实也必须是结合在一起的。一个人光有理想一定是很苦闷的，因为看到现实都跟他的理想不一样，必然烦恼痛苦。我们现在的年轻人就理想主义太厉害了，很多人都只能看到社会的一面，而看不到另一面。大家一定要知道这个白里面一点一点会制造出黑来的，因为黑白是离不开的，所以理想主义是害死人的，一定要把理想跟现实合起来看。中国产生这样的一种思维方式是和中国的整体文化相关的。

中国近代有一位著名的思想家、国学大师章太炎，他就曾经谈到过西方的哲学关注的对象是物质，外在的世界，而中国哲学关注的对象则是人事。相对来讲物质世界是比较稳定的，关注客观的物质世界，可以在一定的范围之内做定量定性的分析；而人事是变动不居的，时时刻刻在变化，所以我们思考问题不能用一个僵化的方法去思考。一个是科学的思维方式，一个是人文的思维方式。

西方近代以来的哲学思维方式受到了实证科学的思维方式的很大的影响，所以他们也强调概念的清晰，对概念要做定量定性的分析，你说什么就是什么。这就不是哲学。在上个世纪有一个很大的讨论，就是中国有没有哲学？很多人认为中国没有哲学，因为中国没有这样的一种思维方式，中国的思维方式很模糊，不清晰、不科学，中国的哲学讨论来讨论去都是要落实到人生。所以，最多只能说中国有艺术哲学、历史哲学、人生哲学，没有理性意义上的哲学。

按西方观念，中国不光没有哲学，连宗教也没有，科学当然更不用说了，这给中国人造成很大的困扰。其实中国文化当中有哲学、有宗教、有艺术，甚至也有科学，过去一直批评中国没有科学理论，其实是我们没有意识到。中国文化从现在来看，其实是一种科学的思维方式，现在已经被认同，在某种意义来讲可以说是最先进的科学，中国的“阴阳五行”的思维方式就是一个科学的思维方式，这是宇宙论的理论框架，这样的科学的思维方式也是我们整个文化的一种科学思维方式。

前些年，社会上出现了否定中医的思潮，要把中医从我们的医疗保障体制里除名，这在社会上引起了一场关于中医问题的讨论。当时钱学森先生就讲了一句话，说中医是建立在整体论和系统论基础之上的一种学问，因为中医就是用阴阳五行这一套理论，这套理论就是一个整体论的系统论的理论。我们的身体由五脏六腑组成，不能说心脏能单独拿出来，肺能够单独拿出来，这些都是关联在一起的，所以它是一个整体，是相互关联的系统，中医是建立在整体论和系统论的基础上的。

一种思维模式和社会方式是由当时的生活、当时对天文地理的理解形成的，而反过来它又告诉我们怎么去研究和指导我们的生活，怎么研究我们的生存的自然环境的问题。当我们对天文地理的研究深入以后，我们会发现原来这个世界不是那么单一的，我们不能够再孤立地去看问题，包括人也是那样，我们不能站在人的立场上去看万物，要把人自己也放到万物之中去，在万物之中去看万物，你也是万物中的一员。

我们常说现在的人心理问题很多，但根源在什么地方呢？根源就在于老是站在自己的角度去看问题，把自己跟他人隔离开来，把自己跟万物隔离开来。

上个世纪 80 年代左右，美国有一位心理学家叫做肯·威尔伯，他写了一本心理学的书，书名叫做《事事本无碍》，这本书里面就批评以往的心理学家，批评停留在人本为人的心理学。他的心理学叫做一体心理学，人跟万物是一体的，不是把人与万物分割开来看，人跟他人也是一体的。其中他提到一个思维方式的问题，我觉得很有启发，他说我们人看到一条海岸线，首先想的是这条海岸线把海洋和陆地分开了，对面是海洋，这面是陆地，这是我们习惯的思维方式，可是我们有没有想过，也正是这条海岸线把海洋和陆地连在了一起。我们更需要的是这种思维方式，海洋跟陆地不是对比的而是一体的。

当时我看到这个书名的时候，马上就想到了中国佛教的华严宗。

华严宗是以《华严经》为根本的，《华严经》讲的是什么呢？讲的是世界是一个整体是相互折射的，你中有我，我中有你，你离不开我，我也离不开你。以己度，度以己，一即一切，一切即一。当年中国华严宗的祖师法藏给武则天和普通人讲《华严经》的道理，他四面上下都放一个镜子，中间点一根蜡烛，然后让你去看，一看这面镜子有这个蜡烛的光，那面镜子也有蜡烛光，而对面镜子的蜡烛光又反射到那个镜子上，那个镜子又反射到别的上面了，结果成了互相重重叠叠的光，由此就说明了这个世界是不能够分开的，你中有我，我中有你。

在中国早就运用了这个道理，比如中医。我们都知道中医有手诊、耳针等，中医通过手掌就可以看到你身体各个部位的健康状况，在你的耳朵的某一个部位扎一下，就知道你身体某个部位的情况，也就是说你的耳朵里面包含了你全身的信息，这个部分里面包含了整体，局部能够反映整体。我们的手诊、耳针、足疗都说明了这一点。如果说中国这种思维方式不科学，而“头痛医头，脚痛医脚”才是科学思维方式的话，是很难让人理解的。

中国人老说“人生十有七八不如意”，你如果明白这个道理就能够面对“不如意”这个现实。你如果明白了痛苦里面有快乐，快乐里面有痛苦，你就能够懂得人生总要经历快乐的时刻，也要经历痛苦的时刻，只有经历过一些不幸福的事情，才知道幸福生活的来之不易，才会懂得珍惜，所以不同的思维方式就会决定我们不同的人生、不同的生命。

哲学跟我们的人生是密切相关的，中国的哲学价值观强调的是我们每个人自己。中国的文化是人文主义文化，人文精神的文化都是相类的，在天、地、人中间，我们尊重天尊重地，但是更强调人，我们最关注的是人，所以叫做人本。

前一阵子我给国家环保部门的领导做过一次演讲，他们是指定题目要我讲“中国传统文化天人合一的思想”。当然中国传统文化中天人合一的思想非常丰富，我们现在的理解是人和自然的和谐，其实这个是很狭窄的一种理解。天人合一就是人和自然的一个和谐，为什么会有这样的和谐？我就给他们介绍，中国的传统文化中有很多天地合一的思想，介绍完了以后，我说，光知道这些东西也解决不了我们今天的环境污染的问题，你也不能用这些思想去治理环境，我说如果按照中国人的观念，治理环境也就是治理天地，首先必须要治理人才行。人治理不好，这个环境也是治理不好的。你光是治理环境不治理人，人的贪欲还是那么大，你在那边治，他在这边破坏，这是治理不好的。实际上要治理环境，治理天地，首先要治人自己。而治人要治人的心，我们常常讲人的心在支配人的一切活动，人如果贪、嗔、痴不除掉，你自己的人生不得安宁，这个世界也会让你搞得不得安宁。所以中国文化里面强调的“以人为本”，你要这个世界和谐，首先要人和谐。人是人群。人群中又以什么为本，以每个人自己为本。你要想搞好人际关系，跟别人和谐相处，首先不要去怨天尤人，首先要反省自己。

中国文化中一直强调反求诸己，不要怨天尤人，所以我们应该重视佛教里面提到的嗔性。佛教讲人有三种心：贪、嗔、痴。嗔就是怨恨心理，什么事情都是怨天怨地，不反思自己。我常常讲有嗔性的人其实就是自寻烦恼的人，就是自己折磨自己，嗔性少一点，人的精神就会愉快一点。我们经常讲，化怨嗔性为感恩性，即使人家对你不好，说你的不是，也不要去怨恨别人，其实这也是一面镜子，反射你身上的问题，有则改之，无则加勉，所以要感恩。

中国的文化一直是层层相类。我们常讲，中国的文化是为己之学，《论语》里面有一句话“古之学者为己，今之学者为人”。战国末年的一位中国大思想家荀子，对《论语》里面的“古之学者为己，今之学者为人”这句话做了非常清楚的解释。什么叫做“为己之学”？“为己之学，为其身勉”，所谓的“为己”就是为了完美自我。那什么又叫做“为人之学”呢？“为人之学者，以为禽犊”，把它作为一种禽和犊，过去来讲就是一种财富的象征。为己之学，美其身也，入乎耳，著乎心，布乎四体，形乎动静，就是这种人的学习是他从耳朵里面听进去以后，记在心里面，又把它落实到行动上去，是变化自己气质、使自己人格更加完美的一种学问。“为人之学者，以为禽犊”是一种什么样的状态呢？就是耳朵里面听进去了，嘴里面说出来贩卖了，是不通过心的，对自身的变化不起作用的，只是作为一种知识传输给别人或者炫耀给别人。

一句流传千年影响极其广泛的一句话叫做“人不为己，天诛地灭”，好像人就是应该为己，可是什么叫做“为己”？如果我们理解了“为己之学”和“为人之学”的差别，我们就明白了什么叫做“人不为己，天地诛灭”。所谓的“为己”就是完美自我，所以这句话真正的含义是，我们有幸成为一个人，成为天地万物之间最为尊贵的生命体，就应该不断地去完美它。一个人要不断地完美自己，提升自己，这是天经地义的事情，你现在不去那样做，天地就要诛灭你。有句话说得好，要让自己成为一个完美的人，简单地讲就是要成为一个美人。我们现在一提到美人就想到美女，美人的含义并非局限于此。我们去看看《诗经》里面，经常有人赞扬美人，美人是指君子，是指完美的人，所以香草配美人，这个美人是一个完美的人，是君子，只有君子才配得上香草美人。

前一阵子人们都在倡导所谓的普世价值，哪有什么普世价值观念呢，不同的文化它的价值观念是不同的，有人说仁爱就有普世价值，是，从表面来看仁爱是有。基督教讲爱，佛学讲慈悲也是爱，孔子儒家也讲爱，这看起来好像是普世价值，但我们再仔细一看，基督教讲的爱是什么爱？佛学讲的爱是什么爱？儒家讲的爱又是什么爱？它们是不一样的。如果非要说相同的地方，有，中国的墨子讲的“兼爱”有点像基督教说的爱。儒家讲的爱是先爱你的家人、你的父母、你的兄弟姐妹、你的亲属，再一点一点推广出去，“老吾老以及人之老，幼吾幼以及人之幼”，中国的文化观念里强调由近及远，一点一点推出去。如果连自己的父母都不爱，连自己的子女都不爱，连自己的兄弟姐妹也不爱，不可能相信这个人是可以去爱别人家的老人、父母、儿童的。在中国的文化观念里面这是不可想象的，因为自己的家人都不爱，你怎么去爱别人？所以不同的文化，它的理念就不同，这些理念从生命观上就可以看出来。

基督教文化的生命观认为生命是上帝创造的，所以大家都是一个独立的个体，都是上帝的子女，子女跟父母在某一个意义来讲都是上帝的子女。在这种背景下，强调个体的独立性是西方文化的特色。生命的延续是上帝不断地创造出一个个新的个体，借着父母的肉体把这些生命制造出来。

那中国文化背景下的生命是怎么样的？生命从根源来讲是天地，“天地者，生之本也”，所有的生命都要分成不同的类，有人类、禽类、兽类，每一类都有它自己的生命源头，就是它的祖先，所以“先祖者，类之本也”。生命是自然的生存，生命的延续是靠父母子女这样代代血缘相续的，所以子女跟父母的关系是一种亲密的血缘关系。可以说是一个代代相承的生命观，非常强调血缘之间的亲情关系。所以中国有了这样一种价值观，首先要爱你的家人，然后再去爱其他的人，然后再去爱万物。我们都是同类，所有的民族同胞和所有的物都是跟我们同类的。

宋代理学家张载所讲的“民吾同胞，物吾与也”里的“民”就是同类的意思，所有的民都是我的同胞，所有的物都跟我同类，而且我们还应该看到，其实在这种最私密的关系里面包含着一种最无私的精神。父母对子女这种最私密的关系里面，就包含着最无私的精神。

西方的文化如果把它归结起来看，一个根本的特点就是救赎和他利。上帝就是救世主，我们每个人都要靠上帝来救赎，靠神来救助，包括印度文化中的宗教也是一样，一切由神来决定，一切也要靠神来改变，所以神是救赎，靠外在的力量支援你。

中国的文化是强调自救和自律，要靠自己来救自己，自我提升，行为自我约束，为仁由己，所以强调的是“道之以德，齐之以礼”。当然人的自觉性是有限的，也必须要有外力来辅助，所以也不能没有“法”，但重点是强调道德的自觉、自我的约束。我们现在张口就“仁者爱人”，其实不是，仁的精神首先是要自爱，也就是《论语》里面讲的“克己复礼为仁”。我们要这个社会能够安定和谐，就必须要求每个人遵守社会的公共道德，就是“礼”的制度的规定，这就叫做“克己复礼”。过去常常讲“治世要用儒”，治世不用儒的话就是鼓励大家去造反，不遵守礼仪，这样社会能安定吗？安定不了。人文的概念就是“礼乐教化”，也就是中国常讲的文化，强调“自立自治”。“仁者爱人”是仁的一个内容，但我觉得最深的还是自爱，我这里讲一个故事给大家听，它告诉我们仁的思想的内涵。

有一天孔子在屋里面坐着，弟子子路进来问学，孔子就问了他两个问题，一个是何为仁，一个是何为智。这两个问题被古人看作是圣人的重要标准，圣人就是既有“仁”的品质又有“智”的智慧，智的问题我暂且不讲，先讲讲仁。何为仁呢？子路说“仁者使人爱己”，这固然没错，你如果是个仁者的话，必然会受到尊敬爱戴。所以孔子给他的评价是“可谓士矣”，可以说你是一个读书的人了。过了一会儿，子贡又进来了，孔子还问他这两个问题，子贡回答说，“仁者爱人”。孔子给他的评价是“可以为士君子矣”，可以称为读书人中间的一个君子了。过了一会儿，颜渊进来了（他是孔子最喜爱的弟子），孔子还是问同样的问题，颜渊回答是“仁者自爱”。孔子听了之后大为赞赏，他说“可以为明君子矣”，说颜渊是真正明白道理的一个君子，懂得“仁者自爱”。这里的“仁者自爱”跟前面讲的“克己复礼为仁”是一致的。《论语》记载的也是颜渊问孔子，何为仁？孔子回答说“克己复礼为仁”。颜渊又问他，请问具体哪些方面？孔子就告诉他，“非礼勿视，非礼勿听，非礼勿言，非礼勿动”。人最核心的东西就是要自爱，自爱才能自尊，才能够去爱人和尊敬人，才能够受到别人的爱和尊敬，所以不能本末颠倒。

中国文化中最强调的是责任，孔子当年周游列国，到了卫国，卫国的君主就问他，我如果把国家交给你来治理，你从哪里下手？孔子说“必也正名乎”，首先要从正名入手，卫国的君主听了以后非常高兴。他说如果君不君、臣不臣、父不父、子不子，我连饭都吃不上，社会也不能安宁。我们要循名责实，我们考察干部就需要遵循这条原则，你担当什么职务，就要做合乎你职务的事，敢于担当。韩非子是非常强调这一点的。

曾经在一个课堂上，有一个学员讲他学习了国学后的体会，他说学了儒家后拿得起，学了佛教后放得下，学了道家后看得开，总结得很好。后来我又讲，为什么说学了儒家就拿得起呢？最根本的就是儒家敢担当，所以儒家要讲“国家兴亡，匹夫有责”，只有有了敢于担当的精神，才能拿得起。佛道也是中国的文化主体结构的东西，中国文化自始至终都是一种多元、包容的传统，现实中始终是三教并存、相互补充的。西方文化自中世纪以来一直是由基督教文化垄断的，一切不符合基督教价值观念的思维方式就要被排斥，就要被宣布为异端异教，要受到宗教裁判所的审判，而在中国始终是多元并存、相互尊重的。

我们过去讲"以儒治国"，儒家思想主要讲治理国家和社会。"以道治身"，确实我们的养生和医学等方面与道家思想关联得更多一些。"以佛治心"，是指佛教认为我们人类和社会的一切问题，根源都在人心中，尤其是贪、嗔、痴三心，佛家把它整个的理论实践概括为戒、定、慧三学。以"三学"来应对人心中的贪、嗔、痴。佛教里面有一句流行的话叫"勤修戒定慧，熄灭贪嗔痴"，所以我们常常讲以佛来治心。治国、治身、治心是相互配合的。

学习了道，思想看得开。中国道家的思想强调"道法自然"，以自然为准则，尊重事物的本来状况。它非常强调一个观念，叫做知足。道家讲每个事物都有它的天性和本性，本性规定它需要多少，满足它的需要就可以了，过了反而会损害它。道家的思想强调自然合理，要合乎每个事物自然的状态，用我们现在的话来说就是要实事求是，注重个性差异。我们现在在这方面就很欠缺，过去我们常说"三百六十行，行行出状元"，而按现在的选才标准，大概也只有三十行，做科学家、做官、做老板，这才有出息，才能出状元，干其他的行业都不能出状元，完全忽视了个性的差异。

道家是非常注重这个差异的，《庄子》里曾经讲到一个故事，讲一只大鸟和一只小鸟，大鸟要吃饱肚子就要四处觅食，小鸟肚子那么小，有几粒谷子就饱了。有一次两只鸟碰到一起了，小鸟看到大鸟能够四处游走，尝尽天下美食，就非常羡慕，想像它一样。大鸟看到小鸟吃两粒米就饱了，非常轻松，免却了四处奔波觅食的辛苦，也非常羡慕。庄子就评论说，大鸟你不要羡慕小鸟，小鸟你也不要羡慕大鸟，你们两个本来就不同，大鸟如果像小鸟那样轻松，弄不了两天就饿死了，小鸟要是尝遍天下美食，一顿饭就给撑死了，大家要顺其自然，懂得知足。

知足者把其他的东西看作是身外之物，不需要留恋，看得开。这些东西对我们没有益，反而有害，没有必要去贪恋它。不知足的人，贪这个，也贪那个，他看不开。所以道家的思想对人生是非常有意义的，它让我们不要去贪恋身外之物，因为这些身外之物不仅没有利，对生命来讲还有害，要懂得这个道理。

那为什么佛教能够让人"放得下"？佛教的思想让我们懂得万物都是无常的，不是永恒的，这跟缘起思想有关系。佛教认为万物都是因缘而生，因缘而有，那么因缘形成的这个世界的万物有什么特点呢？那就是无常。缘有聚也必然有散，因此一切事物有生，也一定有灭、有死，有聚一定有散，有会一定有离，这是缘起法的特点，没有永恒。所以对生命的贪恋和对外物的贪恋都是没有意义的，总有一天，你要撒手而去，什么东西都不属于你。人有生老病死，万物也是如此，就像沧海桑田的变幻。我们生存的环境也不是永恒的，它在不断地变化着，一切事物都是这样的。佛教讲的缘起让我们明白生命和一切事物都是无常的，因为是各种因缘聚在一起才有这个事物，所以这个事物不是一个独立的主体，它是由各种因缘聚在一起才有的。

佛教在《金刚经》里讲"一切有为法"，所有我们看到的东西，人也好，物也好，在佛教里面都被称为"有为法""一切有为法，应作如是观"，就是应该这样来认识它。怎么样来认识它？是六个“如”：“如梦幻泡影”“如露亦如电”——像梦境一样，像幻觉一样，像肥皂泡一样，像影子一样，像露水一样，像闪电一样。“梦幻泡影”是说它没有实实在在独立的主体和自性，在佛学里面就叫做“无我”；“如露亦如电”是指一闪而过，也就是无常。佛教的缘起理论让我们认识到整个世界是无我的，无常的，所以对物的执着也好，对自我生命的执着也好，都是我们烦恼的根源。用两句话来概括人们的问题在什么地方就是：“执取名相看不破”“执我为本放不下”。所以要是你们有一天能够放下自我，就真正自由自在了。懂得了佛教的教义，就可以放下、自在。你们可以看到佛教的很多庙里都挂了一块匾——“得大自在”。所以我们人如果能够拿得起，放得下，看得开，这该是一个什么样的幸福的人生境界。有的人是三样俱全，既拿不起，又放不下，还看不开，这是最痛苦的；有的人拿得起但放不下也痛苦。

所以我觉得中国的传统文化、中国的哲学观念对于我们的人生是很有启发意义的。我们人类在这个世界上碰到最多的三个大矛盾就是人与自然的关系、人与社会的关系、人与自己的身心的关系。我们想一想，我们的三大文化体系不恰好应对了这三大矛盾吗？

道家的思想就可以解决人与自然的关系。在中国道家思想里面，自然的概念不是指天地万物，而是指事物的本性，只要我们尊重自然的本性，去适应自然的环境，就不会跟自然形成矛盾和冲突，也不会危害到我们生存的环境，这不就是处理好人与自然的关系吗？道家的思想认为人的生命要活得好，必须要顺应自然，顺应事实，顺应日夜，这是最基本的一条。现在《道德经》在全世界翻译的语言之多仅次于《圣经》，在欧洲的一些国家像德国、法国，他们的学生和一般的公民对于《道德经》的了解大概比我们中国人还多。

儒家的思想其实就是来解决人与社会的关系，人与人之间的关系，解决的方法就是反求诸己，反省自我，不要怨天尤人，这也很契合我们现在讲的这个问题。

现在世界上还有很突出的一个问题，就是人的身心的矛盾，或者叫灵肉的矛盾，这个问题相当严重，所以现在心理学也越来越被人们重视。人的心理的问题要从根本上来解决，佛教也给我们提供了这方面的资源。

中国的文化我刚才讲是内向，一切都往内，在天、地、人中间找人的问题；在人与人之间找自己的问题；在自己身上找自己的心，一层一层地向内，不是一层一层地向外。西方文化就是向外，身心的问题主要是去找身体的问题，但现在西方的心理学实际上在某一个方面超过了我们。

比如治理环境的问题，现在的思路就是把它当作外在的，不从人的本身去找根源。人的贪欲不灭，这个自然就永远治不好，这边在治那边又在破坏，所以西方的思路是向外。我们是向内，这是因为思维方式上的差异。价值观念上的差异其实也就是哲学的差异，哲学是文化的核心。学点哲学对我们的人生是很有意义的，对问题能够看得更明白更透彻，所以不要把哲学看成是神秘的、空洞的。

中国的学问就是强调要有所受用，要知行合一。中国哲学一个重要的品格就是实践性，不是空谈的。过去的人有没有空谈的？有。我们历史上很多的理学家，走着走着就走到空谈了，所以到后来人们就批评这些理学家，说你们这些人只会空谈道理，到了有事情你们什么都办不成，所以这就叫做“无事袖手谈心性，临危一死报君王”，道理讲得还不错，但是解决不了问题。实际上中国的哲学强调的是“内圣外王”，内圣就是提高我们的素质，做内圣的功夫，提升自己要成圣，成不了圣，也要成贤，成不了圣、成不了贤也要成人。人跟动物的差别很小很小，一不小心就变为禽兽，所以学习首先是要学习做人，人做好了还要进一步提高成贤成圣。要做出事业来，做出事功来，叫外王，“王”就是指事功、事业。你不光修养好了就行，还要做出事业来，千万不要像我们现在很多的大学生那样说起来夸夸其谈，一做事情什么都做不成，我们的内圣外王是结合在一起的。

《大学》里提到格物、致知、诚意、正心、修身、齐家、治国、平天下，前面的功夫就是做内圣的功夫。“格物致知，诚意正心”，把这个心正好，然后落实到自己的身体上面来改变自己的气质，变化气质改变心性，然后落实到齐家、治国、平天下，做出事功来。

所以中国的哲学一定是知行合一的，《中庸》里面给我们提出来一个很好的问学的过程，就是“博学、审问、慎思、明辨、笃行”。要能够提出问题来，给自己提出问题来，给老师提出问题来，还要思考，还要有明辨，最后笃行，实实在在地落实到行动上面去。所以中国的哲学不是空谈，不是虚谈，而是能够落实的，能够变化气质、改变心性、提升素养的。因为时间的关系，我就讲到这儿，谢谢大家！

（本文根据楼宇烈 2013 年 9 月 21 日在中央国家机关“强素质·作表率”读书活动 2013 年第 9 期主题讲坛上的讲座内容整理）

新媒体时代的传播与社会

主讲人：尹　鸿

各位领导，同志们，朋友们，早上好！感谢大家在周末的休息时间，这么早过来一起分享对新媒体和现代社会关系的一些想法。我们每个人都是新媒体的使用者，我们都在新的媒介环境中存在，我们前所未有地感受到整个媒介环境给我们的社会和生活带来的深刻改变。最近，党和国家领导人在各种场合三番五次强调互联网和新媒介环境对现代政治、经济、文化的深刻影响，也包括对我们的生活方式、价值观的深刻影响。因此，这个问题对我自己来讲也是一个学习的过程，我把自己在研究观察、使用分析新媒体过程中的一些感想跟大家一起分享。虽然不一定正确，我们对于新的知识、新的领域，未必都能提供正确的结论，但是可以提供启发性的思考。我们一起来探究这样一个新的传媒时代会带来什么改变。大家都知道，从来没有一个时代像今天这样，媒介如此广泛地渗透到我们生活的每一个角落，如此深刻地把天各一方和近在咫尺的人们联系在一起，所以对这个问题的重视应该是战略性的。我们要这样理解新的媒体与环境。

一、互联网信息时代

大家都知道，我们进入了互联网时代。关于互联网时代，在1980年出版的《第三次浪潮》一书中有表述，这本书是未来学家托夫勒写的。这本书已经在描述农业革命和工业革命之后的新型革命，但是那个时候它还只是未来学家的一个想象，今天它正在变成现实。

实际上，今天我们进入信息时代，整个信息媒介对一个社会的变革有至关重要的影响，我在这里推荐一位在传播学界被大家公认的具有里程碑地位的学者叫麦克卢汉。他有两个著名的观点，第一个是媒介是人的延伸，第二个是媒介即信息。所有的媒介本身就是信息，而这个信息首先是人的延伸产生的信息，所以麦克卢汉是第一个从媒介角度探讨人类社会变革的学者。马克思的经典表述是，人之所以区别于动物，是我们在劳动中会使用工具。而麦克卢汉强调的是媒介工具，媒介工具让人类一步一步向前发展和变化。比如，他说人之所以区别于动物，是因为我们有语言，这样我们才能交流，我们才能成为社群，才能成为人类。我们变成人是因为有语言，没有语言这个媒介，人只能做动作。但这个时候我们还没有文明，经验不能传承，只能口口相传，所以后来有了文字的媒介，我们才有了文明。我们能把不同时间、不同空间的经验传承下去。

但是"文艺复兴""工业革命"能出现，很重要的原因是因为有了印刷媒介。印刷媒介的出现使大量出版物可以进入学校，普通人可以接受教育，可以接受知识信息，就可以造就后来的工业文明所需要的劳动人群，没有印刷革命带来的改变，不可能有后来的工业革命。如果我们用这样的理论看中国的发展，我们会发现，印刷术在中国很早就出现了，并且对欧洲有很大影响，但中国在很长一段时间内没有普及活字印刷术，我们长期用雕版印刷，长期用文言文，所以中国虽然很早就有资本主义萌芽，但是我们没有一批接受现代知识文化的老百姓，所以也影响到文化启蒙和国家的现代化。五四新文化运动最核心的事情是把文言文变成白话文，普及现代教育、现代媒介，我们的报纸期刊，如《新青年》发展很快，从而影响到青年人，所以媒介的变革是社会变革重要的推动力。

麦克卢汉讲电子媒介延伸了人的感官，特别是人的眼睛和耳朵，导致后来人们有大量的闲暇时间可以消费文化，所以说大众文化、流行文化的出现丰富了人们的感官。麦克卢汉在 20 世纪五六十年代说下一代媒介是对人的智力的延伸，而这个延伸将会对人类社会带来革命性的影响，我们今天看到这个影响已经到来。工业时代的两个巨大的推动力分别是蒸汽机和电力。马克思早就描述过，资本主义极大地提高了生产力，而且打破了空间和地域的界限，实现了资本的世界化，甚至发展到后来的殖民主义。而信息时代的核心则是计算机和互联网。如果培根说“知识就是力量”是工业时代的价值观，那么信息时代最大的改变，就是今天越来越多的人认识到“传播就是力量”。

为什么说传播就是力量？因为在信息时代，人跟物之间、人跟人之间所有的关系都靠传播链接，是传播在整合整个世界。正因为世界是被传播联结起来，所以我们让世界都在变得智能化。我们现在所有的东西都加上了“智能”两个字，所谓的“智能”就是物和人之间的联结带来的结果，智能就意味着传播。过去在工业时代，我们要把人变成齿轮和螺丝钉，人就是机器。在座的各位应该都看过卓别林的《摩登时代》，卓别林演的工人就是这样一个机器。今天我们正在把所有的机器智能化，所有的机器都在跟人做交互、做传播，然后让机器变成人，这就是我们今天所面临的新的信息时代。

二、互联网与新媒体

1. 传播技术：数字化（互联网与移动互联网）

这个信息时代是怎么形成的？为什么信息在今天这个社会有如此重大的作用？我们经常说的一个词叫"新媒体"，我不知道大家有没有认真想过，究竟什么叫新媒体？新媒体跟传统媒体究竟什么地方不同，究竟改变了什么？很多人说新媒体能互动，新媒体能够有海量信息，新媒体能够跟人一起走，但这一切都是结果。是什么导致了这样的现象和结果？我自己也一直在思考为什么。最近大家都说互联网业也 out（过时）了，也老了，但是这里主要说的是原来的桌面电脑构成的互联网，实际上移动互联网也是互联网。所以广义的互通、互联永远不会过时，只有终端会过时。所以数字化是所有的互通、互联的基础。

2. 传播模式

（1）点对点 VS 点对面

数字化究竟为我们的互通、互联带来了什么样的改变才会有今天这样的信息环境？我认为新媒体跟传统媒体有两个本质上的区别：传统的传播方式都是点对面传播。报纸、电影、电视、广播出现以后才出现"大众传播"这个词，"大众"是一个共性，是一个大群体，所以过去我们的传播是点对面的，我们无法识别接收者的个体差异，无法知道接收者在什么地方、用什么方式接收我们的信息。在点对面的信息时代，是点的覆盖和信息的强度决定了信息传播的效率，因为覆盖率和信息强度决定了可以覆盖多少人，这些人是不是接收了你的信息，完全由你的传播点决定。

大众传播时代有一个特别大的难题就是，我们永远不知道受众如何反应，也就是说传统媒体无法了解差异群体对信息的接受和选择。所以才会有各种各样的抽样调查，而且抽样调查中永远是寻找最大公约数，目的是找到最大的受众，这样才能够完成相对客观、相对准确的调查数据。更重要的是点对面的传播是一次性的，一个信息点传给这个面之后，这个信息便不能再传播。当然我们也可以跟自己家里人说这个电视剧很好，但是口头传播无法把这个信息完整地提供给别人，而且传播的范围非常小，就是身边的几个人，无法变成一个再传播流程。

新媒体传播最核心的一个改变就是点对点传播，意味着每一个信息的接收者都具有同定的IP，一个确定的点，这个点在什么时间、什么地方、用什么方式接收了什么信息都是具体的，所以每一个点都是可识别的，这样就带来了巨大的改变。

今天我们经常在说一个词叫“大数据”，什么叫大数据？大数据不是统计学意义上的数字多，大数据有两个核心概念，第一个是海量数据，第二个是点跟点的交互性。没有点跟点的交互性就是传统意义的统计学。所谓的大数据建立的基础第一是海量信息，第二是所有的点跟所有的点都是可计算的。正因为互联网和新媒体是点对点传播，才带来了真正意义上的大数据，才带来了每个点的意义。

正因为点对点，媒介才能进入生活。当点对面的时候，我的受众不能识别，但是点对点之后，所有的信息接收者都是具体的个体，因此我们才可以交易，我们才可以行动，我们才可以跟对方成为朋友，才会跟对方建立关系，所以有点对点才有“互联网+”。因为每个点都变成一个具体的可以信任的点。比如说现在微信上已经开始实名，有了手机绑定，有了信用卡绑定，已经是个非常具体的点，这个点才可以交流。所以我们讲点对点才使传播进入了生活，而不仅仅是个媒介。点对点使整个传播进入我们生活的所有方面，没有点对点就做不到这点，这是第一大改变。传统媒体是点对面，只是一个信息推送，但是到点对点，我们就成了信息的参与者，可以互相影响，甚至可以影响线下行为。

（2）网状传播 VS 线性传播

新媒体的第二个特征，就是与此相关的传播规律的改变。传统媒体的传播是线性传播，一次性的。所以以往我们讲，控制了媒体，我们就控制了舆论，就控制了信息，我们现在依然这样认为，因为信息都是从点开始的。而且如果我控制了主流媒体，如中央电视台的《新闻联播》拥有 40% 以上的收视率，我就可以绝对地控制整个信息，因为这是一个点向面的传播。但是今天大家会突然发现有不同的舆论形成规律，理论上互联网没有这么巨大的一次性的覆盖率，它达不到我们原来主流媒体的一次性传播规模，比如说电视，在我国有 98% 的覆盖率，中央电视台是全国全覆盖，而且各个省的第一个频道必须要播放《新闻联播》，但是现在的年轻人接触《新闻联播》却越来越少，甚至学新闻传播学的同学都说“我们现在电视都不看，谁看《新闻联播》”。这样你就会意识到，我们用点对面控制到的舆论，没有办法真正达到我们所想要达到的效果。

而互联网的传播是网状传播，就是一个点向无数的点传播信息，而这些点又会向自己的无数点传播信息。这样的方式会有几个改变：第一个改变是传播变成 N 次数了，不再是一次性行为。过去传播是由覆盖决定的，我是一个强势频道你们都得接受，现在不是了。那是什么决定的呢？就是这张网上分布的各个信息节点决定的。传播规模和效果并不是一次性传播，比如说新浪网上登了一个信息，一次性传播可能当时没有几个人看到这个信息，但是它很快就会被大家各种转发、各种评论，于是这个信息在网上被不断传播、不断扩散，因此它就会在很短的时间内形成一个巨大的信息网，N 次传播会被无限次地再传播。

（3）从门户到社会化

新媒体传播的根本改变就是信息的传播规模和效果不再由信息的发出者来决定，而是由无数的点来决定。比如说我推送了一个信息，但是这个信息别人没有兴趣，那这个信息在网络中就不会得到 N 次传播，基本上就死在那儿了。现在一些政务微博、政务新媒体都面临这个问题。因为是点决定了你的信息，不是你决定了信息，每一个点觉得这个信息对我有价值，才会把这个信息继续向新的点传播，所以有些信息是“星星之火，可以燎原”。虽然有的信息是普通老百姓发出的，但是如果这条信息满足了一些点的需要，而这些点周围又覆盖着一张网的话，这个星星之火就可以燎原。所以网状传播是真正的由点决定，就是我们讲的互联网是用户决定或者叫用户导向。

3. 传播改变生活

正因为点对点网状传播，所以才有了我们今天进入的新时代，我把它叫做泛传播化的时代。

一切都在传播，人与人之间，人与物之间，物与物之间，所有东西都是靠传播联结在一起的。在今天，应该说没有传播，就没有生产、生活。今天的传播是生活媒介，是生活几乎必不可少的一个中介，所以说在今天传播就是力量！谁控制这个中介，谁影响这个中介，谁对这个中介有深刻的了解，谁就会对社会产生一定的控制力。

在万维网中，所有东西都会被联结在一起，前提都是“点对点”“网状”，这也是我个人理解的新媒体的两个最核心的特点，互动是这两个核心特点带来的结果。

这些年互联网的发展就是按照点对点和网状这两个特点最大化走过来的。最开始的海量信息时，点的功能只是选择，但还不能交互，所以后来出现了论坛。但是论坛是局域的，是被限制的。中国是一个大国，如果条块不分离，就没法进行整体的管理。但是条块分离就会在互联网发展过程当中带来一系列挑战和差异。比如说论坛、社区的出现，就会导致过去对信息的分割被冲破，它开始使校内与校外、本地区与外地区、国内与国外的信息发生交换，而且互相影响。所以有一段时间我国对社区论坛的管理非常严。包括清华的“水木清华”论坛，后来清华按照中央要求规定只能校内访问，校外不能访问，这就带来互联网精神跟管理思路之间的冲突，这是我们第一次发现互联网对我们的社会安全有一定影响。当时“水木清华”的校友很多在国外，突然校外不能访问带来巨大的情感冲击和对我国管理体制的挑战和怀疑。

为了穿越互联网中网与网之间的界限，就出现了搜索引擎。搜索引擎的发展，把全世界的信息联结在一起，穿越了网与网的间隔。社会化媒体出现以后人们发现，点对点和网两者都成熟地结合在了一起。既是点对点又是网与网之间相互重叠，就变成你的朋友圈和他的朋友圈和很多朋友圈都重叠，变成了一张巨大的信息网。

实际上我们的社会化媒体到目前为止，最活跃的两大应用，大家都很熟悉，一个是微博，一个是微信，相当于 Twitter 和 Facebook。两大形态是有很大差异的，微博和 Twitter 本身是以媒介为中心的社会化工具，它的第一功能是媒介。因为在微博和 Twitter 上你的接收者和你的粉丝并不需要你批准，他们是一些匿名的个体。你自己就是一个媒体，你向一些匿名的大众传播信息，虽然他们每个人也是个体，但微博还是以媒体为核心的信息传播载体。所以在互联网管理中，对微博的管理可以当成对媒体进行的管理。当出现与现行法规政策等相冲突的信息内容时，相关机构可以禁言、删帖、封号、加过滤词等等，因为它是一个媒介，所以我们可以用媒介的方式进行管理。

但是微信就不一样，微信是一个以通信为核心功能的社会化媒体，第一功能是通信功能，两者间需要相互认可、相互确认。微信首先是私人领域的信息交流，所以对微信的管理就很难，如果说我把你的微信给你封了、删了或者屏蔽了，这一般是不可以的，因为这是私人领域。但可以同样当做媒体来限制的是微信公众号，因为它跟微博一样是一个媒体，可以让所有人来关注你，这些关注者就成为你信息的接收者。

微博和微信两者互相有差异，就使两个象限（个体性与网络化）越来越明显，结果是，一方面人获得信息越来越自由，另一方面这些信息又越来越容易与别人分享。今天在座的各位都知道别人吃什么、喝什么、玩什么，因为很多人每天都在“晒”。当自由和分享都同时变得前所未有地容易和方便时，就带来了“地球村”的概念。因为信息的发达让地球越来越一体化，地球越来越成为地球村。

麦克卢汉在提出“地球村”的时候还提出了一个更重要的概念，叫“再部落化”，就是在互联网的世界当中，人群会形成新的部落，这个部落不像过去真实世界中的空间部落，现在是虚拟世界决定你的部落。过去你住在非洲，我住在南美洲，我们的空间决定了部落。现在是虚拟世界决定了部落，你可以远隔千里万里，但仍然在情感上价值观上密切联系在一起。今天许多个体都生活在部落的“朋友圈”里。

现代社会的多元化和多样化在互联网上体现得非常鲜明，而越是这样，我们面临的挑战就越大，文化被逐渐部落化，差异性非常明显。但是反过来，正因为有这么多的部落，我们才更需要社会的基本共识。如果我们这个社会中缺乏基本共识，这些部落之间就会发生“战争”，现在这种局面正在逐渐形成，粉丝跟粉丝打仗，一个团体跟另一个团体打仗，而且现在打仗最恐怖的就在于没有共识。有矛盾很正常，但是这些矛盾都是动不动就变成敌我矛盾，动不动就变成你死我活，动不动就变成完全没有任何理性协商的可能性，这是最可怕的。因为没有共识你就没有理性协商的平台。

在互联网时代造成我们的社会文化如此多元化的时候，凝聚、传播社会共识和社会常识成为我们必须做的一件事情，这就是我们要关注的主流媒体跟新媒体之间的关系。我国主流媒体传播正能量，但是主流媒体的正能量传播为什么有时候没有起到对社会共识的更有效的作用？主要还是没有抓住社会的需求。主导型价值观与现实生活中实际价值观的差异不能过于悬殊，悬殊往往会带来反作用。我一直认为我们现在要建构的价值观的核心，一定是我们大多数人可以仿效并且愿意仿效的价值观，一定是将公与私、个人的权利与义务统一在一起的价值观。

我们的主流价值观在宣传模式上也有值得改进的空间。我上课时让学生推荐他们最喜欢的五部电影，除了列举《肖申克的救赎》以外，很多学生都会列举一部美国电影叫《当幸福来敲门》。这是一部小制作的电影，但这部电影表达了一种青年人愿意接受的核心价值观。电影主要剧情就是一个黑人失业、离婚，还带一个小孩，特别苦，特别惨。他在华尔街一个证券公司做一个实习岗位，很多人竞争这个岗位，在公司中他的条件似乎是最没有竞争力的一个。但他勤劳、认真、不屈不挠，受屈辱也要坚持把工作做好，在他实习的最后一分钟，五个合伙人一起说，我们决定录取你，你才是我们需要的员工。这个故事为什么会影响学生？就是学生们会意识到，在这样的社会里，如果你用这样的价值观去生活，这个社会就会保证你的权利，会给你一个位置。人的命运不是外部条件决定的，而是真正掌握在自己手里的。这就是将个人与社会很好地连接起来的主流价值观的表达。

我经常讲一个观点，就是我们的爱国主义宣传往往过多强调了人人爱国家，但我们实际上更应该宣传国家爱人人。传统惯性永远是从整体去要求个体，而不会去想个体跟整体之间的融合关系。任何主流意识形态的建构，一定是为个体想象了一个他愿意接受的生活位置和生活目标，只有这样，大多数人才会成为这一意识形态的信任者和拥护者。

新媒体中也有正能量，而且这些正能量都是温情的，人跟人之间互相尊重。一个残疾人过马路，警察帮忙打伞，这在互联网上就会被传播，不是在宣传大公无私，而是宣传人跟人之间应该互相爱护，应该互相帮助，这就是在宣传普普通通的人与人之间的道德观。我觉得中国需要回到常识的时代，才会解决这种部落之间的分裂，现在我们推行了很多非常高的道德尺度，但在常识层面反而匮乏。常识的匮乏导致我们现在停车可以占三条路，谁也不让谁，最基本的人与人之间的道德常识没有，我们却在宣传上过度强调完全“无我”的道德。我们如果不解决价值观的常识，我们的正面宣传的作用就非常有限，并且在部落化之后人们就会离普遍性共识越来越远，从而导致社会的分裂和道德的溃败。

三、互联网的发展与普及

1．互联网的普及

互联网深深地改变了传播格局。互联网的普及速度非常快，普及率从 2005 年到 2014 年，10 年左右的时间从 8.5% 上升到了 47.9%，用户达到了 6.49 亿，其实今年第一季度已经超过 7 亿了。换句话说，现在除了老人和孩子以外，绝大多数人都在使用互联网，这是一个大趋势。但是更重要的是，在使用互联网的人群当中，有 85.8% 的人在使用移动互联网，这对我们整个生活的影响是革命性的。因为 85.8% 的人在使用移动互联网，所以才有了一句话叫“得移动者得天下”，也就是“得移动终端者得天下”。

2．移动互联网：通信 + 媒介 +

X 我们有了移动终端后，人每天接受媒介的时间无限扩大，我们无时无处不在接触媒介。过去，即使在桌面互联网的时代，我们每天接触媒介的时间也是有限的。过去我们是在同定的时间和空间内接触媒介，但有了移动终端之后，我们是全天候无缝接触媒介。换句话说，媒介给我们带来了太多信息增量。从来没有一个时代像今天这样，媒介在生活中占有如此重要的位置，所以今天我们在说传播的时候远远不是在说传统的媒介，而是在说我们的生活媒介。

过去在桌面互联网时代，这个点很多都是匿名的，而在移动互联网这个终端上我们则基本都是实名的，你的手机、身份证甚至银行卡号，身份都是确定的，点对点最充分地体现在了移动终端上，才会出现通信 + 媒介 + 生活，所以移动终端带来的改变就是媒介与通信和生活融为了一体，所以才成为了泛传播，生活才跟传播连在了一起。

3. 互联网的兴起与传统媒体的危机

互联网的发展在媒介领域也在成为中国的第一媒介。两年多以前，电视是中国的第一媒介，覆盖率98%，而且过去每天人均收视时间超过170分钟，接近3小时，但是从2013年开始这个情况发生改变，互联网用户周均使用时长是25小时，平均每天已经超过了3小时，也就是说接受者接触互联网的时间已经超出了接触电视的时间。还有一个重要的改变就是广告，去年互联网广告第一次全面超过电视，因为广告是一个充分反映媒介影响力的指数，它会通过消费终端的反馈来评价媒介影响力。

在中国，互联网的发展速度甚至比美国还要快。虽然我国在技术上不及美国，但是我国互联网普及率和影响力的提升比美国要快。现在在美国，报纸也开始数字化了，但是数字化并不是说它们都被互联网影响，而是纸质媒介在数字化。电视在美国基本上没有受到太大的冲击，现在美国的电视仍然是第一媒介，并且它有效控制了内容对互联网的供给，所以互联网在优质内容方面没法跟电视竞争，电视的衰败现在在美国不突出。电影也一样。美国电影中互联网的气质远比中国弱，这几年美国电影基本上还是传统模式在进行。

但这一切在中国发生着改变。中国市场化的报纸都面临着前所未有的危机，去年我们把这个叫做断崖式下降，市场化的报媒都处在非常危急的状态。最主要的是电视，我国电视业面临互联网的冲击非常巨大，原因之一就是中国的电视单打独斗，被市场竞争压得难以发展。世界上找不到一个国家像中国一样，在同一个城市里面你能看到60个频道，是40个不同的传播主体，而且有40个频道每天晚上在同一个时段播两集甚至更多的电视剧。实际上在中国，传统媒体都在自我竞争，没法做大做强，因为都是条块分割的。传统媒体市场上，产品在激烈竞争，但生产产品的主体是非市场化的，不进入市场整合，整个产业结构是高度竞争的，不能优势互补，也不能优胜劣汰，市场调节机制基本不起作用。所以，低质化、同质化、低俗化的问题在这种恶性竞争状态下很难解决，所以在中国的体制内媒体做不大做不强。

正因为如此，我国电视的危机比美国要早，电影也一样。为什么中国的电影跟互联网的气质那么接近？主要的原因就是，美国好莱坞的六大公司都在大媒体集团里面，新闻集团、时代华纳、迪士尼，所有的集团下面都有一个核心的电影公司，因此它能够形成一个巨大的产业链，相互补充，相互支持。可是在中国，电影是完全市场化了，而其他的媒体都是体制内的，非市场化的，虽然可能它的产品是市场化的，但主体都不进市场。电影要想发展，靠自己的影院票房是满足不了需要的，必须要扩大市场空间，可是它跟传统体制内的媒体没法合作，只有互联网是纯市场的，所以近三年来，传媒行业内的并购行为绝大部分都来自互联网行业和同样市场化的传媒内容行业之间。

在新媒体时代之前，媒体的覆盖率就是资源，就是最大的资本，所以当时我们觉得控制了媒体就控制了一切，以至于我们把优质内容的生产交给了社会。我们的电视剧不是电视台生产的，优秀的综艺节目也不是电视台生产的，甚至有些连版权都没有。当新媒体成为主流媒体之后，这些传统媒体对受众来讲已经越来越没有意义，就像报纸和电视一样，接受的人逐渐减少。美国的电影、电视剧绝大部分版权都在传媒集团，它叫分工，不叫制播分离，不是说把制作都交给了社会跟我们没有关系，他们是有效控制了所有优质的版权，所以互联网短期内没法跟它竞争，因为互联网上没有这么多的优质内容。但中国存在恶性竞争，大家争先恐后把内容卖给互联网，而且很多时候电视台都没有内容，都是社会公司卖给互联网，所以更没法控制。这就是我们讲的互联网正在成为中国第一媒介的现实。

所以未来电视越来越成为伴随性媒介，就跟广播成为移动伴随性媒介一样，电视越来越成为客厅和卧室的伴随性媒介，人们开着电视但未必认真看，这就是互联网正在成为第一媒介和将来会成为更有影响力的媒介的原因。

媒介咨询公司预测，到 2025 年全球将有 1000 亿终端连接，这 1000 亿不仅是人的终端，包括物的终端，所有的终端都连在一起，有 65 亿互联网用户将使用 80 亿部智能手机，全世界的联系会更加容易和方便。就是我讲的两句话. 每一个小数据都可以累计成为大数据，我们每一个人看病、体检集在一起就会成为卫生健康的大数据；而反过来，每一个大数据都可以转化为小数据，透过所有的大数据我们就能够判断你在这个社会当中的位置，你的状况，你的趋向，你的趣味，你的爱好，你的消费能力，你的政治取向。所以任何一个小数据都是大数据的一部分，任何一个大数据都可以转化为一个微观个体的小数据。未来由于终端相连，1000 亿终端数据会使这两个东西互相紧密连接在一起。

四、从“互联网 +”到“+ 互联网”

正因为有了前面说的这一切，才有了我们今天讲到的“互联网 +”。腾讯马化腾说是他提出了“互联网 +”的概念，互联网就跟电和蒸汽一样，它不是一个技术，而是一个基因，是一个 DNA。既然是一个基因，它就会在现代社会所有的细胞中存在，所以互联网的基因会形成一个互联网的生态，马化腾比较早地提出了要把腾讯打造为一个生态网。

华为最近提了一个指数报告叫“全球连接指数”（GCI），他们认为全球的连接指数可以用来判断一个国家的经济创新能力、信息流动能力和未来的竞争力。它的提出也是因为今天社会进入了一个新的阶段，连接变成了生产力。

麦肯锡公司也提了一个新概念叫“iGDP”，就是互联网经济占国民生产总值的比重，用这个方式判断一个社会的信息化水平和信息化对国民经济的贡献。IBM 在 2008 年开始提出了“智慧地球”的概念，又专门给中国设置了庞大的计划，设置了六个门类，智慧电力、智慧医疗、智慧城市、智慧交通、智慧供应链和智慧银行。但是这个庞大的计划在中国推行肯定会因为国家安全因素面临一系列困难。大家会发现，所有全球顶级的公司都会将“链接”看成未来社会的核心，所以今天对国家治理能力的考验在很大程度上是对信息治理能力的考验，在这点上我们还处在初级阶段。

中国是一个由农业国家转化成的现代国家，同时又是一个以条块分割方式进行管理的国家，在这种情况下改革在中国变得非常困难，因为这种体制和文化传统，经验在里面起作用，传统在里面起作用，老者在里边起作用，我们以经验，以传统，以老者作为我们社会判断的最重要的参照系。但是在一个创新型的社会，这种观念面临的挑战是极大的，以至于我们现在的一些管理方式和管理手段让普通老百姓看起来可能像笑话一样，但我们还觉得做得天经地义，觉得必须这么做。经验惯性跟社会发展之间有个鸿沟。我们这样的社会太依赖惯性和经验，所以在中国每一次都是到破釜沉舟的时候才能改革，今天我们就面临着媒介发展带来的新的挑战。

最近微信上有一篇文章说中国刚刚进入“互联网 +”的时代，但美国正在进入“+ 互联网”的时代。一位学者在硅谷做了一个考察，说硅谷现在的创新是在使一切的物质产品智能化。中国现在做“互联网 +”，主要是把一切东西都搁到互联网上卖，把它们连接起来销售，所以我们做的还是互联网商业，叫智能商业，就是“互联网 +”。但是美国下一轮在做什么呢？在做“+ 互联网”。

什么叫“+ 互联网”？智能汽车、智能可穿戴设备、智能厨房、智能建筑、智能教室，所有的物质都智能化。实际上美国的高科技革命在下一个阶段就是工业智能化，不是光卖东西，而是让所有的工业产品智能化，这也是从“制造”走向“智造”，是以大数据为基础的制造。所谓智能化就是我刚才讲的点对点的传播基础之上的大数据的智能，我觉得这个观念对我们应该有启发。我们在做“互联网 +”的时候就要看到未来的“+ 互联网”，否则就会像当年的芯片一样，所有我们机器上最核心的智能化的那一块我们都没有自主知识产权。中国的大学和中国的科研院所可能都面临这个问题，我们始终在人家屁股后面追赶着，跟着人家指挥棒转，因为中国的科技计划、各种计划都是通过已知的方式来制订，面向未来的计划太少。我们现在大学也很难，有时候我们想做前瞻性研究但是没有人支持你。

大家看这些观点，乔布斯说：“一切都将无缝连接。”这就是苹果之所以成功的一个原因。Facebook 的老总扎克伯格说：“我们想要连接整个世界。”马化腾说：“互联网的未来是连接一切。”所以互通互联将成为一种生态，人人相连，物物相连，点点相通。人与人，人与物，人与服务，人与空间，人与时间连接，人在连接当中选择，在连接当中生活，这就是未来的局面。中国这几年还是有很大的发展，特别是在智能商业方面，由于BAT（百度、阿里巴巴、腾讯）三大互联网公司的推动，使得中国的iGDP指数从二点多上升到四点多，这是一个大的趋势。人就是在互联网应用中生存和发展。大家现在会发现我们几乎所有的生活方式都被互联网应用所决定和影响，人已经不能够直接面对生活，没有互联网的中介我们就不能进入生活当中。

五、互联网思维

我们今天说的互联网思维有很多描述特点，商业的描述很多，所有互联网思维我总结起来可能就是几个词：网状传播、用户本位、互动分享、创意驱动、节点支配、虚拟聚集、精准反应。我之前没有提到过的一个观点就是创意驱动，因为互联网是点对点的传播，所有的点都会去理解创意，创意有时会让一个偶然的东西变成必然。没有一个时代对创意的需求像今天这么必然，包括在政治宣传上，应该说我们这一届党和国家领导人在创意宣传方面是做得很成功的，包括用动漫等形式在新媒体上传播。另外就是节点支配，一定要去争取那些重要的节点。虚拟聚集，指对大数据产生的精准反应等等，所以我们要有互联网思维。开个玩笑，掌握了互联网思维，在风口上的猪都能够飞起来，但是没有互联网思维，一只鹰在笼子里面也会折断翅膀，所以这个问题对我们很关键。

六、互联网信息传播规律

互联网信息传播规律就是信息发布无所不在，信息传播无时不在，信息接收无处不在。社会高度透明，信息急速扩散，把关人机制失灵，传播权力分散化，对我们原有的传播权力形成巨大的挑战。

实际上因为信息传播规律正在发生改变，所以未来大家都会发现漏斗和放大会在互联网中形成关键点，碎片会形成合力。我举个例子，就是一部小众电影《致我们终将逝去的青春》，但是它在互联网的关键点进行了传播，最后形成了一个巨大的传播人群，它的粉丝规模达到了将近 4 亿，使得一部看起来像文艺片的电影，创造了 5 亿的票房。这就是网状传播跟过去完全不一样的特点。过去我们靠覆盖传播，现在靠网上的点的口碑形成。

总体上讲，对于我们党政机关的管理来说，风险和机会呈正比增长，形象危机的传递速度、广度、深度扩大，传播危机的控制能力下降，传播危机可能引起连锁反应。最近的一个事件大家都知道，庆安枪击事件。枪击事件发生以后，在新媒体上那么多的点在传播对这个事件的质疑和怀疑，在当地公安部门拖了很多天后才回应说警察掏枪是正当行为的时候，你会发现由于时间差带给公众的质疑，使得后面的解释都不被大家信任，都觉得是阴谋。

有些我们觉得有道理的事情，由于在信息处理上的不得当变得没有道理，把讲得通道理的事情最后变得讲不通道理。也包括一些信息内容的管理，比如说“武媚娘剪胸”、限制一些视频节目。其实从背后的管理逻辑我们是可以找到解释的，但是在程序上可能比较粗放，更主要的是出现质疑以后，当全社会都关注的时候我们没有人出来解释。不是说我们做得没有道理，而是我们没有传播出道理。所以风险存在，机会也存在。

七、新媒体时代的信息主动权

我们最终要掌握信息主动权，要用需求来定位，要善于做议程设置传播、交流传播、社会化传播、多极交互传播等等。新华社对外部做的玉兔月球车的策划不错，估计要是报方案的话通不过，但由一个社会公司来参与来制作，最后传播得非常成功，中央领导同志给了非常高的评价，说主流媒体就要这么做。所以在中国创新是需要勇气的，而且也需要智慧，这就要看我们对工作的责任心。

我们要学会设置议程，比如说这次长江里面的游轮翻了，我们要设置救助的议程，这个想法应该是对的，但是这个议程的措施和手段可能会遇到一些问题，需要跟观众受众的需求结合。在这个时候设置议程，不能人还没有救出来，就已经开始在岸边颁发奖章了，然后又开始说最帅的男人都在这里，这样的效果不会好。类似这种东西应该媒体自己去研究，这样的议程设置方式跟受众的需求之间是什么样的情感关系。我们有了议程设置这个观念，但是要把这个观念实施到与用户的情感需求相结合。许多传播规律都需要我们慢慢去摸索。

我们未来的时代就是一个大数据、云计算、“互联网 +”再到“+ 互联网”的时代。在新媒体时代，我们需要找到受众的需求与传播者的需求之间最佳的连接点，才能完成社会新的文化的塑造。

我今天讲的内容就是这些，肯定有很多不对或者值得商榷、值得探讨的内容，欢迎大家批评指正，谢谢大家。

（本文根据尹鸿2015年6月13日在中央和国家机关“强素质·作表率”读书活动2015年第6期主题讲坛上的讲座内容整理）

守望精神家园

主讲人：田　青

大家早安。今天看到大家来得这么整齐，而且有这么多领导同志亲自参加，让我对我们国家文化大发展、大繁荣更有信心了。我们的领导干部包括这么多的政府工作人员都对文化这么关心，这是我们国家文化大繁荣、大发展的一个根本保证。因为文化的繁荣发展不仅仅要依靠文化界，还需要依靠我们政府的各级领导和工作人员真正把这件事情当成国家大事来对待，才有可能实现。刚才郝院长也讲到我们中央提出文化大发展、大繁荣的时候，专门讲到要弘扬传统文化、保护非物质文化遗产。那么什么是非物质文化遗产呢？我简单讲一下。

其实我们过去一直在做非物质文化遗产的保护工作，建国后的半个世纪多从来没有停止过，过去是用“民族民间文化”这样一个词，在日本叫做“无形文化”。日本的一位先生叫做松浦晃一郎，他做了联合国教科文组织的秘书长后，把“无形文化”这个概念带到联合国，联合国把它译为英文、法文，我们外交部的翻译再把洋文翻译过来就变成了“非物质文化遗产”。这个词很拗口，所以开始有很多人说不对，比如有的人把它说成“非文化物质遗产”，其实就是无形文化，日本人到现在还用这四个汉字来表述这个概念，我国台湾也用“无形文化”这个词。

这几年我们保护非物质文化遗产的工作得到世人瞩目。我上个月刚刚带着湖南省的非物质文化遗产展演团在宝岛台湾做了将近两个月的展览和展演。我们起了一个很有诗意的名字叫“楚风湘韵”，还举办了论坛。我非常高兴的是，不但“楚风湘韵”这个我们大陆的非物质文化遗产展演得到了台湾普通百姓的喜爱，而且台湾的学术界也逐渐跟我们一致了，在论坛上他们也用“非物质文化遗产”这个拗口的词了。日本文化对台湾文化的影响非常大，但是现在“无形文化”这个从日本来的词在台湾逐渐地被“非物质文化遗产”这个我们大陆的词所代替，这一方面反映了我们大陆文化和台湾文化的双向交流取得了较好的成果，另一方面，也反映了世界各地对我们国家非物质文化遗产保护开始刮目相看。

前几年，我给亚太地区几个国家主管官员做报告介绍我们国家的非物质文化遗产保护工作的时候，我用这样一句话来概括，即我们中国的非物质文化遗产保护是“起步晚、速度快、成效大、问题多”。他们非常认可。什么叫起步晚？非物质文化遗产的概念和保护非物质文化遗产的理念，应该说在2004年、2005年的时候对我们很多民众来说还是一个陌生的词，但是2006年非物质文化遗产这个词突然被新闻媒体评为该年度的热门词。最近的五六年，我们国家通过各种手段，从立法到政府的强力推进，使非物质文化遗产的保护成为一个社会的热点。

和我们相比，日本在上世纪50年代初就用立法的方式制定了相关的法律，而且在全世界首先提出来要保护“无形文化”。我在《捡起金叶》这本书里专门有一篇文章讲文化自觉，就提到了这一点。很多人去过日本，大家对日本的一个很深刻的印象，就是这个国家一方面非常现代化，另一方面，他们的传统文化保护得非常好。而我们是“一心一意”奔向现代化，在这个过程中，我们所取得的举世瞩目的成就，我们的经济建设包括整个社会各方面建设的成绩，没有人能够否认，但是我们忽略了一点，那就是在我们这三十年改革开放的进程中，在我们迅速地奔向现代化的路上，用我的比喻来说，就是我们跑得太快了，两眼往前面看，在跑的过程中，我们丢了一些东西。当我们跑到很远的地方，能够喘口气的时候，回头一望，才发现在这个过程中，我们确实忽略了一些东西，丢掉了一些东西。但是，文化自觉在我们这个民族的现代化建设中甚至在整个近现代史上都是很重要的事情。

我常常说这样一句话，进入21世纪之后，人类有两个非常重要的反思。一个就是重新反思、审视人和自然的关系。这个反思的结果就产生了环保的理念，产生了保护自然的理念，产生了经济建设和人类发展不能够破坏地球、破坏气候、破坏人和自然的关系的理念。另外一个重要的反思，就是反思现在和过去或者现代和历史的关系。这样的反思产生的理念就是要保护文化的多样性，保护人类的传统文化。

日本人为什么上世纪50年代初在全世界第一个产生了文化自觉？很多人认为日本人从来就对传统文化保护得好，他们一方面搞现代化建设，一方面保护传统文化，很值得我们学习，这是对的。但是，日本可不是一直就这样做，他们走过更大的弯路，这个弯路是包括所有的亚洲国家或者发展中国家都经历的一个过程，就是在现代化的进程中，如何平衡现代化和保护自己传统文化的关系，这是一个大问题。

日本人的弯路比我们走得还大，是因为不管怎么样，在我们中国，“崇洋媚外”这四个字，哪怕在“五四”之后也都是贬义词，但是日本明治维新的时候公开提出来的国策就叫“脱亚入欧”，就是说连亚洲人都不做了，他们要全盘西化。现在我们到日本看到的一些传统文化，其实是他们经过痛苦的反思，最后重新用保护“无形文化”这样的概念使自己的民族文化复兴的成果。明治维新之后，日本全社会西化，从建筑到服装。现在日本内阁上台亮相，还是明治维新那个时候规定的一套服装：黑领结、黑燕尾服、白衬衣、灰裤子、黑皮鞋。很多传统文化在当时被抛弃、被鄙视甚至用法律来禁止。比如日本大相扑比赛的时候，选手就是遮一块遮羞布，赤裸着身子进行比赛，但在明治维新之后，曾经专门有一条法律禁止相扑比赛，理由就是用西方文化的观点、西方文明的视角来看待这种比赛，得出的结论说大相扑是“一个野蛮的裸体游戏”，于是用法律予以禁止。

我主张原生态唱法。大家如果关注这个方面，可能知道，前几年在 CCTV 电视青年歌手大奖赛上，他们把我拉去做评委，结果我批判了现代音乐教育，说现在存在着“千人一声”的现象。五六十年代，我们没有电视，只有收音机，里面一放歌，人们一听就知道这是马玉涛、这是郭兰英、这是王昆。现在电视里放着歌，光听我不知道是谁在唱，我必须得看。这几年，我看也看不出是谁唱的，连化妆都一样了，都贴着假睫毛、鼻子矮的垫起来、单眼皮改成双的。前年元宵节晚会在大会堂吃元宵，刘延东同志跟我坐一桌，我就跟她说起这个问题。我说，您知道为什么唱民族唱法的女演员都喜欢穿一个十八世纪欧洲的大裙子吗？延东同志问为什么？我说原来我也不懂，后来才明白这样她们在里面可以穿特别高跟的鞋。所以，也不完全是崇洋媚外，这是现在女孩子的一个一致追求，就是不嫌高，不嫌瘦，无论多高，一米八的女孩子上台也要穿高跟鞋，已经形成了一种趋势。但这种趋势的确不好，唱民族歌曲为什么都要穿十八世纪欧洲撑起来的那种蓬蓬裙呢？这个风气不好。后来我陆续推出“羊倌”石占明、云南海菜腔的李怀秀、李怀福等民间歌手，受到广大群众的欢迎和喜爱。同时，也给我惹了不少麻烦。有些音乐学院的教授对我非常有意见，有一些青年学生也有意见。其实，他们也有道理。比如有的学生说，这些原生态的歌手，我也觉得他唱得很好，但是我觉得不公平，他放了十几年的羊，一天也没学过唱歌，你把他请来一唱他就得了个金奖！我从十几岁就学唱歌，又上附中，又上音乐学院，学了十年得了学士、硕士学位，一比赛我得不了奖，而他一个放羊的得奖，我觉得不公平。我说，你说得有道理，但是从艺术的角度讲，他唱得确实好，他的声音是天生的，你学了十几年但唱得不如他好听。没办法，这就是艺术！它只看你艺术最终呈现的结果，而不看你学习的过程。就像我们到饭馆吃菜，我们只问你做的菜好不好吃，不问你择菜用了几个小时，不管你切菜时费了多少力气！

大家都知道云南的李怀秀、李怀福两个人唱海菜腔，得了“原生态”组的金奖。但是在他们得金奖的前一届大奖赛上，他俩唱得非常好，我打的最高分，和另外一个打最低分的评委竟然差了 7 分之多，当时现场让我们俩解释为什么打这么离谱的分。当然，我有我的一贯的观点，但是打最低分的那位是某音乐学院的领导，他真的没想到让他讲话，他以为别人会比他打的分还低。因为当时的学院派就是要把这些民间唱法打下去。但是没想到这俩歌手唱得太好了，其他组的评委都站起来鼓掌，这是大奖赛上从来没有过的事情！有的评委一看，这个分给低了就不像话了，所以临时就调整了一下，结果使那位领导的分成了最低分。但是他的解释暴露了他们的意识，他说：你们的确唱得不错，但毕竟没有受过专业教育，所以还要提高。他的意思很明白，怎么提高？就是到音乐学院来学习嘛。山西的“羊倌”歌手石占明也一样，刚一出名，立刻就有人想收他做学生，想教他“科学唱法”。他现在已经是二炮文工团副团级的正式演员了，老婆孩子都调到北京来了。他来之前我给他提了两个要求：第一，进了城别丢老婆；第二，谁让你上音乐学院你也别去。你去学了你就完了，你就不是你了。

有人问我，你把民间歌手推向大舞台，但又要保护非物质文化遗产，他不放羊了，现在成了解放军的演员了，那还是原生态吗？还是非物质文化遗产吗？他的意思似乎是说他只有一辈子放羊才是“原生态”。我当时讲，我们保护非物质文化遗产有一个问题要弄清楚，就是说保护非物质文化遗产是对的，但是任何人也没有权利不让当地的老百姓，不让偏远地区、少数民族的老百姓按照自己的愿望追求他们心目中的幸福生活。我们可以说云南的吊脚楼在审美上和建筑上都很了不起，我们要保护，但是当地的农民认为里面没有厕所，他们想现代化，就要盖一个虽然丑陋但是有现代卫生设备的水泥房子，我们该怎么办？我们可以通过宣传，比如讲座、展览、演出，用各种办法，让人们认识到一个苗族的刺绣服装它应有的价值，但是我们不能够对一个16岁的爱美的苗族少女说：你只能穿苗族服装，不能穿牛仔裤！如果她就是想把妈妈留下的绣花的衣裳扔了，想换一条牛仔裤，怎么办呢？这是我后面要讲的一个问题，就是非物质文化遗产保护的困难和瓶颈。

我所说的这一切，实际上是我们保护非物质文化遗产形成一个高潮的背景，这个背景，我认为首先就是大环境发生了变化，经济全球化带来文化的一体化和对文化多样性的破坏。大家可以想想，现在在我们北京生活的20多岁的大学生和在伦敦、巴黎、首尔、东京的年轻人相比，他们有多少不同，有多少相同呢？可以说，他们除了母语不同——当然，所有的人都在学英文，而且英文必须要过关——以外，几乎都是相同的：他们都上互联网；都在同一个时间看同一部好莱坞的大片；在同一个时间看欧洲足球杯、看美国的 NBA 球赛；他们穿一样的阿迪达斯的运动服、耐克的球鞋；在工作以后有了钱都要买 LV 的包；他们连做的梦都一样！所以这个时候我们就要思考，我们现代化的最终目的是什么？我们的一切都跟发达国家一样就是我们的目的吗？现在我们很多地方和美国、欧洲不但一样了甚至比它们还现代化。很多我们大陆的刚刚富起来的游客们，到了巴黎看一圈回来说，巴黎还不如我们呢。但是这种单向度的发展造成了我们传统文化的缺失和文化多样性的消失。今天，我们的城市已经一模一样了，有时候我在国内出差，第二天早上醒来，拉开窗帘往外一看，“不知今处何处”，全是一样的现代化的高楼大厦。我们小的时候不是这样，那时候中国的每一个地名、每一个城市的名字，想起来的时候都是一幅不同的画。杭州、济南、哈尔滨、沈阳……每个城市都有一幅画，现在这些城市几乎完全一样了。所以我就想，这一方面是一个了不起的成就，但是另一方面，我们精神的记忆，我们幼年的带着亲切感的、温暖的记忆丢失了。“改天换地”做到了，但“魂儿”没了！最近，国家图书馆搞了一个项目非常好，就叫“中国记忆”，为什么要挽救人们的记忆？很简单，一个没有记忆的民族就像一个没有记忆的人一样。没有记忆很可怕，一个人没有记忆就跟植物人一样。当年有一个日本电影叫什么名字我忘了，是高仓健主演的，里面就有一个被用药物去掉记忆的人物，别人让他跳楼他就跳楼！如果一个民族失去记忆那更可怕，失去记忆就是“丢了魂儿”。更何况我们中华民族的记忆是多么的丰富多彩、多么的灿烂辉煌！

而这种全球化，我们现在不把它政治化，如果政治化了其实很简单。我年轻的时候，当时意识形态斗争非常激烈，我记得很清楚，美国人提出一个口号叫“和平演变”，就是让社会主义国家的老百姓和青年一代接受他们的生活方式。这个生活方式不简单啊，现在全中国有多少麦当劳，有多少肯德基呢？而我们中国这三十年所取得的成就的确是人类历史上绝无仅有的。我跟外国朋友谈这个问题，他们说你们还存在不少的问题。我解释说，你们欧洲工业化用了二百多年的时间，你们可以渐进地、让人们慢慢地适应工业化，而我们只用了三十年，所以很多东西我们还没有来得及适应。但是有一点，包括我们非物质文化遗产保护的概念现在成为社会关注的热点，这就是一个伟大的进步。后面我会简单介绍一下我们国家所做的工作，也是很了不起的。

我们没有像日本人那样经历一个全民族的文化自觉。当然，日本人的文化自觉是被打出来的文化自觉。明治维新的时候，他们用西洋的美声唱法来唱“歌舞伎”，用西方的舞美方法在舞台上用三合板搭房子，企图用西方的审美原则来改造“歌舞伎”。但最后两颗原子弹终于使日本人明白了，他们没有办法“脱亚入欧”，即使完全接受了西方的生活方式和文化，美国还是扔了原子弹。这两颗原子弹包括美军的占领、日本战败的耻辱，对日本人重新认识自己的民族文化，对它的文化自觉起了一个决定性的作用。在此之前，日本人争论的是要全盘西化，还是要保留他们的民族文化？两颗原子弹以后，日本人统一了思想，大相扑就应该赤裸着比赛，穿上衣服就不是大相扑了。“歌舞伎”就得这么唱，和服就得这么穿，生鱼片就得这么吃，榻榻米就得这么铺。只有榻榻米、生鱼片、和服、“歌舞伎”、大相扑这些东西在，日本这个民族才存在。哪怕麦克阿瑟说话比天皇还厉害，哪怕日本的经济、国防所有命脉都控制在美国人手里，但是只要有日本的文化在，日本就在。这是日本的文化自觉，比我们彻底。我们的好处是我们在现代化的过程当中，尤其是在取得巨大成绩之后自己进行了反思，我们反思的结果是：我们现代化的结果应该是成为现代的中国人而不应该是变成美国人，我们是自觉自愿的反思，但是没有日本人反思的力度。所以我写文章，用禅宗的语言讲，日本人叫“顿悟”，我们叫“渐悟”，而“渐悟”，就要长期修行。

渐悟有渐悟的好处。我们起步比日本和欧洲都晚，但是速度快。2001 年联合国教科文组织公布第一批人类口头及非物质文化遗产名录的时候，中国的昆曲名列榜首。我至今记得，2001 年这条消息公布的时候，《光明日报》在第一版的右下角用豆腐块大的地方进行了报道，而当天日本的“能”也同时入选，日本的所有报纸都进行大篇幅的报道，为他们的文化被全世界承认，成为人类非物质文化遗产而举国欢腾。当时，我们中国人不是冷静而是冷淡地看待这件事情。所以说我们和其他国家的差距，现在已经不是经济上的差距了，而是这方面的差距啊，我们的昆曲进入人类非物质文化遗产保护名录，许多人对这件事情基本上是麻木状态。但是也有人立刻就看出了它的重要性。过了几天云南某报纸就登出来说云南宣科的“纳西古乐”即将进入联合国非物质文化遗产名录，文化部的专家组看他们报联合国的材料没有科学性，有许多忽悠，许多吹牛的话，比如说《白沙细乐》比海顿的《第一交响曲》还要早四百八十年等等。我当时做《艺术评论》的主编，云南的一位学者非常严肃地写了一篇文章说纳西古乐造假，我登载了以后就被宣科告上法庭，纳西古乐案我是第二被告。这个官司在丽江审理，最后判我败诉了。虽然这个案子已经被法律界当成文化错案的案例进入了法律系的课堂，但我们也必须承认，宣科他们确实较早地看出来进入联合国非物质文化遗产名录意义很大。当然，从长远看，这个官司虽然在地方保护主义的背景下让宣科“赢”了官司，但实际上这个官司本身给他们造成的损失更大，直到现在，我们国家级的非物质文化遗产 1488 项，我们进入联合国人类非物质文化遗产的有 26 个项目，是全世界第一。但纳西古乐连省级非物质文化遗产都进不去，现在变成一个纯粹的旅游项目了。当然，旅游项目对提高当地知名度、发展当地经济也是有好处的。

这种情况直到 2005 年才迅速改观，由冷变热。联合国的“非遗”评选每两年评一次、每一个联合国会员国只能有一个项目入选。我国 2001 年是昆曲入选，2003 年是古琴入选，到了 2005 年的时候我们国家“非遗”保护的热潮已经开始兴起了，所以当时我们也跟联合国有关机构讲，两年评一次、一次评一个项目，我们中国五千年历史、56 个民族，评两千年都评不完，你们是用公平的口号掩盖了最大的不公平。你让一个有五千年以上文明史、56 个民族、13 亿人口的国家和一个太平洋几十万人口的岛国、单一民族、单一文化的国家放在一起进行这样的参评，这公平吗？当时也没有办法，但是联合国有一条规定，说两个国家同时申报可以不占名额，于是，2005 年第三批的时候我们申报了新疆维吾尔族的木卡姆艺术，同时和蒙古国联合申报了蒙古族长调。到了第四批的时候我们也做了很多工作，特别是政府投入了很大的力量，结果是 22 个项目入选，使我们以 26 个项目成为世界上“人类非物质文化遗产名录”项目保有量最多的国家。可以毫不夸张地说，中国政府现在是世界上在“非遗”保护方面行动能力最强的政府。

但另一方面，政府参与也带来一些问题，包括现在各个地方政府不遗余力地申遗，目的很明确，就是要提高当地知名度、促进当地旅游业发展等等，这和我们非遗保护的初衷有所偏离。有些地方为了申遗，甚至进行造假活动。而有些非物质文化遗产项目出名之后，全面“旅游化”，改变了非遗的属性，对非遗造成了所谓“保护性破坏”，比如傣族的泼水节，每年只有一天是泼水节，但是现在你随时去了都过泼水节，天天泼水节，这就和我们保护非物质文化遗产的初衷相去太远了。再比如说“颠轿”，到一个旅游景点，穿上那身衣服要花10块钱，坐在轿里花20块钱，说我们当地结婚都要这样，其实哪里结婚是这样的？这是电影里弄的一些假民俗罢了，像这样的东西影响就很不好。当然我们的成绩也很大，我们现在有26个世界级的非物质文化遗产项目，全世界遥遥领先，比日本多了一半，他们是最早的，我们是最晚的，但是我们比他们多，所以说我们是起步晚、速度快、成效大。

我们看到光靠联合国的“非遗”项目对我们这样一个非遗大国来说很不够。所以从2006年开始，我们国家逐步建立起一个非遗保护名录的四级体系，即县、市、省和国家，这样形成一个金字塔式的非物质文化遗产名录体系。现在成为国家级项目的已经有三批共1219项。各省、市、县级的就更多了。国家为此也进行了大量的投入，这几年累计为非物质文化遗产保护投入1.4个亿。我们建立了一个传承人制度，这也是学习日本，他们叫“人间国宝”，评出非物质文化遗产的传承人之后，每年国家财政给一个人一万元。我们现在公布了三批国家级传承人，有1488人。这个传承人制度影响非常好。

我举个例子，假如我是一个在甘肃某地偏僻农村生活的青年，我本来想去深圳打工，忽然当地文化局局长给我隔壁的张大爷送来一块匾，还有一个红包，里面有一万块钱，说每年都给一个大红包，给他家挂上匾，还请他到北京。因为非物质文化遗产国家级传承人命名大会都是在人民大会堂举行，而且是中央领导同志亲自参加，发表讲话，进行挂牌。那么这个政治待遇和经济支持就可能改变我的想法。过去我没有把张大爷当成一个什么了不起的人物，他也就是拿草编个笼子、编个筐，原来编的筐是用来换鸡蛋，现在编的筐是要拿到博览会上去，而且一个筐值几百块钱。这样的话，我就可能改变出门打工的打算，还不如在家跟张大爷学编筐呢！

我们就是用这样的国家保护制度改变了很多人的思想，也改变了很多人的生活。中国的非物质文化遗产分为十大类，项目很多。这一万块钱对一个在广东做象牙雕刻的人来说，他不会放在眼里，但对一个在青海农村走街串巷表演皮影戏的艺人来讲，这一万块钱不但能使他衣食无忧，过上体面的生活，而且能够使他受人尊敬，使他能够有精力、有力量来传承这种非物质文化遗产，也会对青年一代产生一定的吸引力。

今年元宵晚会的节目，我推荐了一个泉州的提线木偶，非常精彩。现在这个团一年有 8 个月在全国各地表演。它现在经济上没有问题，全世界都欢迎它，但是有一个问题，就是招不到年轻人来学习。道理很简单，我们虽然在这里讲非遗保护，但是我们的孩子如果要去学提线木偶，我们也要考虑的，因为现在整个社会的风气就是如此：孩子都要上大学、读研究生、读博士，将来出国留学。我今年 64 岁，我们这一代人真可怜，可怜在哪里？不是可怜在年轻时候吃过多少苦，这个不可怜，这个是值得年轻人羡慕的。我们可怜之处在哪儿呢？很多和我同年龄的人一辈子含辛茹苦，舍不得吃，舍不得穿，攒着钱干吗？为美国培养接班人。我们这代人，退了休老朋友在一起聚会，他会很自豪地说：“儿子在美国留学呢”“闺女拿了绿卡了”。我觉得这是悲哀啊，我们含辛茹苦为美国培养接班人，为拿到绿卡高兴，我说：你高兴什么，你躺到医院里没有人伺候你！

但现在我们的认识逐渐在变化。经济进步是基础，这是马克思主义的基本原理。我刚才讲非遗保护这么重要、那么重要，1962 年的时候，我们饿肚子，你跟我说保护非物质文化遗产，我可能听吗？所以经济建设进步了才可能有文化的自觉。保护非物质文化遗产的意义的确非常重要，如果不保护非物质文化遗产，那么我们的文化就会完全被其他文化所同化。就像我们现在的一些小孩子，你问他是妈妈包的饺子好吃还是麦当劳好吃？他说麦当劳好吃。如果都这样，长此以往，将来中国可能就没有饺子了。我们现在民族服装也没有了，我今天穿的这个对襟的布褂子，严格地讲是满族的。我们汉族是世界上唯一没有民族服装的民族。但是因为满族在历史上已经被汉族同化了，所以我认为旗袍也好，褂子也好，作为中华民族的民族服装也是有道理的。真正的所谓宽袍大袖、大襟右衽的“汉服”，早已被历史淘汰了，也不适应现代生活，没必要、也不可能恢复。现在有些年轻人在网上和现实生活中搞了一个运动叫做“汉服运动”。我曾经招了一个硕士生，她是“汉服运动”的积极分子。在古代，服装就是文明的标志，是中国人过去“华夷”之分的重要标志。那时候，区分中原的“华”和四方的“夷”看什么呢？就是看服装是不是右衽，右衽就是中华正统，左衽、对襟都不是汉族的服装。因为我搞传统文化，所以我的这个学生就动员让我也穿右衽的大袍子、大裙子，我没有穿。这是完全被淘汰了的大裙子，过去里面连裤子都不穿。赵武灵王“胡服骑射”我们才穿裤子。我想，这种东西已经在历史上被淘汰了，没有恢复的必要，但是像满族的这种服装已经被称为“唐装”了，这个“唐”，是唐人街的“唐”，不是唐朝的“唐”，我们可以提倡。

我们中华民族面临的一个问题，就是如果我们的民族文化被西方文化完全同化了，那么我们即使现代化建设取得再大的成就，也绝不是我们理想中的未来。所以，保护非物质文化遗产现在作为国策提出来了。

2005 年到 2011 年，这五六年时间里，我们中国的非物质文化遗产保护，从一个陌生的词变成了举国上下一起来做的一件大事，而且形成了保护的高潮。为了建立四级保护制度，我们还做了一件很了不起的事情，就是我们用了三年的时间在全国做了一次非物质文化遗产普查，每个县的文化馆都要派人去每个乡、每个村调查。而且和当地的耆老、老知识分子、老干部结合起来，我们叫做“三老”，做非物质文化遗产的普查工作。要调查清楚还有哪些老人会唱民歌，有哪些老人还有手工技艺，当地有什么民间故事、有什么传说等等，都要记下来。我们为此做了各个层次的培训工作，我们组织专家们编写了非物质文化遗产的普查手册，分门别类地介绍如何进行调查，例如，民间音乐怎么调查，民间舞蹈怎么调查，手工技艺怎么调查等等。三年之后我们得出了普查成果，中国现存的非物质文化遗产项目有 87 万项。当年在我跟韩国负责非物质文化遗产保护的官员交流的时候，我给他们介绍中国的经验，说到我们一个浙江省就动员了 27 万人次进行非物质文化遗产的普查工作，他们不信，以为翻译翻错了！

我也坦诚地说，因为我们的政府非常重视，所以我们现在取得的成就举世瞩目，但是我们也的确还存在不少问题。有很多人以为非物质文化遗产保护的困难是资金投入不够，其实资金不是问题，政府的重视也不是不够。当然专业人员缺乏这是个问题，但是最重要的问题我认为还是理念的问题。

首先是现代化和我们保护非物质文化遗产本身存在矛盾。现代化是向前走的，而非物质文化遗产保护则是要停下脚步、静下心来、缓缓回眸，才能看到。我们国家专门设立了一个机构叫中国非物质文化遗产保护中心，文化部副部长王文章同志是主任，我当年是副主任。后来文化部成立了专门的非物质文化遗产司。去年 6 月 1 日开始实施了《中华人民共和国非物质文化遗产法》，这都充分说明国家的重视。尤其是立法，很了不起，这就将非物质文化遗产保护上升到了法律层面。我国现在有几百部法律，文化方面只有两部：一部是《文物保护法》，另一部就是《非物质文化遗产法》。因此，政府的重视应该说没有问题，最主要的还是认识方面存在问题。

比如说有些地方官员，当了主要负责人后考虑当地经济的发展，于是先要把县委大楼修一下，门前弄一个广场，弄个现代雕塑，不锈钢的，挂个牌子：腾飞吧！某某县。为了开辟广场，就不惜把一棵一百年的老树砍掉，铺上从荷兰进口的草坪。这种思维是一种统一的模式，其实不好。

还有我刚才讲的，老百姓都说非物质文化遗产保护好，但是年轻人非要穿牛仔裤而不穿绣花裙子的时候该怎么办？你不能说少数民族女孩子就只能穿本民族的裙子，那不可以。但是我们民族的审美意识确实是在丧失。这句话绝不是耸人听闻的，LV 包为什么大家都背呢？它哪一点美呢？这说明我们没有一个主动的、有民族文化传统血脉的、有自己独到观点的审美意识。现在女孩子穿衣服靠什么来决定呢？就是靠时尚杂志。由每年都有的流行色发布会，各种各样的时装表演、时装杂志来决定。我们这个民族也创造了许多美，比如我们有敦煌壁画、乐山大佛，我们有李白、杜甫，有昆曲、京剧，等等。为什么我们这个创造美的民族现在却审美意识如此缺乏，这的确值得我们深思。

刚才郝院长提出来说我有一些观点，包括精华与糟粕的关系，文化先进与落后的问题，宗教文化与迷信等等。我现在讲一下精华与糟粕的关系问题。因为有一些同志还没有想明白，一提保护传统文化，他们的第一反应就是精华要保护，糟粕不要保护。这没有错，但是大家想过没有，由谁来决定什么是精华、什么是糟粕呢？我们不必讲整个人类历史，单就讲我们中国最近这五十多年来，精华和糟粕有多少次发生了位置对调。“文化大革命”的时候烧书，高尔基的书也成了糟粕，中国从“五四”以来就喊“打倒孔家店”，但到今天各地又都建立孔子学院，我们对精华与糟粕的认识有过多少次天翻地覆的变化啊。所以说，我们不能再这样自信地认为我们今天的判断是永恒的、是永远正确的，我们更没有权力在这种背景下给一个文化宣判死刑。非物质文化遗产有一个特点，就是不可再生性。六七十年代，我们统计过中国的地方戏有将近 400 个。30 年之后我们现在还有多少个地方戏呢？丢了一半，现在只有不到 200 个了。剧种是什么概念呢？要成为一个剧种，必须要有独特的唱腔、音乐、配器伴奏，要有独特的剧目、代表作，要有经过几十年甚至上百年才能出现的名角，比如梅兰芳、马连良不是十年一个，而是几十年、上百年才能有一个，还要有通过几十年甚至上百年才能培养出来的观众群，中国人不叫看戏，叫听戏，就是闭着眼睛听，你哪一句唱错了我就拍桌子了。这才叫做一个剧种，而现在我们将近 200 个剧种消失了。

去年第三批传承人颁奖仪式举行，在人民大会堂演出的时候，中央领导同志在下面观看，我介绍地方戏时讲了这么一段话，说我们现在还有 200 多个剧种，而整个西方有多少个剧种呢？只有三个剧种，那就是话剧、舞剧、歌剧。当然它们也分得很细，歌剧可以分为古典歌剧、轻歌剧、音乐剧。舞剧有不同的流派，有现代舞、芭蕾舞等等，但它们是一个剧种。英国话剧跟法国话剧当然不同，但是无论从审美原则还是表现形式上它们都是一样的。现在的西方戏剧，只有流派、风格的不同，没有剧种的不同。而我们中国由于是农业社会、由于交通不便同时幅员辽阔，所以造成了一个包括许许多多不同特色文化的文化地图。这个文化地图就是由每个地方的地方特色和民族特色构成的。比如说梆子，就可以分为陕西梆子、山西梆子等等，而光是山西就有四种梆子，到河南有豫剧、河南梆子等等。每个剧种都有完全不同的东西，这些真是了不起啊，但现在有一半都丢失了，剩下的一半就看我们保护得怎么样了。说实话，我个人对这个问题是悲观的。假如我是一个地方剧种的剧团领导，国家很重视我们团，我们也被评上非物质文化遗产了，中央政府、省政府、市政府、县政府一年给我们多少万，而我第一个反应是什么呢？就是上北京请个名人做编剧，请作曲家配曲，而这些作曲家都是音乐学院毕业的，学巴赫、贝多芬出身的，根本不懂你这些东西。我们不但要请作曲家编曲配器，还要请搞影视或舞台剧出名的导演们来导演，请电视台的舞美按照电视晚会的样子用大量"声光电"搞舞美，于是，"创新"就成了同质化的代名词。就拿地方剧种的伴奏乐队来说吧，现在，不但所有地方戏的乐队都加入了大提琴，有的还加上了电子琴。唱戏的时候，本来弦师的眼睛应该盯着唱戏的那个角儿，你唱我拉、你快我就快、你来劲儿了我也跟着来劲儿了。现在是乐队队员背对着唱戏的角儿，看着谱，甚至还有指挥。于是唱歌"千人一声"，唱戏也很快就要"千人一声"了。

黄梅戏曾经很火，现在大家还能听得到吗？因为它们都现代化了，最后都变成歌剧了。前年成都国际非遗节定节目的时候，我说要有川剧，川剧别动不动就"变脸"，川剧是一个非常了不起的大剧种，现在一提川剧以为就是"变脸"。我们家门口的饭馆"大宅门"每天晚上有“变脸”的节目，后来我出国到欧洲、美国，发现那里的唐人街饭馆也都有“变脸”节目。这样就把一个伟大剧种里面的一个小小的部分拿出来搞得很火，然而它的火却造成了整个剧种的衰落，唱川剧的都不唱了而是去“变脸”了！所以我当时建议他们一定要表演一出完整的川剧，让人们看到在什么场合下、什么剧情里、什么角色才“变脸”。因为川剧的“帮腔”也是非常精彩、非常有特色的，所以我希望他们把川剧的“帮腔”充分展示。他们说要找最好的，结果审节目的时候，我一听，“帮腔”没有“腔”了，变成了美声发音的伴唱。他们说这是最好的，这几个伴唱的都是在音乐学院学过的。我说还是赶快请老艺人来，我要听川剧味儿的，他们这是唱歌不是唱戏啊。

所以说，非物质文化遗产一定要保护它的根，保护它的血脉、DNA 不能变。我讲非物质文化遗产是我们的 DNA，就是它决定了我们是中国人，而不是美国人、英国人。除了生物的 DNA 决定了我们的黑头发、黄皮肤、黑眼珠以外，还有决定我们精神的 DNA 和文化的 DNA。生活习惯、饮食习惯、审美习惯，这些都是我们的 DNA。包括我们的传统节日，经过非物质文化遗产保护的热潮，现在我们把几个传统节日都定成法定假日了，这是了不起的国家力量。清明节放一天假，就是让我们在这一天缅怀祖先，这就是中华民族的传统美德。十年前我到上海去，离圣诞节还有半个月，满街的饭店都在张罗圣诞节的生意，而我们自己的传统节日没有人过。这几年通过我们的努力，全社会已经逐渐在改变这样一个认识，传统节日火了，人们逐渐都认识到了保护非物质文化遗产就是保护我们的未来。

下面我给大家放一个视频，这是 2007 年温总理访问日本“融冰之旅”的国事演出，这是我们唯一的、也是第一次以非物质文化遗产作为整个国事演出的主题，当时得到温总理和日本首相的高度评价。

（视频播放）

非物质文化遗产展演欣赏：2007 年温家宝总理访日国事演出节目单及主持词

尊敬的安倍晋三首相、尊敬的温家宝总理，女士们、先生们：

大家好！欢迎大家光临今晚的中国非物质文化遗产专场演出！

近年来，“日新月异”的中国又出现了一个新的热门词：“非物质文化遗产”。正处在发展中的中国人民和中国政府一致认为：一个民族只有物质的发展是不够的，中国的现代化不能以中断历史和传统作为代价。非物质文化遗产不仅是一个民族自我认定的历史凭证，也是构建一个和谐多元的世界的保证。

首先请大家欣赏的是中国文人音乐的代表——古琴艺术。古琴有着 3000 年的历史和 3000 多首传曲。从公元 7 世纪到今天，琴家们仍然在使用着一个世界上最古老的乐谱，它集中体现了中国传统文化的精髓。它是圣人之器，孔子以它教化众生，诸葛亮用它在空城之上吓退了司马懿的八十万大军。1977 年，美国宇航局向太空发射了一艘“旅行者”号飞船，上面有一张金唱片，精选了 27 首代表人类的音乐，其中就有我们马上就要听到的著名琴曲——《流水》。

古琴家李祥霆先生今天为我们带来了一张唐琴。“九霄环佩”——从九天之上传来的仙女身上叮叮咚咚的玉佩相撞的声音。制造这张琴的年代，是唐至德丙申年，也就是公元 756 年。这一年，诗仙李白 55 岁，诗圣杜甫 44 岁。这张琴制造出来之后三年，高僧鉴真开始在奈良建造唐招提寺。

中国的琴家认为，能听到唐琴演奏的人都是有耳福的人。我祝贺大家有好福气！

请听古琴曲《流水》。

古琴独奏《流水》

下面将请大家欣赏侗族大歌。大家知道，在西方，有一种高级的合唱艺术，就是无伴奏合唱。但是那些专业的音乐家在上场之前，一定要用音哨或者音叉给一个标准音，歌者才能找到自己的声部。但是在侗族，所有人都会无伴奏合唱，他们从小就唱，所以，一开口便是他固定的音高。今天，我们专门请了贵州凯里小黄村的八个农民的孩子，她们最大的 15 岁，最小的只有 10 岁。

下面，她们将为我们表演《蝉歌》。

侗族大歌《蝉歌》

中国的传统文化，有两个同时并存的传承体系，一个是以古琴为代表的精英文化；一个是像侗族大歌这样的草根文化。泉州提线木偶就是至今活跃在福建民间的颇受老百姓喜欢的草根文化。

请欣赏泉州提线木偶《元宵乐》。

泉州提线木偶《元宵乐》

下面为大家表演的是一对彝族姐弟李怀秀、李怀福。两年前，当这对农民姐弟第一次参加一个中国著名的电视歌手大奖赛时，被学院派的评委打了低分，认为她们的歌唱方法“不够科学”。但是，在短短的两年后，这个电视歌手大奖赛便增设了一个“原生态”组，这对农民歌手获得了金奖！这体现了民众对民族民间文化的重新认知，也充分体现了中国社会审美趣味的变化。

请欣赏云南彝族海菜腔《金乌银乌飞起来》。

云南彝族海菜腔《金乌银乌飞起来》

下面，请大家欣赏一个梦，一个中国历史上最著名、最美丽的梦：中国明代戏剧家汤显祖的名作《牡丹亭》中的《惊梦》。昆曲，在中国被称为"百戏之母"，它至今保留着中国古典艺术所提倡的婉约清幽之美。

请欣赏《牡丹亭·惊梦》。

昆曲《牡丹亭·惊梦》

著名的二胡曲《二泉映月》的作者，是上个世纪初期在中国无锡的一个流浪的盲艺人"瞎子阿炳"，这位天才的音乐家把他一生的痛苦都倾诉在这凄婉的乐声中了。1950 年，中国的音乐学家杨荫浏为阿炳录音、记谱，三个月后，阿炳去世。据说上个世纪 70 年代著名指挥家小泽征尔第一次访问北京后曾说过两句话，一句是：北京像个大村庄；一句是：《二泉映月》这样的音乐是该跪着听的！

下面请大家欣赏马向华演奏的《二泉映月》。

二胡独奏《二泉映月》

一个蒙古族歌手说：草原上的风刮了多久，长调就唱了多久。蒙古民族——这个伟大的民族，一代又一代就生活在这悠长曼妙的歌声中。这舒缓旋律，歌唱着他们的喜怒哀乐，歌唱着他们的生活，歌唱着他们昔日的辉煌与今天的希望。

请欣赏蒙古族长调《初升的太阳》。

蒙古族长调《初升的太阳》

木卡姆是流传在中亚、西亚、南亚、北非等 19 个国家和地区的一种普遍存在的集歌、舞、乐为一体的一个艺术形式。十六世纪，有一个维吾尔族的美丽的女性——阿曼尼沙汗，她是伊尔羌汗国的王妃，同时又是一个诗人，一个学者。她集中了当时最优秀的艺人整理木卡姆，到了十九世纪，12 木卡姆完全成熟了。1951 年到 1954 年，中国的音乐学家用四年的时间记录了唯一一位全部传承下 12 木卡姆的艺人图尔地阿訇的歌唱。因此中国的木卡姆成为世界上保存最完整的木卡姆艺术。我们今天专门请来了来自阿曼尼沙汗故乡的几位农民，他们这是第一次来到这么远的地方！让我们随着他们的歌声走到天山，走到丝绸之路。

请欣赏新疆刀郎木卡姆、十二木卡姆。

新疆刀郎木卡姆、十二木卡姆

今天的晚会到此结束，晚安！

（本文根据田青 2012 年 2 月 25 日在中央国家机关“强素质·作表率”读书活动 2012 年第 2 期主题讲坛上的讲座内容整理）

城市·建筑·传统·现代

主讲人：庄惟敏

各位领导、各位同志，非常荣幸今天能够在这儿跟大家交流。但是，讲建筑、讲城市，还是第一次跟中央和国家机关的朋友们面对面，在这两个小时之内，我想讲的东西很多，怎么个讲法呢？着重地梳理了一下，突出重点吧。

一、早期古典建筑、近现代建筑、当代外国建筑师在中国的实践

刚才说到了建筑的审美、城市的审美，实际上是我们当今社会中一个非常关键的问题，我国人均 GDP 超过 3500 美金以后，大家不再更多地关注，或者说更多的注意力不在吃饱、穿暖、医疗上了，而是放在了人居环境方面。我不知道大家有没有感觉，在全球范围内，最愿意对自己的人居环境关注、评价、参与讨论，甚至给建筑起绰号的人在中国大有人在。

比如北京，我们都知道的“鸟巢”“水立方”，这些都是老百姓给起的绰号。这说明大家越来越关注建筑，关注人居环境。为什么老百姓这么愿意给我们的建筑起绰号呢？原因之一就是他们以自己的大众审美在评判着建筑，换句话说，诸位，你们肩负着这样的一个任务。

2014 年 9 月 16 日，习总书记发表了一篇讲话，后来被民间解读成反对“奇奇怪怪”，其实“奇奇怪怪”这个词不是从习总书记嘴里讲出来的，但是最后向老百姓解释时被说成了这样。我个人理解，习总书记讲的问题关键一点是，我们要提高全民族的建筑文化觉悟，或者说建筑文化的一个审美高度。

大家出国工作或考察时，比如说住在一位朋友的家里面，那么这位朋友无论是退休的老人，还是在工作的中年人，他们都会如数家珍一般给你介绍他们家，说我的家怎么美、怎么有建筑艺术，这个院子怎么好、房子怎么好，甚至于还把家里收藏的古董拿出来，甚至给你讲讲这个建筑的历史。而我们对建筑的表达基本上都是以一种“起绰号”的方式，用一种非常形象的比喻来表达我们对建筑的理解。不能说这不对，因为我们今天的大众审美无疑也代表着我们现代的文化趋向。所以建筑师有时候就变得非常局促，他一方面设计建筑，希望在自己的专业层面有所追求，但另外一方面，他确确实实又怕被大众的审美裹挟着出问题。

讲到这儿，有必要讲一点历史，历史很长不能讲那么多，西方这一支历史从两河流域发源，一直延续到后来的古埃及、古罗马等等，我们就找几个节点。

我们出国考察、出国旅游，到欧洲，看得最多的是教堂，世界最著名的教堂遍布欧洲各个地方，雕梁画栋，非常精美。最美的雕刻、最美的绘画都在教堂里，最高的艺术、最高的建筑艺术也在教堂里。

在西方，教堂一盖就是上百年，甚至还有超过三百年还在盖的教堂，如西班牙加泰罗尼亚巴塞罗那的圣家族大教堂，由西班牙著名建筑师安东尼奥·高迪主持工程，直到现在还在不断地修建。当然世界上体量最大的教堂是罗马的圣彼得大教堂。

罗马人自从发现了混凝土之后，他们可以建造大跨度建筑，于是穹顶就出现了、大渡槽就出现了。

中世纪城市里边基本上除了教堂就是民居。在教堂里面既可以教学、宣道、授业，也可以医治创伤，从你的肉体创伤到你的精神创伤，各种各样的事情都可以在教堂里解决，教堂俨然变成了一个上帝惠及平民百姓的场所。但大家不要忘记在那个时候教堂就是一种象征，一种统治的象征、一种奴役的象征，所以政教合一就是中世纪最重要的特征。中世纪的统治者将政治、宗教融为一体，通过建筑这样一种手段，做成压在人们头上的大山，把建筑变成一种统治权力的象征，建筑在那个时候是一种精神。所以大家到教堂里会觉得自己是那么渺小。你到圣彼得大教堂，进去以后你觉得空间大得不得了，其中的雕梁画栋，那么精美的画你都想象不到，高大的空间甚至你在里面说一句话都听不清。建筑的营造，原本就不是为人的，它是为神的，为神永远统治人类而造。这是中世纪在建筑层面最重要的一个特征。

上世纪 20 年代，出现了四个人：美国人 F. 莱特和密斯·凡·德罗，法国人勒·柯布西耶，德国人瓦尔特·格罗皮乌斯。说到德国的格罗皮乌斯，会想到包豪斯，包豪斯是上个世纪二三十年代开始有的一个学派。后来慢慢发展起来，包豪斯就变成了一个代名词，艺术、技术、工艺、人文相结合的代名词，我们今天说的包豪斯，一说家居有包豪斯的味道，建筑有包豪斯的风格，指的就是这个。今天包豪斯在德国非常受尊崇，大家去德国的话要去看一下包豪斯总部。

这四位都是建筑师，提出了几个口号，第一个口号是“建筑是居住的机器”。工业革命带来了机器，机器的制造和发生、发展，是对人类的大贡献。人类发明机器、制造机器，让机器为人类做工。事实上，机器是被人操纵的，他们提出“建筑是居住的机器”，无疑是把建筑作为人们生活、工作的工具，而不是压在人们头上的大山，这一句话石破天惊，向古典主义宣战。

第二句口号是“形式追随功能”，为什么要形式追随功能？教室要像教室的样子，医院要像医院的样子，别都盖成教堂，别都盖成穹顶。比如开会的会场，你就要有六面体，方方正正，下面有座位、上面有讲台，而且还要开窗，形式一定要符合功能。我们今天说的学校要像个学校的样子、医院要像个医院的样子、住宅要像个住宅的样子，如果把这些东西一股脑儿都盖成教堂，就没有办法很好地使用。

第三句话叫“少就是多”。第四句话叫“装饰就是罪恶”。古希腊的柱子不是直上直下一根木头，是石头拼起来的。上面有一点收紧、中间鼓个肚，这两条线非常漂亮有弹性，很像古希腊的人体，当然，它在结构设计上也有意义，重心往下偏，比较厚重。到古罗马时期经济高度发展了，铁器出现了，可以开凿、雕刻。于是古罗马人开始在柱子身上刻槽，很美；不仅这样，还在柱子上面雕了两个“小耳朵”，还在上面雕一点像花瓣、叶子似的东西，我们叫“芹菜叶”。但这“耳朵”对结构没任何意义。所以这些东西多半都是一种奢侈，代表一种艺术的品格，代表一种艺术的积累，跟受力没关，所以说装饰就是浪费，浪费就是罪恶。

当然这个柱头后来凝练成西方最重要的建筑成就之一。西方现在有五个柱式，从最早的古希腊、到最后的古罗马，这个柱头是最华丽的柱头，叫科林斯柱式，非常漂亮，我们学美术的人知道，在画素描的时候就会画到这种建筑。古希腊、古罗马带有非常多装饰性的特征，事实上它和结构受力无关。四位大师向古典主义宣战了，这个时候所呈现出来的建筑、所呈现出来的外观完完全全和古典主义不一样，就是后来我们说的"玻璃盒子"。我们把这个时候的理论、说教、观点、作品叫"现代主义"。

现代主义在建筑界表现出来，对城市是有影响的，它和古典主义是截然不同的。在文学、艺术、电影、音乐、绘画等领域现代主义都有影响，大家可以去看一看，找一找。

一个方方正正的房子，我们说是现代主义的作品，你说这房子真"丑"，不仅仅你说"丑"，有相当一批人都说丑，很多人就把它怪罪于现代主义，说现代主义强调的是一种机器、一种功能，强调的是一种效益，动不动你就要讲逻辑，以人为核心是人要操纵机器，但这东西没文化，它显得那样的粗鄙、那样的简陋。那我需要怎么做呢？说我们希望在这上面有一点特征，一画你就知道了，又把这个柱头画出来了。在这样一个方方正正的建筑里面，画上一点古典主义的符号——将古典主义的东西抽象出来变形，变成一种符号，贴在现代主义的"方盒子"上。这批人认为反对现代主义但不能复古到古典主义。一定要向现代主义宣战，因为现代主义没有文化，现代主义是文化的沙漠，但可以用这样一种古典主义的符号来调侃现代主义、批判现代主义。这成了一个时代特征，叫"后现代主义"。后现代主义不仅建筑有，音乐、美术、文学都有。中国受"后现代主义"影响很少，但到西方去看，能够看到很多类似这样的建筑。

再往后发展，基本上是展现了各种各样的建筑风貌，已经总结不出什么流派了，因为多元化了，就是我们说的多元价值观，在今天呈现出来，变成当今社会最重要的一个特征。

二、中国式的建筑狂欢

很多人都知道《TIME》(《时代周刊》)，邓小平同志曾经上过这个杂志的封面。大家知道上《时代周刊》封面，也是要有说法的。1992 年邓小平同志南巡，当时《时代周刊》把他作为封面人物，为什么？就是拥有 13 亿人口的大国要揭开城市建设新篇章，全世界瞩目。从这个角度来讲，这件事非常重要，所以《时代周刊》把他作为封面人物。但《时代周刊》在做广告的时候，旁边加了一句话，叫“It is a good time”，邓小平同志说的是“我们赶上了最好的时代”。我们开始了城镇化建设的新篇章，从珠三角开始，中国的城镇化建设打开了。后来又继续开发长三角；再后来是京津冀、大北京；现在是全面城镇化建设，就走到了今天这个局面。但是情况并不像我们想象的这么乐观。

香港的铜锣湾曾经是一个让我们很纠结的地方，它融合了最发达的城市建设，也融合了最底层的棚户区，它既有现代的西方文化，又有传统的中国文化，是传统与现代相碰撞、相融合的地方，我在这里面用了两个词：一个叫“复杂性”，一个叫“矛盾性”。为了解释这个词，我引用狄更斯一首诗，这首诗很多人都读过，翻译成中文是：“这是一个最好的时代，这是一个最坏的时代，这是一个理智的时代，这是一个愚蠢的时代，这是一个相信的时代，这是一个怀疑的时代，这是一个光明的季节，这是一个黑暗的季节，这是一个希望的春天，这是一个失望的冬天，我们从前人能得到一切，我们从前人得不到任何。”

狄更斯的这段话用在我们今天的城镇建设上特别贴切。我们今天的城镇建设就是这样一种复杂的，没有前车可鉴，但是又有创造性的矛盾体。显然，我们今天会遇到各种各样的矛盾，城市的建设非常复杂，它既带有功能的特征，又带有民生的这种理性推理的特征，同时它还带有非常深厚的文化特征。

现在我国从南到北、从东到西，上千座城市都差不多，后来归纳出一句话叫“千城一面”。传统城市正因为有着很强的内部认同性，才具有外部认同性，认同这个词就是所谓标志性问题，就是大家所说的可以识别的问题。城市特色、地域特色变成了城市最重要的一块，如果我们把这一块放弃掉、忽略掉，一味地去追求我们认为的所谓现代化的复制，这里面的问题是相当大的。

欧洲的很多城市，今天看起来，仍旧给我们很强的震撼力，不是在于它有多么新的玻璃幕墙，而是它在一个城市空间里面承载着悠久的历史，在这样一个空间里面，你可以读到几百年前的古典建筑，你也可以读到当下最新的、最时尚的建筑，这里面讲述着人类社会的发展、城市的变迁。例如意大利的佛罗伦萨、匈牙利的布达佩斯、瑞士的伯尔尼、法国的巴黎。

拿破仑三世在位时，下令让一个官员去做巴黎规划，巴黎的规划是一次规划而成，巴黎的建设一直被认为是今天城市建设的一个最重要的奇迹和典范。巴黎的规划发展到今天，你仍旧能够从中解读出历史的变迁和发展。二战以后，德国科隆整个城市被毁了，科隆大教堂成了一片废墟。德国人干的第一件事，是恢复科隆大教堂，大家现在可以看到恢复后的科隆大教堂。尽管它是复建，但是今天我们再到科隆去，无疑是因为这个标志性建筑把你拉回到科隆城市发展的历史当中去。德国人的这个做法在很多西方城市里同样在做，只不过我们今天往往把它忽略掉了。

从古至今，东方的统治者往往习惯于摧毁前人的建筑，例如项羽

"火烧阿房宫"。但亚洲别的国家比如说日本、韩国，很多城市对古文化的保护、对古建筑的保护要比我们好。当然今天我们对文物的保护也开始"一票否决"了，中央越来越重视这件事。我认为文物保护不能仅仅停留在保护几处古迹这样的一个高度，而应该上升到文化传承、延续的高度。

紫禁城现在已经进入到第二个六百年了。在紫禁城外侧，曾经叫关厢这一带，实际上是那些衙役、小官僚住的地方，它构成老北京特有的机理——里坊制。里坊制最著名的城市是北京和西安，城市形成一个传统的四合院格局，四合院就变成北京特有的文化。当然，不仅仅是北京，北方很多地区都是这样。四合院很早就申请了世界文化遗产。

梁思成和林徽因二位先生，上世纪 20 年代回到中国，在东北大学开创了中国第一个建筑系，后来抗战开始，他们又回到美国继续深造。1946 年回来创办清华大学建筑系。他们走过了中国几乎所有的重要庙宇、亭台建筑，到今天为止，那些古建筑都是世界上不可多得也不可复制的文化宝藏。梁思成先生所著的《中国古代建筑史》就是中国建筑理论的基础。大家知道有一个词叫"梁陈方案"，"梁"就是梁思成，"陈"是陈占祥，一个从美国，一个从英国归来，他们一起向中央提出来一个方案。就是将北京的行政中心搬到城市的西侧，而将老北京城原封不动地保留下来，因为老北京城在世界上没有第二座，它是世界文化的瑰宝，是我们人类的财富。但"梁陈方案"被否掉了，现在六七十年过去了，在北京东部要建城市副中心。

我们看看美国纽约曼哈顿、布鲁克林地区，布鲁克林大桥和自由女神像就在这里，早期的欧洲移民去美国的时候，坐船看到自由女神像就知道美洲大陆到了。当初开发曼哈顿的时候，曼哈顿就像一张白纸，该怎么做？第一是修路，这路间距都一样，从下到上，从南到北。横着画，东西向叫"街"，南北向叫"大道"。这网格就打出来了。百老汇大道把曼哈顿分成"东曼哈顿"和"西曼哈顿"，但是有意思的事情出现了，东西向的"街"，一、三、五、七、九,二、四、六、八、十，方向不一样，单数的街往东，双数的街往西，都是单行线，这就使汽车能很方便地沿着街区转弯。纽约一个街区大小约为60米乘以100米，而北京市里很多街区间的距离在500米左右，这么大的街区，怎么转弯？纽约除了铁路和公路之外，没有立交桥。但纽约有700多万辆车，它的效率一点都不低。

有人问，美国人为什么一开始就以60米和100米的间距划格呢？他们完全是从市场开发出发的。一个地段要想把地卖出去，想让人开发，一定要让它的商业价值最大化。也就是说，我在这块地里面盖的房子都要临街，要想一块地里面的房子都临街，那这块地就不能太大。所以，他们盖的房子多半都是中间是庭院，房子在周边建，所有的房子全临街，通过过街楼，进入内院。所以他们的街区低层全部是商业，有书店、有咖啡店、有酒吧，甚至于还有博物馆、画廊。前一阵政府说了我们要把小区打开，而美国的小区就没有封闭过。我们是把那么大一块地卖给开发商了，许多楼盖在中间，所以城市的形态就完全不一样。

我讲这件事，主要是想说城市的机理。大家可以看到，北京城和纽约曼哈顿有一个重大的差异。北京城中间是一个紫禁城不能穿越，我们南北向的路穿越起来非常困难，东西向虽然有个长安街，但是也非常难以穿越，在这样一个大格局下，你不把主要的城市功能中心迁走，还等什么呢？

巴黎在大家的印象中是很美的，因为有埃菲尔铁塔、卢浮宫、凯旋门，沿着香榭丽舍大道，可以从历史一直走到现代，它的现代的顶端就是拉德芳斯大门，穿过拉德芳斯大门就是大学区，面向全新的、新世纪的欧洲，这是香榭丽舍大道的这条轴线。但是除了这几个重要的标志性建筑之外，别的建筑给你们留下印象了吗？没有印象。为什么？因为沿着香榭丽舍大道旁边的建筑，都隐退到后面去了，他们的高度差不多，色彩差不多，外立面差不多，我们把这样的建筑叫做“城市背景”。一个城市必须要有“背景”，这就是我们今天所说的“图底关系”，从美学的关系来说，“图”和“底”是一对矛盾，有“底”才有“图”，没有“底”全是“图”就完了。现在的长安街就全部是“图”，没有“底”。所有的沿街建筑，都希望变成标志性建筑。建筑师没办法，只能每一栋建筑都设计得跟别人不一样，每一栋建筑都不追求协调，每一栋建筑都想突出出来，变成“图”而不愿意变成“底”，于是这条街就毁了。现在的长安街把那么多优秀的建筑摆在一起，它们就变得不那么优秀了。所以找到城市里边的“认同点”是很重要的。

当我们纠结房子盖成什么样、应该怎么盖、不应该怎么盖这些问题的时候，我们不要忘记另外一件事情，我们生活的城市和环境并不是一开始就充满大街小巷、车水马龙的，并不是一开始就有亭台楼阁和高架桥的。事实上一开始赋予我们的是很多自然景观和特色，这一点大家千万不要忘记。也就是说，真正的自然的这部分，实际上是很重要的。

去年刚开完的“G20 杭州峰会”非常成功，获得高度评价。但我个人觉得，很多人高度评价的不仅仅是“G20”的那几幢建筑，而是它的城市，是它的环境。如果杭州没有西湖，它还叫杭州吗？所以，如果一个城市里边有一个自然景致，有一笔自然赋予我们的财富，就一定要把它好好保存下来，但是这件事，往往容易被我们忽略。

国际上有一个《国际古迹保护与修复宪章》，是 1964 年 5 月 31 日，从事历史文物建筑工作的建筑师和技术员国际会议第二次会议在威尼斯通过的决议，后来被称为《威尼斯宪章》，它要求人们不能去复建或凭空造一个假古董。而今天我们很多地方仍在大建古文化一条街。

还有规划要有它的延续性，规划就是法。芝加哥大火已过去两百多年了，大火过后重新做规划时颁布下来的法律，到现在两百多年了都没有人违背。可我们的城市绿化带，划了都白划。波士顿被誉为“世界文化名城”，因为哈佛、麻省理工学院、普林斯顿、耶鲁等著名学府在那里，曾经它就像北京一样有立交桥，但 1991 年到 2007 年这十几年间，历届政府连续地接力棒式地干一件事，就是把立交桥拆掉，所有的过境交通下地。这件事在世界城市发展上被称为“大开挖（Big Dig）”。这件事对美国这样一个土地私有且政府投资有限的国家来说非常难。把立交桥拆掉以后，原来立交桥的位置成了步行街，上面有公园、文化博物馆，这些与大学结合起来，俨然就是一个“文化名城”。所以今天到波士顿去看，很难想象出它几十年前的样子。

还有一个国家值得一说，那就是法国。法国赋予总统一个权利，总统在位期间，可以批复建设一个公共建筑。所以，从埃菲尔铁塔到法国国家图书馆、蓬皮杜艺术中心，包括卢浮宫改造，都是总统批的。所以大家就知道了，为什么巴黎被誉为“现代大规划的典范”，为什么巴黎很多重要的建筑被誉为“现代城市建筑的典范”。包括蓬皮杜艺术中心这么有争议的建筑也被批准，确确实实是文化创新建筑繁荣的一种标志。上海现在也开始把立交桥拆了，将外滩“亚洲第一弯”匝道拆了。当然，北京也有很多做得好的地方，比如说颐和园的环境就一直都保护得非常好。

法国的尼姆有一个希腊式的神庙，这是个一千多年前的老建筑，要在它旁边新建一个会议中心，而且周边全是古建筑，该怎么做？会议中心的建筑师是著名英国建筑师诺曼·福斯特，得过普利兹克奖，他也是设计首都机场T3航站楼和香港汇丰银行的建筑设计师。他设计的外墙全部是玻璃的，用轻薄透的钢结构来做。福斯特说了，我用现代化的材料，用柱廊的方式，向老建筑致敬；我没有用石材，是用现代的、高科技的材料，来反衬古建筑。古典文化的庄严跟我形成一种对话，我是在向它致敬。我们发现很多的古典建筑旁边，都有全新的建筑，不胜枚举。我们的华人建筑师贝聿铭，也是这么做的。波士顿的汉考克大厦，旁边就是三一教堂，三一教堂旁边坐落着一个高耸的玻璃幕墙，他说我做玻璃幕墙让蓝天、白云倒映在里边，让它消解在空中，而底部的镜面玻璃倒映着三一教堂的古建筑，向它致敬，这是有深厚中国文化素养的贝聿铭先生对“古”与“今”的理解。

由于畸形政绩观和GDP追逐症的影响，国内城市“大拆大建”成为普遍现象，建筑的平均寿命只有30年。大家知道，现在我国二类民用建筑的使用年限是50年。到51年时就要进行检测，若它需要加固，就进行加固，而不需要加固就评估还能使用多少年，相当于保质期，这就叫结构安全使用年限，不同的建筑使用年限不一样。但现实情况是，我们建筑的平均寿命只有30年。寿命缩短了将近一半，这是对我们社会资源的巨大浪费。如果能将我们的普遍建筑的使用年限延长一半的话，将会节约多少社会资源啊！西方的建筑可以到100

年，我们的只有 30 年，拆了以后再重盖，重盖一定要花钱。一平米造价 5000 块钱以上的房子，你凭什么说拆就拆了呢？没有到使用年限，你有什么权力拆它。

据不完全统计，建筑过早拆除导致碳排放增加，资源浪费在“十二五”期间超过千亿元。在国外，所有的建筑设计任务书，政府投资的项目，必须要经过审查，要找专家论证，没有经过审查论证就拍脑袋自己做的任务书，很有可能出现过早拆除的状况。我国很多项目过早拆除也是因为设计任务书出得不对，即便建筑再好看，但不好用。问题就在这儿。所以今天，我们就要明确提出来将这件事纳入程序。今天我们有施工投资审查，以后可能政府投资的重要项目，都要有设计任务书的审查和标书的审查。因为设计任务书的审查和标书的审查一直是我们的一个漏洞。没有人去审查，建筑师照设计任务书去做，可能就错了。这种例子比比皆是。

三、关于建筑的原创

我非常希望开展关于建筑的评论，让我们有一个健康的氛围。第一，我希望像习总书记讲的那样，我们全民族都要提高建筑文化的素养。所以今天我不仅是讲理念，是跟大家分享一些我个人的感想，也希望借这个机会让大家觉得，对好的东西我们可以有一个共识，对坏的东西也可以有一个共识。

第二，我希望我们有一个健康的建筑评论氛围。可能很多人都知道文艺评论家雷达，我跟他不熟，但是我对他的观点是非常赞成的，他有一段话，是这么说的：“与世界上许多公认的大作品相比，当下的中国文学，包括某些口碑不错的作品，总觉得缺少了一些什么。究竟是什么呢，却又很难说得清。现代以来至今，批判现实主义、现代主义和后现代主义等等国外文学思潮及观念已被中国作家所接受，虽未明言，中国作家在融入世界文学主流和结合本国文学传统的背景下，逐渐形成了心目中对伟大文学的看法。一直以来，总有人不断提出这样的问题：为什么在今天，我们还出现不了伟大的作家，出现不了我们时代的莎士比亚、托尔斯泰、陀思妥耶夫斯基？出现不了新的曹雪芹？出现不了新的鲁迅或者胡适式的大家？尽管有人抱着良好愿望，一直断言，说这是个应该而且必将出现文学巨匠的时代，可巨匠似乎迟迟不肯露面。诚然，我们拥有不少优秀的富有才华的作家，有的作品也已呈现出若干大手笔气象，看不到这一点，总是妄自菲薄也不对；可是，与我们心目中‘伟大’的目标相较，距离还是显而易见的。”他对文艺的评论，其实跟我们今天的建筑评论非常像，他说的几点，我非常认同。

第一，叫量产与库存。一个作家出名了很多人都约他写书，要求两个礼拜给我写出来，我给你卖过万册。两个礼拜出书脑子里边没有东西啊，所以只能抄别人或者抄自己。

所以量产和库存之间的矛盾，就在今天快速发展的城市建设里呈现出来。我们的领导都是快的，都是急的，说我马上要到届了，你赶紧把这房子给我盖起来。恨不得三天出方案，一个礼拜出施工图，三个月就盖好。建筑师肚子里空了，脑子里空了。碰到这种情况他怎么办？只能抄。所以量产和库存本身就是矛盾的，所以要给建筑师一些时间创作，这些事情是有规律的，而且是有科学规律的。

第二，精神骨骼和血肉品性。这是另外一个关键词，说中国的小说“精神缺钙”现象日益严重。他说的这一点我非常认同，我们的文化界、文艺界，包括建筑界，已经迅速告别了神圣、庄严、豪迈，走向了日常的自然经验陈述的个人化叙事。大家看今天动不动就是福布斯排行榜，动不动就是GDP，动不动就是利润，动不动就是什么成功人士凌驾一切之上。浮躁、自我抚摸、寻求刺激、回避是非、消解道义、绕开责任、躲避崇高等等，这就是我们今天时代的特征。当今文学最缺少的就是弘扬正面精神价值的能力，而这是一个民族文学精神能力的支柱性需求。一个民族的文学倘若没有正面的精神价值作为基础、作为理想，其人文价值和精神内涵一定会打折扣。建筑也是一样，做了半天，你就觉得它是一个时装，就觉得它轻飘飘的，没有内涵。

第三，忽视对现实生存的精神超越和对时代生活的整体性把握。现在最缺少的就是面对着欲望之海、现象之林时，我们能够真正地把握住一个整体，实际上就是我们现在整体文化自觉性的问题。

最后一条是最关键的，就是提升宝贵的原创能力。要防止或者要反对复制、反对抄袭，你原创就好了。“原创”二字不是从天上掉下来的，需要长期的观察、体验，需要经过沉重、深切、紧张甚至是悲剧性的思考，这一点必须得有。建筑师也要能够经得起这样一种痛苦，这样一种思考是必须的。当然我们也有很多好的设计，获得过大奖、金奖。大家有机会去杭州的话可以去看看，西湖边上有一个中国美院，它的老楼就是北京市建筑设计院李承德建筑师做的设计，前后做了8年，用灰砖一点点做出来的，它旁边就是潘天寿纪念馆，非常好的一个建筑。很多地方都很入画、很入眼。这些东西，你要慢慢地磨呀，就是要靠创作，来抵抗抄袭、模仿，只有这样，我们才能在精神层面上，实现习总书记说的文化的复兴。

时间的缘故，我就讲到这儿，超了一点点时间。今天跟大家分享的只是我个人的一些体会，不代表我们建筑界，也不代表清华大学，欢迎大家批评指正。谢谢各位。

（本文根据庄惟敏2017年2月25日在中央和国家机关“强素质·作表率”读书活动2017年第2期主题讲坛上的讲座内容整理）

文学的新演变与新挑战

主讲人：白　烨

我多年参加“强素质·作表率”讲座主讲者的推选工作，知道这个讲座的重要性，既在于讲课者在业界有一定的影响，又在于来自中央和国家机关的听讲者普遍较有分量。我今天要讲的题目是“文学的新演变与新挑战”，我想通过这个题目来给大家概要地讲述一下文坛发生了什么样的变化，这个变化带来什么样的挑战，产生了什么样的问题，以及我们应该怎样来看待和应对，从而促使文学创作持续繁荣和文学事业健康发展。

我自 2003 年以来在中国社会科学院主要做的一件事情，就是每年编撰一本《中国文情报告》，也叫“文学蓝皮书”。我们这个课题组由八个人组成，社科院四个人，中国作协四个人。从 2003 年一直搞到现在，已经 15 年了。我在主持做这个年度文情报告的过程中，对文学的变化有很多深切的感受。文学与文坛发生的这些变化，如果不是专门从事当代文学研究的人，很难感受得到，文学之外的人们，更是难以感受得到。今天我就围绕“演变与挑战”这样一个总题目，来给大家讲讲这些变化的来由、过程，以及对其现象与问题的观察与思考。我很在意今天的文学交流，因为在座的都是领导干部，我觉得你们更多地了解文学的情况与问题，既是你们的需要，也是文学的需要。

对于文学的繁荣与发展，习近平总书记一直很关注，自2014年以来，先后两次发表重要讲话，阐述他对于文学与艺术的看法与对文艺工作的要求。这里既有出于党的领袖身份的对于文学的高度关切与思想引导，也有出于文学爱好者身份的对于文学的深切感受与殷切期望。在这些讲话里，他在阐述一些文学基本问题的同时，对当下文学文艺领域存在的问题、解决的措施、前进的路向，都有深刻的洞察与明确的论说。这些都是我们认识当下文学现状，分析存在问题的思想指引。因此，也可以说，我们今天这个讲座的课题，是在习近平文艺思想指导下的有关文学现状的观察与思考。

一、三个阶段的新演变

当代文学进入到当下时期，发生了巨大的变化，呈现出丰繁的样貌，是经过40多年的发展历程逐步演变而来的。而40年来的文学发展，可以分为三个阶段来看：新时期（80年代），90年代，新世纪以来。而在这三个相互衔接与彼此递进的阶段里，文学都遇到了以前未曾遇到过的巨大冲击与挑战。三个阶段分别有三次浪潮，而三次浪潮构成的三次冲击，内涵与侧重各不相同，强度与烈度又前所未有。文学正是在直面这种浪潮、承受这种冲击和迎接这种挑战的过程之中，不断转型与繁荣发展，与社会一起变革，与时代一道前行。

1. 新时期（80 年代）：以政治浪潮为中心的演进

80 年代是以政治浪潮为中心的文学演进。这一时期包括 70 年代后期和 80 年代。这一时期文学的所有举措与行动，基本上是围绕着政治性的问题而展开。这种政治的浪潮最先表现为人们对“四人帮”及其极“左”路线对文艺领域的祸害与影响的清理与清算。有关文艺与政治的关系问题，有关文艺批评的标准问题，有关文艺的方向与方针问题，有关人性、人道主义问题等等，便是这种政治背景之下的理论批判与文艺清算的具体表现。与此同时，文艺界在“解放思想，实事求是”的精神推动下，又进而探求文学走出政治束缚之后的新的生长空间与更大发展前景，发生于 80 年代中期及其之后的“朦胧诗”争论、“寻根文学”争论，尤其是有关“文学主体性”问题的论争，使得文学进而拓展了观念，找到了新的立足点，文学理论批评界在松动自己的观念，刷新自己的视野的同时，也大力促动了文学创作走出现实主义一统天下的已有格局，文学创作上的“新诗潮”“问题报告文学”“寻根小说”“新潮小说”“新写实小说”的相继登台，使得文学创作由“一元”向“多元”大幅过渡，当代文学出现了前所未有的多样化状态。

80 年代的许多文艺问题的讨论与争论，直接或间接地也促动了当时的党中央在文艺政策上的一些重要调整，比如在 1979 年召开的全国第四次文代会，邓小平代表党中央讲话，就吸取了当时的文艺与政治关系大讨论的成果，代表党中央放宽了文艺政策。紧接着是 1980 年 7 月 26 日的《人民日报》社论《文艺为人民服务、为社会主义服务》，把过去文艺为政治服务的口号改为了“文艺为人民服务，为社会主义服务”。这个改动看来是“一为”改“二为”，但意义很大，这使得文学的方向正确了，路子更加放宽了。

80年代的文学成果相当丰繁，主要成就是报告文学和中篇小说。报告文学中最早的突破是徐迟的《哥德巴赫猜想》，后来又是社会问题报告文学，在当时都产生了很大的社会影响。当时有几个值得关注的作家群落，如“归来者”文学，知青文学，改革文学，等等。其中的代表作家王蒙、张贤亮、路遥、蒋子龙等，都写出了堪称经典的中篇小说，如《蝴蝶》《绿化树》《人生》《赤橙黄绿青蓝紫》等。

2. 90年代：以经济浪潮为中心的演进

90年代的文学，基本上面临的是经济浪潮的影响与冲击，经济与文学的扭结，构成了这一时期文学发展的主旋律。1993年邓小平“南方视察讲话”推动起来的经济改革热潮，以及随后的“市场经济体制”的提出与确立，使社会生活真正走向了以经济建设为中心，经济建设走向了以市场经济为重心，文学赖以生存的社会基础开始由“计划“转向了“市场”。

邓小平在1992年的南方视察讲话，人们一般只在引领改革开放的层面来看待其意义。其实，南方视察讲话对整个中国社会生活的改变，对文学与文艺的促动，也同样是巨大的。邓小平的南方视察讲话虽然多是片言只语，但有一些重要的提法是史无前例的。比如，邓小平讲到改革开放胆子要大一些，要敢于试验时说：姓“资”还是姓“社”的问题，判断的标准，应该主要看是否有利于发展社会主义社会的生产力，是否有利于增强社会主义国家的综合国力，是否有利于提高人民的生活水平。邓小平谈到计划与市场的关系问题时说：计划多一点还是市场多一点，不是社会主义与资本主义的本质区别。计划经济不等于社会主义，资本主义也有计划；市场经济不等于资本主义，社会主义也有市场。计划和市场都是经济手段。正是这个南方视察讲话，使得“市场经济”正式写入随后召开的党的十四大的政治报告，发展市场经济也将成为全党的使命与责任，整个国家开始往市场经济这个方向走。今天整个社会生活发展到现在这个样子，跟南方视察讲话的关系至为密切。

面对突如其来的经济大潮，文学工作者一时格外焦虑，发生于1994年间的关于“人文精神的大讨论”，实际上是知识分子、文人面临现状与危机的一次重新定位和自我救赎。在这个时期，文学创作一度也充满着迷茫，呈现出散淡、无序的状态。但这一时期的文学，也有两大收获，那就是个人化写作的应运而生，长篇小说的长足崛起。

长篇小说在90年代的崛起，有多种原因。其中作家自身积累丰沛，文化开放大开眼界，有东西可写是主要的内因，而市场经济的兴起及其介入文学出版，商业化的不断发展促动了长篇小说的出版，是主要的外因。还有就是茅盾文学奖的举办，也是一个重要的推动因素。

长篇小说兴起中的“陕军东征”现象。1992年前后，陕西五位作家不约而同地推出五部长篇小说，这就是陈忠实的《白鹿原》，贾平凹的《废都》，高建群的《最后一个匈奴》，程海的《热爱命运》，京夫的《八里情仇》，五部作品并不在一个水平线上，但因“陕军东征”这个概念的整体包装，五部作品都成了当时的畅销作品。现在回过头去看，能留的下来并堪称经典的，可能还是陈忠实的《白鹿原》。陈忠实的《白鹿原》，是多年来在生活与艺术两个方面深入积累的结果，作品大气而厚重，尤其是从人物形象到文化意蕴，都接地气，有元气，具有充足的现实主义品质。这个作品在当时也有一定的争议，在茅盾文学奖的评选中也形不成共识性意见，但因为时任评委会主任的著名文学评论家陈涌的鼎力支持，作品最终获奖。这个作品的获奖，既支持了陈忠实的个人写作，也肯定了文学创作中的突破倾向，具有深远的意义。陈忠实因舌癌在2016年去世，引起的社会反响之大，超出人们的想象。我曾为此写过一份内参，主要讲陈忠实写作给我们提供的重要经验，比如作家要写好精品力作，作品要让广大读者喜闻乐见等等。

个人化写作，主要是指以“70后”为代表的个人化叙事。这种写作一般不大关注社会、历史与时代，常常是写边缘化的人物，无所事事的状态，等等。这种写作乍一看来，都是无事生非，杯水风波，但细细去看，又会发现，他们对于这种小人物小情绪小烦恼的表现，确是我们的宏大叙事常常忽略的。他们的写作不能说是多余的，无益的，至少把我们对于人物的描写和对于生活的表现，进而拓展了，也丰富了。

3. 新世纪以来：以信息科技浪潮为中心的演进

文学走进“新世纪”已整整十七年，迎来另一个更大的浪潮和更强的一次冲击，这就是由传统媒体的转向与网络媒体的新兴联袂构成的信息化与媒体化大潮。与前两次有所不同的是，信息与媒体的浪潮依仗着高新的电子科技手段和全新的运作与传播方式，直接地介入到文学、文化的领域，对文学和文坛构成了强劲而持续的巨大冲击。

从显见的层面看，网络带给文学的，主要是依赖于网络平台的网络小说，博客写作，以及那些以网络文学为主业的众多的文学网站。实际上，网络带给文学的，既有新型的文学关系，又有新颖的文学观念，而它们在给整体文学添加新元素、增加新活力的同时，也带来了新的冲击，构成了新的挑战。比如，在网络介入文学之后，主导网络文学和影响整体文学的主要关系与基本力量，是网络科技、网络传媒、网络文化。由此，也带来了一系列新的元素，产生了一系列新的关系。其一，是文学与网络传媒的关系，或者说是文学与新型传媒及其传播方式的关系。其二，是文学与产业的关系，这种文学与经济的深度联姻，是网络带给文学的另一个重要的新型关系。网络自产生之时起，与商业和资本的关系就一直难解难分，而以网络为平台的网络文学，正是凭借着网络科技和资本投入这两个轮子，迅猛而强势地发展起来的。

经过多年的实验与实践，网络文学生产的一些基本方式与模式，已大致稳定下来，形成事实上的行规。在这种方式与模式的确立过程中，一些属于网络文学所特有的文学观念，也形成一定的范式，造成广泛的影响，从而给当代文学在带来新鲜的养分的同时，也带来了新异的冲击。比如，文学写作上的娱乐第一的原则，文学传播上读者至上的观念，文学经营上的利益为重的理念，等等。这些观念既在导引着网络文学的运行，又在影响着整体文学的发展，使文学从构成元素到内在动力，都更为多元和多样。

二、"三分天下"的新格局

与以前的文学时期相比，进入新世纪之后的文学，因为社会生活的疾速发展和文化环境的剧烈变异，遇到的问题和面临的挑战，日益由外部深入到内部，这使得文坛不能不相应地发生变化，而这种变化既是潜移默化的，又是极其巨大的。

我们过去的文坛，大致上是以专业作家为主体队伍，文学期刊为主要阵地，作协、文联为基本体制的一个总体格局。这样的一个当代文学的传统结构模式在进入新时期的80年代之后，就在种种革新与冲击之下，发生了一些显而易见的变异。如政治意识形态让位于文学本体理念，民间写作大量涌现，网络文学强势崛起等等。而90年代以来的以市场经济为中心的社会变革，广泛而深刻地影响着社会生活的方方面面，这使得文学赖以存身的经济基础、文化环境和传播手段等都发生了前所未有的剧烈变动。对应着经济基础、文化环境和传播手段的变化，市场化、大众化和传媒化联袂而来，并形成了一种基本定势。可以说在被动应变和主动求变的两种动因之下，文坛开始发生结构性的变化。比如，几十年来基本上以文学期刊为主导的严肃文学，已逐渐分泌和分离出以商业出版为依托的大众文学，以网络媒介为平台的新媒体文学（或网络文学）。

1. 以文学期刊为阵地的传统性文学（或严肃文学）

严肃文学或主流文坛，在过去，基本上就等于整个的文坛。由作协、文联系统举办的各类文学期刊，是文学作者学习写作和发表成果的基本阵地，也是文学读者阅读作品和瞭望文坛的唯一窗口。现在则不然，一些作者可经由出版社运作直接出书，或在文学网站自由发表作品；文学的进路与出路都较过去更多了。但文学期刊仍然以严肃文学的坚守，高质量作家作品的推出，成为整体文坛的重要构成和重心所在。

分化之后，这一板块其实更显重要，成为文学标高的代表。其他板块，体现的主要是文学的广度与泛度，这一板块因为囊括了中国当代最为重要的作家，则主要体现了文学的高度。

2. 以商业手段为依托的市场化文学（大众文学）

大众文学是在文学图书的市场化出版与商业性营销的过程中逐渐浮出水面的。进入90年代以来，因为出版行业的逐渐市场化，尤其是民间力量介入出版后进而强化了市场运作与媒体炒作，文学出版开始由过去的以作者为主转向以读者为主，一些文学名家的力作经由“炒作”，大幅度地提高了印数，一些无名作者的作品也可经由精心包装，走进图书市场甚至成为畅销作品，文学出版由此进入了市场化的新阶段。

流行作品实际上已经与严肃文学作品分离开来，形成了从创作到传播的一个链条，从而使得长篇小说出版领域，逐步形成了以“圈子里”叫好的严肃作品和“场子里”叫座的流行作品各行其道的基本趋向。

3. 以网络传媒为平台的新媒体文学（网络小说等）

新媒体文学的主要构成是网络小说，尤其是类型小说。按照大的走向，类型小说可分为写实与虚构两大板块。写实板块里，有官场、职场、婚恋、校园，历史、军事、特战、谍战等，虚构板块里，则有武侠、仙侠、穿越、架空、灵异、修真、惊悚、耽美等。类型小说不仅在青少年读者中广受欢迎，而且成为影视、游戏、动漫等形式改编衍生产品的主要来源。除此之外，博客写作、手机文学也在蓄势待发。

在这样的一个三足鼎立的文学新格局的背后，是文学的环境与氛围的变异，是文学的生产与传播的转型。新世纪文学显然在不断的延展与陡然的放大之中，已非单一、单纯的文学领域里的自给自足的现象，它必然又自然地连缀着社会风云、经济风潮与文化时尚，正成长或变异为一种混合形态的新型文学。

我以为，文学的这种前所少有的新变，文坛这种与前不同的态势，也如同社会经济生活出现了不同以往的新状态一样，文学也进入了一种有别于以前时期的新形态与新生态。这种新形态与新生态的主要特征是：当下的文学进入了一个凝聚着新力量，混合着新关系，含带着新元素的文坛新阶段。

概要地说，这种文学新形态、新生态，主要表现在以下四个方面：

第一，在文学生产上，日益呈现出多机制与多成分的混合性、混血性。创作的组织，写作的主导，作品的运作，由传统的作协体制、期刊和出版社机制，变成事业与企业、国企与民营、纸媒与网络等多种力量共同参与、多个链条齐头并举的多元状态。

第二，介入文学的元素增多了，影响文学的关系复杂了。过去影响文学的，主要是社会文化氛围，现实政治环境，现在不断加入进来的，既有市场与资本，又有传媒与信息，还有网络与科技，这些元素的介入与强化，使得文学的场域格外混杂，文学的关系更为复杂，影响文学的元素与因素、动能与动力，也更加的多维与多向。

第三，在作家群体与作品构成上，因为新代际的崛起，类型化的分蘖，成分更为丰富，样态更为繁杂。严肃与通俗，传统与类型，纸质与电子，线上与线下，各自为战，又相互渗透，总体形态更为丰繁多样。

第四，文学的传播、阅读与接受，因文学读者的年轻化，审美趣味的分化，娱乐需求的强化，在文学类型多样化的同时，文学的阅读也走向分层与分众，多面与多边。经典阅读与轻松阅读，纸质阅读与电子阅读，静态阅读与移动阅读，将在分化中并立，在共存中互动，并带来趣味上的抵牾与观念上的冲撞。

三、文坛面临的新挑战

新的演变带来新的格局、新的形态，也构成了新的问题、新的挑战。这些问题以新旧杂陈的方式交织在一起，总体上又呈现出丰繁多样的状态，令人目迷五色，难以分辨；而即便是理清了眉目，找到了症结，又因其盘根错节，犬牙相制，在如何处理和应对上又构成极大的挑战。

这些构成冲击与挑战的问题与难点，可从以下四个方面来看：

一是写作的分化。

文学写作日趋分化，已是不争的事实。这种分化从大的方面看，有靠近严肃文学的，有偏于通俗文学的。深入底里去看，严肃文学中又有为人生的，为人民的，为个人的，还有为艺术的，为评奖的；为评奖的写作中，还分别有为“茅奖”的，为“诺奖”的。而以网络文学为主的通俗文学写作中，有为兴趣的，为娱乐的，为出名的，为挣钱的，五花八门，不一而足。作为一种个人化的精神劳作，文学写作的各种追求，似乎都无可厚非，但实际上却是大可予以追问的。如果写作只是个人宣泄，只是文字游戏，没有更高的目标，缺少艺术的品质，不考虑读者的观感和社会的效益，这样的疏离世道人心的作品，很可能是既给读者添堵，又给社会添乱。文学与艺术创作中所以经常会出现一些庸俗现象与低俗乱象，盖因一些写作者秉持的理念只有基本的下线，不求较高的上线。

文学写作作为一种精神劳动，文学作品作为一种艺术成果，怎样在追求个人性中兼顾公众性，在信守自主性中兼顾社会性，在适从市场性中兼顾艺术性，在图求艺术性中兼顾思想性，需要写作者不断检省自己和校正路向，也需要文学从业者和关系人理清自己的思想观念，树立正确的判断尺度与健康的欣赏趣味，努力造成不失正鹄的审美风尚和光风霁月的文化环境。

二是传播的变化。

文学传播较之过去，既在纸质化的方式上新增了电子化的传播方式，同时也借用和借重其他方式，使文学传播进而趋于多样化了。

电子与网络的介入文学传播，一开始只是网络文学作品，现在则不限于此。纸质作品的电子化，网络作品的纸质化，这种双向转换已是出版领域的常态化方式，这使传统形态的主要以纸质形式传播的文学作品，越来越多地走向了电子化。现在不仅图书电子化了，而且期刊、报纸也电子化了。这种电子化延伸到手机之后，手机也变成了移动化的阅读工具，使得阅读在时间与空间上，得到了前所未有的扩伸与延展。

传播的变化带来的，不只是在纸质形式之外又有了电子形式，它还打破了传统阅读的静态方式，超越了纸质作品的背靠背的阅读方式。它的动态型阅读，尤其是跟着作者更帖阅读的方式，使电子形式的传播充满了一种读写之间的密切互动，作者留意读者的跟帖，读者介入作者的更帖，这使传统的作者与读者的关系，变为了偶像与粉丝的特殊关系。这种读写互动的共同体，也构成了网络文学不同于传统文学的最大特征。

文学传播中的另一个新的现象，是影视改编作品对于小说原作的大众化推广。由小说改编为影视作品，这在过去多见于传统型的纸质作品，但现在则成为网络小说走向读者大众的一个重要方式，许多传布于网络之际的类型小说，通常先改编成影视作品，经由高水平的技术制作与艺术演绎赚取较高的收视率之后，再予出版纸质作品，进而占领出版市场，赢得更多读者。前几年的《后宫甄嬛传》《步步惊心》，近期的《琅琊榜》《花千骨》等，都是极为成功的典型例证。这种运作方式的迭获成功，已使网络小说作者把改编影视作品看成最为重要的传播方式，而网络小说也由此成为影视作品改编的主要来源。

三是阅读的俗化。

现在的阅读越来越趋于通俗，乃至低俗，是显而易见的。阅读的这种下滑性变化，有两个方面的主导因素与具体表现。

一个方面是娱乐性的欲求逐步凸显，消遣性的需求不断增强。这些年，随着娱乐化的文化潮流渐成风尚，消遣性的文化消费大力增长，文学作品尤其是流传于网络的类型小说开始注重娱乐性元素和游戏性功能，使得注重消遣与娱乐的文学阅读与文化消费，有了可供选择的丰富对象，供与需的两个方面形成互动关系，构成了一定的利益链条。这些年来，在文学图书的出版销售中，越来越呈现出两种不同的取向，一种是“圈子”里叫好的，一种是“场子”里叫座的，“圈子”里叫好的“场子”里不叫座，“场子”里叫座的“圈子”里不叫好。而那些“场子”里叫座的，要么是官场小说、职场小说，要么是玄幻小说、穿越小说，或者是已改编成影视作品的小说原作。总之，一定是故事好看的，意趣好玩的，读来轻松的。

另一方面是随着网络科技蓬勃兴起的电子阅读。电子形式的阅读，带有轻阅读、快阅读、碎片阅读、图像阅读等诸多特征。这种阅读近似于浏览，主要以获取显见的信息与浅层的愉悦为主，与旨在精神陶冶和艺术审美的深度阅读相去甚远，但已成为青少年文学阅读的重要方式。2013 年间，广西师大出版社做了一个“死活读不下去的书”的网络调查，数千名网友参与投票，把诸如《红楼梦》《百年孤独》等已有定评的中外文学名著一概投了进去，而且还位列前茅。这里蕴含的问题，既有现在的一些文学读者在观念上疏远经典的问题，也有一些青年读者用电子阅读的方式对待经典的阅读错位问题。还有一个实例是，2015 年上半年，在北京大学图书馆、山东大学图书馆所作的学生借阅文学图书排行榜上，两所大学都是《盗墓笔记》排第一。即便《盗墓笔记》属于网络小说中的力作，但仍属于通俗性的类型文学，那么多的名校大学生竞相阅读，不免令人为之惊愕。现在的大学生，应属“90后”一代中的精英，而他们在文学阅读上的取向与口味，无疑偏向了通俗。精英阅读尚且如此，其他人的阅读可想而知，这确实让人很不乐观。

四是批评的弱化。

当下的文学批评，无论是与批评的过去时期相比，还是与创作的现状相比，都明显地趋于弱化了。这既跟文学批评的自身更新求变不够，未能与时俱进有关，更跟文学创作的发展日益泛化，新的文艺形态层出不穷有关。可以说，现在的情形大致是，相对滞后的批评，面对不断更新的创作；相对萎缩的批评，面对一个不断放大的文坛。

批评的问题，涉及理论的充实、方法的更新、视野的拓展、队伍的建设、力量的整合、新人的培育等诸多方面的问题。这些问题的切实解决，既要靠批评本身去努力奋斗、不断调整，也要靠整体的文学领域协调动作，通力协作，尤其是有关文学、文化领导部门的高度重视与认真对待。

就批评本身而言，如何在共识减少的情况下重建基本共识，在多元多样的状态下彰显核心价值，在文学的认知与批评的尺度上求同存异，形成合力，已是一个迫切需要解决的问题。现在的文学批评，如同现在的学术研讨，常常是言说者自说自话，与会者各说各的，看似一样的提法但各有各的说法，似乎同样的概念却有各自不同的内涵，这种情形就导致了共识越来越少，歧见越来越多，宽容越来越少，抵牾越来越多。

更为严峻的问题，可能还是对于以网络小说为龙头的新媒体文学，现有的文学批评，介入的力量既很显薄弱，又很不内在，基本上难以起到以有力的批评影响创作、生产和传播的实有功效。这既跟现在的批评队伍年龄结构偏大、知识构成偏老有关，又跟具有新的理论知识和文化视野的新型人才相对缺乏，理论与批评的后备力量都明显不足有关。而这样一些涉及全局和代际的问题，显然是批评自身所难以解决的，需要有关领导部门进行全面布局和总体部署。这个问题已经迫在眉睫，而它的解决，既关乎文学批评的重振雄风，也关乎整体文学的协调发展。

四、因应挑战的几点建言

当代文学40年的发展与演变，人们更多地看到的是传统文学领域里的种种异动与变化，比如文学写法的走向多样化，文学观念的日益多元化，新的文学代际的前赴后继，等等。这些变化是显见的，也是确实的，但只看到这些变化是远远不够的，在这些变化的背后，还有以网络文学为标志的新媒体文学的兴盛，以"80后""90后"为代表的新的文艺群体的崛起，以年轻一代为主体的新的文学受众的激增，以及他们在形成新的文学形态、构造新的文艺类型、释放新的文学观念的同时，对整体文学构成的强劲而持续的冲击，对社会文化生活造成的广泛而巨大的影响。

因此，观察和研讨文学和文坛的变化，要超出局部看整体，越过文学看文化，要从文学活动与文化生活的联系上，从文化生活与社会生活的互动上，来看取演进，察观动向，把握倾向，理出问题。从这种更广的视野和更大的角度来看，当下文学与文坛在基本走势与重要思潮上，主要在三个方面表现出关系的纠结与状态的逡巡。这些倾向性问题的探讨与解决，不仅极为迫切，而且至为重要。

一是走势问题。

文学的态势与走势，受制于各种因素的主导和各种力量的推导。在文学场域，尤其是创作领域，创作主体的追求至关重要，但不同的创作主体有着不同的追求，创作主体自身也受到社会生活与文化环境的影响，再加上生产传播过程中市场因素、传媒因素的强力介入与借题发挥，创作的走向，文学的态势，常常在各种力量的纠合与对冲中，呈现出丰繁而又混沌的景象，甚至偏离原本的目标，出现各种各样的倾斜。

由严肃文学、大众文学和网络文学的不同板块构成的当代文学，从写作的趋向、作品的状况来看，一直存在着一个不断增长体量，总是不讲质量，不断扩张广度，总是缺少高度的严重问题。习近平总书记在文艺座谈会上的讲话中就曾一针见血地指出："有数量缺质量，有'高原'缺'高峰'。"这样的问题不仅存在于整体的文学领域，也同样存在于严肃文学领域。以长篇小说为例。现在每年出版的长篇小说约在 5000 部以上，但在每年的各种长篇小说评选与排行中，经常列入备选名单，为大家所关注的作品不过 50 部左右，绝大部分作品很少有人提及。数量与质量的不成比例，是十分惊人的。

在文学板块分化之后，人们更对严肃文学的作品创作寄予了上高度、攀高峰的厚望，但事实上，严肃文学的创作也常常不能令人满意。在一些重要的文学奖项的评选中，进入最后角逐的作品大都出自文学名家之手，但无论是从思想性上去打量，还是从艺术性上去衡量，都各有缺失与遗憾，以至于最终获奖的作品都较为勉强，这也使一些重要的文艺奖项减敛了原有的分量。

至于市场化的大众文学，网络上的类型小说，就主要以故事性的写作、通俗化的情趣，来满足各类读者的一般性消费需求，这些作品在文学生活中也有其满足某些读者的消遣与娱乐等需求的效用，但在文学的总体构成上，基本上起的是扩增文学影响的广度，延伸文学阅读的泛度的作用。

究其原因，造成如许问题的，表象上看是浮躁情绪的不断漫泛，许多人身陷其中难以自拔；而更为深层次的问题，则是从写作者到传播者，乃至阅读者，普遍地缺乏“精品”意识，缺少“经典”运作。因此，需要力戒浮躁，远离喧嚣，特别需要“在市场经济大潮面前耐得住寂寞、稳得住心神，不为一时之利而动摇、不为一时之誉而急躁，不当市场的奴隶，敢于向炫富竞奢的浮夸说‘不’，向低俗媚俗的炒作说‘不’，向见利忘义的陋行说‘不’。”只有这样，才能耐下性子，静下心来，去努力创造“那些叫得响、传得开、留得住的文艺精品”。

二是观念问题。

文艺文化现状既缭乱又繁荣的背后，是不同追求的相互交错，不同观念的交相汇流。而这样一些追求与观念，因为市场化、媒体化的共同作用和暗中诱导，由向某些方面的不断倾斜，已经出现了观念上的混乱与生态上的失衡。比如，文艺创作中出于提高“曝光率”，刷新“存在感”的动机，以粗枝大叶的写作频频亮相，只求作品数量，不讲作品质量的比比皆是；在文学图书出版中社会效益与经济效益的关系失衡，不少出版单位片面追求作品销售量、市场占有率，而使某些题材的作品过于集中，少数名家无形中垄断图书市场和客观上霸占出版资源。还有一些图书运作为了抬高定价，谋求暴利，舍本求末，粗粮精作，以奢华的外在包装掩盖空虚的内容，等等。还有网络文学写作中某些类型如玄幻、神幻、魔幻作品的泛滥，博客写作中为吸引受众的有意媚俗、媚恶，等等。另外，影视领域也问题成堆，名著重拍成风，“恶搞”流行，游戏“红色经典”，把拍“大片”完全等同于赚大钱，等等。总之，只求名利，急功近利，成了文艺领域里流行的通病与难治的痼疾。

我们应当承认那种立足于某些“欲望”“利益”的市场原则、媒体规则的一定合理性、有效性，但只有这样只要赚钱的市场观，“娱乐至死”的文化观，显然远远不够和很不全面。我们还应该有更高的欲望与愿望诉求，那就是着眼于长远、对接着理想的价值观念，用一种更能体现人们的根本需求的价值观来制衡文化市场和引领大众媒体。

习近平总书记在文艺座谈会上的讲话中，讲到文艺工作者举什么旗，担什么责时，曾明确指出：“把社会主义核心价值观生动活泼、活灵活现地体现在文艺创作之中，用栩栩如生的作品形象告诉人们什么是应该肯定和赞扬的，什么是必须反对和否定的，做到春风化雨、润物无声。”这样一个基本又重要的任务与职责，在我们的文艺创作中，文艺批评中，文艺生活中，并没有得到很好的落实与应有的体现。怎样把核心价值观转化为文艺创作的思想主导与艺术罗盘，仍是摆在文艺家和文艺界面前需要认真解决的重要任务和全新课题。

三是趣味问题。

趣味是文艺作品的重要特性，也是文艺欣赏的重要元素。文艺作品的趣味，包含了志趣、意趣与情趣等，这是文艺作品使人感到有意思和被引动的内在魅力。而因为不同的文学写作者与文学接受者有着不尽相同的艺术趣味，文艺从创作到欣赏，都因不同的趣味形成了一定的差异和彼此的分野。

总体来看，严肃文学的创作与阅读，在趣味上更加凸显审美的高雅需求，而大众文学和类型小说的创作与阅读，则在趣味上更加偏向娱乐的通俗需求。而正是以娱乐为主的通俗化需求又有不同的取向，网络小说又从主题和题材上分蘖出许多不同的类型，使不同的类型小说的写作与阅读，形成了相对稳定的相似趣味的利益共同体。

把网络小说、影视文学都包括进来看，当下的文艺场域在趣味走向上，有不少现象令人忧虑，内含的问题值得人们切实加以关注，这就是以青少年群体为主体的文艺欣赏与消费群体，在艺术趣味上以游戏性为主的倾向日益彰显，甚至成为主导文艺消费的流行文化思潮。

文艺有娱乐功能、游戏因素，这是不言而喻的。但现在由青少年一代主导的流行文艺，无疑把这样的功能和因素无限放大了，乃至形成了一股娱乐至上、游戏唯大的时尚性的潮流，这显然是一种偏向。

有人把当下文艺领域的娱乐化倾向，看作是我们过去对文艺的娱乐性功用忽视与抑压的一种反拨，可能有这方面的原因，但并非是主要的原因。文艺不能被禁锢，文艺也不能被游戏，这样的两个极端都不可取。实际上，娱乐化思潮的兴起与漫泛是世界性的现象。美国著名文化学者尼尔·波兹曼在1985年出版的《娱乐至死》一书，就以美国社会为例，由公众话语的日趋娱乐化，揭示了媚俗趣味对于社会文化的绑架与戕害。可惜的是，美国社会文化的如许前辙，我们在进入新世纪之后完全复蹈了。文娱传媒热衷于各种“八卦”，电视节目沉溺于一味找乐，似乎娱乐成了当今社会悠悠万事唯此为大的事情。

在娱乐化思潮日益主宰文化生活的同时，以网络小说为主体的类型文学，也由自娱自乐起步，进而使娱乐化思潮更加强化。网络文学在写手的成长和后来的作品构成中，越来越具有了接地性与丰富性，但“游戏”始终是其基本的精神要素，却是毋庸置疑的。

更为令人忧虑的，是大量的青少年文学爱好者、文艺观赏者，在文艺欣赏上对于娱乐趣味的乐此不疲和顽固追求。已经有人指出过，这种“二次元审美”现象与他们在文艺启蒙时期深受日本动漫作品影响有关。在动漫作品特有趣味的长期浸染下，青少年越来越喜欢漫画与动画所构造的超验世界，这使他们常常沉浸在带有游戏感和青春乌托邦色彩的作品里难以自拔，这看起来是热衷于文艺性游戏，实际上是对于现实的消极逃避。而正是这种超现实的文艺趣味，在青少年中成为时尚和潮流，又使得网络文学中的神幻类型，影视作品中的神怪题材，纷至沓来，络绎不绝，并成为时兴的文艺现象，日益流行的文化潮流。

从广大文化受众的角度和广义文化生活的视域来看，这对当下的社会文化是一种既具丰富性，又带鲜活性的补充与拓展，但这种文化思潮在其基本取向上，不仅与传统文学相分离，而且与经典文学相游离，对既有的文学传统和现有的文学秩序，乃至基本的文学观念，都造成了有力的遮蔽，形成了内在的抵牾，构成了一定的消解。它们所带来的，至少是利弊兼有的双重影响，甚至以一味“向下”的趋势与我们所提倡的向上的文化构成了某种抵牾。问题还在于，这种社会思潮依托于文艺，借助于大众，适应了某种需要，满足着某些欲求，无论是分辨起来，还是应对起来，都格外不易，甚至极为困难。怎样认识这些问题，如何应对这些挑战，确实需要下新功夫，花大力气。

总之，文学的新演变带来了新形态，注入了新活力，也造成了新问题，构成了新挑战。而这样一种文学创作与文学批评新现实，无论是从文学研究上看，还是从文学管理上看，都大大超出了人们已有的文学经验，需要我们在深入调研，充分了解和准确把握的基础之上，破解新的难题，探索新的方法，开展新的实践，总结新的经验。这是新的文艺现实提出的新的要求，也是时代赋予我们的新的任务。

（本文根据白烨2018年1月27日在中央和国家机关“强素质·作表率”读书活动2018年第1期主题讲坛上的讲座内容整理）

文明的多样性和世界未来的发展

主讲人：钱乘旦

文明的多样性已经受到越来越多的关注，从中央领导到社会各界都对文明多样性这个问题有了越来越深入的认识。在我们的世界中，各种各样的文明有着什么样的关系？不同的文明在世界历史进程中有着怎样的发展趋势和走向？对于这些问题，我们确实需要做一个比较清晰的梳理。

一、古代文明的多样性

人类远古文明都出现在水边，首先是因为人的生存离不开水，而更重要的原因是河，尤其是大河，为远古人类的彼此交往和沟通提供了最方便的途径。

我的基本观点是，人类的文明是在相互的交流、碰撞、冲突中产生的。我们设想，如果在一个非常封闭、狭小的地理范围内生存着一些人，这些人数量很少，他们的活动范围也不大，在这样的环境中要产生文明、发展文明是非常困难的。相反，如果在地域广阔、交通便利的环境中生存着各种各样的人，他们能够相互沟通和经常交往，这样就会造成各种各样的压力，形成各种各样的思想冲撞，引起各种各样的新思维，带来各种各样的技术和生产手段，如此，能够不断发展的文明也就产生了。

我们知道远古时期的交通非常不便，尤其是陆上交通更加艰难。人们一天能够走百十里路就很了不起，即使是骑马也去不了多远。而水，尤其是大江大河就给生存于不同地区的人群带来了交通上的便利，这就使他们相互交流更加容易了。所以水对人类文明的形成和发展至关重要，这也就解释了为什么人类最古老的文明都出现在水边。

1. 两河与埃及

人们普遍认为，世界最早的文明产生于两河流域的美索不达米亚平原，就是今天战乱最严重的地区——伊拉克和叙利亚。再往后就是埃及的尼罗河流域文明，接下来是印度河流域文明，以及长江、黄河流域文明。所以我们说那些远古文明都是大河文明。

我们先看看人类远古文明刚出现时的状态。最远古的文明出现在两河流域，这个地区相对干旱，但文字、宗教、天文知识、社会分化现象都是在这里最早出现的。就国家这样一种社会结构而言，也是最早出现在这个地区的。在两河的远古文明时代，存在过一些大名鼎鼎的国家，比如阿卡德帝国、古巴比伦王国、亚述帝国、新巴比伦王国。但是这个地区的文明自古以来就有一个非常显著的特点——混乱，而且这种混乱一直持续到今天。为什么会出现这样的情况？我们看一下两河流域的地理位置，它位于欧亚非交界，在它的西边是地中海，在它的东边是波斯湾，在它的南边是红海，因此这个地方交通十分便利，有水、还有十字交通的存在，这就印证了我所说的远古文明来源于不同地区人们的交往，大量的人群在这里进进出出、来来往往，每次进出、每次来往都会带来社会变动，从而造成动荡的局面，这是一个非常有趣的现象。

尼罗河文明位于今天埃及境内的尼罗河流域，出现在距今 5000 年前。这个地方的文明有着长期稳定的特点，与两河流域文明的混乱形成了鲜明的对比。在公元前 3000 年左右，上下尼罗河地区就已经完成统一，法老作为神和太阳的子孙牢固地统治着古代埃及，这种神权性质的政治形态在古代埃及延续了很长的时间。后来希腊人、罗马人入侵并统治了古代埃及，加上之后伊斯兰教的传入，埃及的远古文明最终还是消亡了。如今人们能够看到的古代埃及文明就只有金字塔和一些文字符号。

2. 印度与波斯

首先我强调一下，我们说的古代印度文明其实并不在今天的印度，因为印度河在巴基斯坦境内。远古的印度文明产生时间也是相当早的，大约距今 4200 年到 4500 年左右，不过印度河流域的远古文明后来也消失了，那是因为雅利安人的入侵。雅利安人来到印度河流域，带来了一个非常重要的制度——种姓制，种姓制后来就成了南亚次大陆文明形态的一个非常显著的特征。种姓制，或者类似于种姓制这样一种社会形态其实在世界其他地方也曾经出现过，但是最典型的种姓制一直存在于南亚次大陆。在这样一种社会结构下，我们看到的情况是在印度漫长的历史中，绝大多数时间都是小国林立、王政盛行，这就有点儿像我们春秋战国那个时期。在印度历史上当然也有过强大王朝统治的时代，但都非常短暂，一两百年这个王朝就会瓦解。

小国林立就会造成战争频发，但政治层面的战争却没有影响到印度社会结构的高度稳定、高度固化，这是因为种姓制的存在。种姓制是和人们的职业、婚姻、居住、社会分工紧密联系在一起的。比如1000年前的一个村庄是什么情况，1000年后这个村庄还是这样，做某种工作的、干某个行当的还是这家人，这就是种姓制带来的结果。现在的印度依然存在着种姓制，虽然被官方完全否定，但它依旧发挥着作用。

波斯就是今天的伊朗，也是古代文明的诞生地之一。波斯文明有一个非常重要的特点，就是形成了世界上最早的中央集权的帝国统治形态。这种统治形态在世界范围内产生了十分巨大的影响。比如希腊人征服波斯后，就延用和发展了它的帝国统治形态。还有后来的罗马帝国，其帝国形态和古代波斯也是相当接近的。世界上其他一些帝国也多多少少受到了古代波斯文明的影响。

3. 希腊与罗马

接下来，我们谈一谈古代西方文明——古代的希腊和罗马文明。古代的西方文明最早出现在海边，这种以海为依托的文明体现出了所在地区的人口流动性更大的特点。希腊是一个多山的地区，不适合农业的发展，当人口压力太大时，就会有一部分人迁徙到其他地方，这就形成了所谓的殖民。而殖民的城邦就和希腊当地的城邦形成了一种海洋的商业关系，这是远古希腊文明的一个特点。还有另外一个特点，就是古代希腊是以城邦为基本政治单位的。城邦是什么呢？就是以一个城市为中心，加上周边的农村地区形成的政治体。古代希腊大概有两百个城邦，其中人口最多的就是雅典，它的人口大概有40万人，土地面积也就4000多平方公里，其他的城邦就更小了。这个地方的特点就是无法形成一股强大的力量，城邦之间总是相互对抗。古代希腊在政治结构方面始终没有出现一个统一的政权。

希腊文明还有一个特点，就是以雅典城邦为代表的古代城邦公民民主制。古代希腊每一个城邦的政治制度都是不一样的，当然有一些基本结构是相同的。雅典城邦的公民民主制其实也只出现在伯里克利时代，只有 80 年。伯里克利是古代希腊最著名的政治家、军事家，他长期在雅典执政，领导雅典城邦进行了伯罗奔尼撒战争。

有人说罗马是古希腊直接的继承人，其实不是。罗马起初只是一个城邦，后来经过几百年不断的军事扩张，统一了意大利，后来又占领了整个地中海盆地，最后形成了一个庞大的帝国。这是古代希腊做不到的，它就没有真正统一过。

在罗马的历史上，出现过各种各样的政治形态，比如王政、寡头政治、军人统治、帝国形态、共和国形态等等，唯独没有出现民主制。原因很简单，古代希腊的城邦公民民主制在小国寡民状态下才可能出现，而罗马通过军事征服，国家不断扩大，人口不断增多，就无法实现像雅典城邦这样的公民民主制了。

我们再回到希腊的城邦公民民主制。雅典的公民民主制非常典型，但它只存在了 80 年，就由于一场战争消失了，这场战争叫伯罗奔尼撒战争。在伯罗奔尼撒战争期间，雅典的领袖伯里克利发表了一次演讲，这次演讲被看作是古代民主制度和民主理念的宣言书。在演讲中伯里克利说，我们的战争是正义的，因为我们的制度是民主的；我们的敌人是非正义的，因为他们是专制的；正义的战争一定会战胜非正义的战争。这次演讲使得伯里克利成了古代城邦民主制的旗手。可是雅典在这场战争中失败了，结果雅典的制度也就瓦解了。

战争结束后修昔底德写了一本书，就叫《伯罗奔尼撒战争史》，他把整个战争的过程详尽地写了下来。他写这本书的目的就是要去探讨雅典为什么会失败。他得出的结论是雅典的城邦公民民主制有问题。后来亚里士多德也认为这个制度有问题，他将当时已有的政治制度划分为三种类型，即一个人的统治、少数人的统治、多数人的统治，亚里士多德认为这三种类型各有利弊，都不完美，最理想的应该是混合制度。亚里士多德的这种看法在西方的政治文化中产生了巨大的、深远的影响。

西罗马帝国解体之后，西欧进入了封建时代。这个时代的特点是以土地分封为基础，形成了领地、庄园、贵族层层的结构分封制度，但这种土地分封制度的基本状态与中国古代的分封制度是有根本区别的。

进入中世纪，西方古代文明就基本消失了。

4. 古代中国

中华文明是唯一没有中断而延续至今的古老文明。大约 5000 年前在这片广袤的土地上就已经形成了很多酋邦，这些酋邦互相接触、互相沟通，然后逐步融合，慢慢朝着统一国家的方向发展。4000 多年前的夏就已经是地域广阔的国家了。人们将 3500 年以前的商称为帝国，因为它拥有统一的中央权力，而确凿的文字记录也印证了这个朝代的真实存在。

当欧洲进入荷马时代时，中国的周王朝建立了。周天子用分封制度规范了土地的分配形式和社会的等级秩序，解决了在广大地域内进行统治的形式问题。但这种制度越到后来，所导致的问题也就越严重，最后造成了社会的严重分裂和动荡。到了东周、春秋战国时期，社会就完全分裂了。而长期的动荡不安给社会造成了巨大的伤害。所以《孟子·尽心下》中有一句话叫"春秋无义战"，意思是诸侯们为了私利发动的战争都是非正义的。

到了公元前 3 世纪，秦始皇统一了六国，建立了中国历史上第一个大一统王朝，这种统一的国家形态和社会形态就保证了中华文明的延绵不断、生生不息。在所有的早期文明中，中华文明不是最早出现的，但一直延续到了今天，从来没有中断过，这是其他古代文明都没有做到的。所以说国家长期的和平、安定是中华文明延续至今的重要因素。在中国历史上“统”的时间远远长于“分”的时间，这是中华文明最大的特点，也是我们最珍贵的遗产。

还有一个重要因素，就是中华文明有强大的思想黏合剂——孔子学说。孔子生活在一个社会高度分裂、战乱不断的时代，人们在长期战乱中经受了很多苦难。孔子在行走八方、周游诸国时看到了这些苦难，所以他希望结束社会的动荡，回归秩序。因此他设计了一套关于秩序的学说，把天（自然）、人、鬼、神等所有的东西放在一个统一的框架之中，这就叫作“天人合一”。这是一个无比庞大的框架，而他做这个框架的目的非常明确，就是制定一个秩序。孔子学说的本质是提倡和平、反对战争，倡导社会公德、反对追逐私利。孔子的出发点就是把混乱的社会重新安置在一个拥有共同秩序的大框架内，而这个大框架就是中华文明的思想黏合剂，也是中华民族基本的精神架构。所以我有一个基本的看法，就是文明需要有载体，一个是有形的载体，就是国家；另一个是无形的载体，就是精神方面的意识形态。

二、现代文明的多样性

西欧从古代希腊开始就没有出现一种统一的意识形态，直到罗马帝国晚期才出现了基督教，但是当基督教真的成了被普遍接受的一种意识形态的时候，罗马帝国却崩溃了，西欧进入到了封建时代。封建时代的特点之一就是国家和教会的分离，在座的各位可能听到过一个说法，就是在中世纪的欧洲，恺撒和上帝各管一摊。什么意思？就是国王管国王的事，教会管教会的事。

在中世纪1000多年中，国家和教会之间的关系非常微妙，并没有很好地结合起来。再加上欧洲在中世纪以土地分封为基础的封建分裂状态，就使西欧的社会在这1000多年中处在一个高度分裂的状态，而这种高度分裂的状态与中国在周王朝末期的情况很相似。我刚才说过，周王朝的土地分封制度造成了中国历史上的长期战乱；同样的，西欧在中古时期的土地分封制度，造成了当时西欧的长期战乱。

我们退回到公元前后那段时期，大约从公元前3世纪到公元后3世纪，当时在西方有一个强大的国家，就是罗马；在东方有一个强大的国家，就是汉帝国。到了公元4世纪，罗马帝国解体，汉帝国也解体了，整个世界一片混乱。但是再往下走，东边的混乱慢慢结束了，随之而起的是中华文明的另外一个高峰——盛唐。大唐是当时世界上辉煌无比的帝国，几乎就是世界第一。接下来宋元明清一路走下来，没有出现很大的问题。

而罗马帝国解体以后，欧洲就一落千丈。直到公元1500年左右，西方才重新缓过这口气来，我们叫作西方的崛起。从公元5世纪一直到公元15世纪这1000年间，世界最落后的地区就是我们今天把它叫作西方的那个地方，就是西欧。原因是什么？是因为它没有辉煌的古代文明吗？不是，它有。是因为西方人突然之间变笨了吗？不是，那里的人没有变笨。原因就在于那里的社会结构出问题了，就是由分封制度造成的社会的彻底分裂。因为土地分封是层层地分封，而且跟着土地分封一起纳入分封体系的，还有政治权力的分封。什么意思呢？就是当一块土地落到某一个封建领主手里时，这块土地上的政治权力，包括立法权力、司法权力、军事权力、行政权力、铸造货币的权力等等，只要能够想到的权力全部跟着土地一起落到这个领主手里，而且土地是可以一层一层往下分封的，这和古代中国的分封制完全不是一回事。所以当国王把大片的土地分给了几个大贵族以后，自己手中剩下的权力就已经很小了，国王只能管理自己留下来的这块地。所以虽然他名义上是国王，但是其他地方他都管不了。而大贵族拿到这些土地之后继续往下分封，然后这些土地和权力就到了一批小一点儿的贵族手里，然后这批小一点儿的贵族再把土地继续分封，土地和权力就又到了更小的贵族手里，如此一来整个社会就解体了。

如果西方想要重新崛起，就必须结束社会分裂的状态，必须做到把国家这个有形的载体与意识形态这个无形的载体有机地结合起来，这样才能统合出一个整体的社会。这个问题从公元 1500 年左右开始解决了。那么到底发生了什么事情呢？比如文艺复兴，比如大航海运动，比如宗教改革，比如启蒙运动等等，这就使得西方开始摆脱中世纪那种落后的状态了。而在这个过程当中，特别值得提出来的，就是我们称为“现代民族国家”的国家形态的出现。

所谓现代民族国家是以一个民族共同体来作为这个新的国家形态的基础，以对这个民族共同体的认同来作为共同思想的基础。这种新的国家形态使得西方能够迅速崛起。在崛起的过程中，我特别要提到一个现象，就是这些崛起的西方国家都经历过一个制度，这是一个听起来非常刺耳的制度——专制主义王权。因为西方落后 1000 多年的根本原因就是社会的分裂。要改变落后的状态，就必须结束分裂，形成一个统一的国家，而能够完成这项统一任务的就是专制王朝。西方文明和世界上其他文明一样，是随着时代的变化而变化的。在公元 1500 年左右的西方就出现了新的变化，这种变化帮助西方一步一步走出了落后的状态，一步一步赶上了东方，最终超越了东方。从此人类就进入了一个新的时代，这个时代的特点就是西方的崛起。新的文明在西方出现了，其特点就是商业的兴起，出现了市场、市场经济，最后出现了工业。

接着我们看到的就是资本主义制度在西方的崛起，这种新的意识形态带着无休无止的追求欲，在整个世界无限扩张，慢慢遍布于全球。在资本主义社会中，资本就是一根轴，其他所有东西都要围着这根轴转——工业和商业要围着这根轴转，科学技术也要为这根轴服务。西方成为了世界的火车头。

黑格尔写了一本叫《历史哲学》的书。在这本书中，黑格尔说文明的太阳从东方升起，在西方落下，却升华成人类精神的万丈光芒！意思是说，文明在东方发展起来，然后慢慢的像天上的太阳一样，到了中间如日中天，到了西方就落下了，而精神的光芒会永照世界。换句话说东方的文明是幼稚的、原始的，西方的文明才是伟大的、完整的。这就体现了西方中心论的思想。

西方在崛起过程中伴随着对殖民地的扩张和掠夺，在西方具备先进的工业生产力的时候，它的殖民扩张在全世界都势不可挡了。随着资本主义工业生产力的不断提高，到了 19 世纪末，西方控制了全世界，整个世界都被瓜分了，西方霸权已成定局。

如此一来，文明优越论就出现了，意思是说只有一种文明是正确的，其他文明都是错误的。按照达尔文的思想，优胜劣汰，正确的永远能够生存，错误的就应该被淘汰、被消灭，这就是所谓的社会达尔文主义。随着西方瓜分了全世界，自古以来人类多种文明并存的局面似乎走到头了，此时西方人信心满满，他们认为西方会永远控制全世界。这就是 19 世纪末、20 世纪初的世界格局。

三、现代化的多种模式

在 19 世纪末、20 世纪初，全球现代化开始了。现代化的潮流冲出了欧洲，首先奔向了西亚、北非，然后向东不断扩展，进入了南亚、中亚和东亚，同时也向西不断扩展，越过大西洋进入了美洲。经过一个多世纪的全球现代化，当今世界有一个现象特别值得我们注意，就是在现代化的进程中，获得成就最大的恰恰都是古代文明的核心地区，比如南亚、东亚，相当了不起；西亚、北非、南美也都不错，这些都是古代文明的核心区。所以说，在全球现代化的进程中，古代文明的核心地区开始复苏，换句话就是现代化推动了濒临灭亡的人类各种文明的复兴，这就是现代化对人类文明多样性所做出的巨大贡献。

有人说现代化最终会使全世界西方化，这是完全错误的。西方也没有形成一种完全一致的文明形态。首先西方各国现代化的道路是不一样的，比如英国走的是和平渐进的改革道路；法国人比较喜欢革命，他们用的是革命的方式；德国既不用和平渐进也不搞革命，而是采用自上而下、高度集中的发展模式；而美国原来是殖民地，它首先要独立，然后才能发展，这又是不同的。在经济方面，英国用的是亚当·斯密的自由主义学说；法国在国家干预的方向跨出一步；德国基本上就是用国家的力量来推动经济发展；美国因为早先是英国的殖民地，就按照英国的模式走自由放任道路，后来到了 20 世纪，美国实行了国家大规模干预经济的政策。所以这些西方发达的资本主义国家，它们的现代化道路是不同的。

西方国家的政治制度也是不同的。比如英国采用君主立宪制，他们现在还有国王。而美国就不要国王，他们就要一个总统，总统制与君主立宪制的区别很大。在选举方法上，英国用的是所谓的领先者获胜的制度，美国用的是选举人制度，这两种制度有很大差别，却有一个共同之处，就是它们都是违背少数服从多数这个民主的基本原则的。

还有三权分立的问题，现在很多人以为所有西方发达国家都是实行三权分立的，这种认识是完全错误的。比如英国的三权都在议会，最近他们才把最高法院分出来，可是政府还留在议会里。

西方国家在其发展过程中都不断变换着自己的道路和政策，这也进一步说明了文明的形态是在不断变化的。比如英国从工业革命时期的自由放任政策到20世纪的福利社会政策；法国从革命的道路转向了改革的道路；美国改变了种族歧视的政策，等等。我们看到世界现代化进程中每个国家都有自身的特点，不同的国家都有不同的现代化模式，比如拉美模式、东亚模式、阿拉伯模式，还有中国模式等等，这些模式说明尽管大家都在进行现代化，但是不同文明体现出来的方式是不同的。

从20世纪的历史中可以看到，甘地发动了非暴力不合作运动，凯末尔领导了土耳其革命，纳赛尔提倡的是阿拉伯社会主义，曼德拉反抗的是南非种族隔离制度，这些人在各自国家的现代化进程中发挥了独特的作用，但这些作用都是不可复制的，换一个地方就行不通。因此可以看出，非西方国家的现代化进程呈现了更加丰富多彩的多样性。

因此我们可以得出结论，文明的多样性是永久存在的。亨廷顿就注意到了文明的多样性问题，所以他得出一个理论，就是文明的冲突。可是我们要问，文明的多样性一定会导致不同文明的冲突吗？答案是否定的。我们中国人常说和气生财、以和为贵。习近平总书记提出了构建人类命运共同体的理论，我们相信，这是解决文明多样性所产生矛盾与冲突的唯一途径。人类文明的多样性是永恒的主题，我们必须承认文明的多样性，同时用包容的、海纳百川的心态去看待世界，去构建全人类的命运共同体。

（本文根据钱乘旦2019年2月23日在中央和国家机关“强素质·作表率”读书活动2019年第2期主题讲坛上的讲座内容整理）

科技

百年科技的历史回顾与哲学反思

主讲人：吴国盛

19 世纪是第一个科学的世纪，20 世纪是第二个，当然也是离我们最近的一个。科学的社会化和社会的科学化是科学的世纪里两个基本的标志。科学的社会化是指科学家不再是个人关在屋子里头自己拍脑袋想，相反，科学研究成为大规模的集体协作的行为，即所谓的大科学，这里面包含着全社会的支持以及科学共同体大规模的系统运作。社会的科学化则是说社会的运作按照科学的模式进行，例如流水线生产、工厂和学校里严格的作息制度、交通秩序等等，都按照科学在实验室里所规定了的秩序来进行。

今天要讲的主要内容就是 20 世纪是如何完成科学的社会化和社会的科学化的。我们分前半叶和后半叶两段来讲，每一段再讲两个部分，先讲理论科学后讲应用科学。20 世纪整个的一百年里，理论科学的发展基本上可以概括为两次科技革命和四大理论模型；应用科学也可以概括为两大超级能量和两大生活技术。

两次科技革命的第一次指的是在 19 世纪 20 世纪之交物理学领域发生的科技革命，包括相对论和量子力学的出现。第二次科技革命，在我看来还是一个正在进行中的、尚未完成的革命。这场革命发生在20世纪后半期，就是非线性科学的革命。四大理论模型是在20世纪快结束的时候基本形成的。这四个模型包括宇宙学中的大爆炸模型、粒子物理学中的夸克模型、分子生物学当中的DNA双螺旋模型、地学中的大地板块模型。也有人说还可以再加一个计算机领域的冯·诺伊曼模型。这四个模型或者五个模型大体可以表达20世纪最重要的一些理论成就。当然不是说其他的成就不重要，而是说这几个成就格外重要，因为它们构成了20世纪理论科学发展的一个平台。

应用科学的两大超级能量，第一个能量就是核能量的释放，包括核武器的研制、核能量的释放和利用等。这个可以称之为超级能量的释放。第二个是登月工程。登月工程之所以能够称为一种超级能量，是因为它代表了人类对地球引力的征服，代表了人类走向太空。这是人类自古以来从未想象过的一种现实，可以称它为一种超级能量的开发。

那么什么是两大生活技术呢？这指的是20世纪后期发生在我们眼前的两种技术。第一个就是生物技术，第二个是信息技术。人有两方面的存在，一个是社会学存在，一个是生物学存在。人类的生物学存在正在经受生物技术的改造和改变，这是一种生活技术。人作为社会学意义上的存在，是一种交往性的存在。人是通过交往来认同自己的，每个人都要跟人家交往，把一个人关在屋子里老不让他交往，他最后不是发疯就是变成非人。但是交往是要依靠技术的，基本的交往技术就是信息技术。所以今天的信息技术就是我们的第二大生活技术。

我今天就要给大家讲这些内容，内容相当多，我只能相当简略地把其中一些有意思的事情给大家讲一讲。

我们先来看物理学革命。物理学革命分为相对论革命和量子力学革命。相对论基本上是家喻户晓的了，因为爱因斯坦是20世纪最大的科学明星。爱因斯坦曾经跟卓别林说，为什么所有人都喜欢你，是因为他们都理解你；为什么所有人都喜欢我，是因为他们都不理解我。这就反映了爱因斯坦的相对论非常难理解，不要说一般大众，就是学物理的要真正地理解相对论也是很不容易的，所以爱因斯坦就开了这么一个玩笑。

大家知道相对论分为狭义相对论和广义相对论。狭义相对论主要是在时间空间问题上的一场革命，关键是引出了同时性的相对性。比如说现在我们正在宣武门搞讲座，此刻天安门那儿有一场隆重的仪式，那么在什么意义上说，此刻天安门和宣武门的两个事件是同时的呢？你可以说我们看表看到是同时的，都是9点钟开始，那边也9点，我们这儿也9点。可是这毕竟是两块表，如何才能知道它们是一致的呢？的确，我们不能肯定现在这块表定的时间和天安门广场那块表的时间完全一样，因此讲同时性就需要对钟。爱因斯坦说，你必须告诉我你是怎么对钟的，他要求同时性要有一个操作的定义。由于要对钟，所以需要信号。最快的信号是光，可以用光来对钟。但是光的速度仍然是有限的，这就意味着在对钟的过程中光信号从天安门传到宣武门是需要时间的，这就会遭遇一种相对性效应。一个静止的人看你对钟和一个运动的人看你对钟，对出来的是不一样的。爱因斯坦借此提出同时性的相对性，也就是说，对于一个参照系中的观察者来说是同时的，对另一个参照系的观察者就不是同时的。根据这个同时性的相对性，爱因斯坦就推出了他所谓的狭义相对论。同时性的相对性还比较好理解，但由此出发得出了很多很古怪的结果。

第一个古怪的效果叫尺缩钟慢。在不同的参照系里的人看来，尺子的长度是不一样的。一个运动的尺子会比在静止时短，这个叫尺缩；运动的钟要慢一点，这是钟慢。这个尺缩钟慢效应不是任何外力作用造成的，就是参照系本身造成的，是运动学效应不是动力学效应。由于运动是相对的，你看见我的钟慢了，我看见你的钟也慢了，那么到底是谁慢了呢？由于处在不同的参照系，这个问题是没有意义的。但是，要是让一对双生子派一个人先出去跑一圈再回来，由于他们都会发现对方时钟慢了，生命的生长也慢了，于是对方都比自己年轻了，这样再次碰面就会出现悖论：到底是哪一个更年轻？这就是著名的双生子悖论。这个悖论在狭义相对论里解决不了，只有在广义相对论才能解决。大家知道，一个宇宙飞船飞出去又飞回来，它必然要经历一个加速运动才能飞出去，飞出去之后要想再回来，它又要经历一个减速运动。一加速一减速就不符合狭义相对论的条件，就是广义相对论处理的问题了。经历了加速场的人，按照广义相对论来说，他应该是绝对地变年轻了。因此按照广义相对论，这个双生子悖论是可以解决的，答案是坐宇宙飞船出去转一圈的那个人变年轻了。这是我们要说的尺缩钟慢效应。

还有一个很重要的推论，就是很多人都知道的质能转化公式，$E = MC^2$，E 是能量，M 是质量，C 是光速。根据这个公式，稍微有一点点质量的损失，可以变成巨大的能量。过去分别有质量守恒和能量守恒，现在两者是一回事，合起来叫质能守恒，这也是狭义相对论所得出的结论。

接着我们说一说广义相对论。广义相对论处理的是加速问题。牛顿力学里面有两个质量，一个是牛顿第二定律规定的那个质量，我们称为惯性质量；另外一个是万有引力定律里面的，叫引力质量。在牛顿时代，引力质量和惯性质量被认为当然是同样一个质量，但是这个并没有予以说明。爱因斯坦认为，这两个质量的同一性实际上表明了引力场和加速场的等效性。说白了就是，引力场和加速场本质上是一回事。爱因斯坦最喜欢用电梯做思想实验，历史上称为爱因斯坦电梯。比如说你坐在封闭的电梯里，并且用台秤称自己的重量，现在你发现台秤上显示你的重量大于你的体重，那么爱因斯坦说，你不能肯定究竟是你所在的电梯正在向上加速运动，还是地球的引力突然增大了。这就是加速场和引力场两者不可分的意思。根据这个等效原理，他推出了广义相对论。

广义相对论也有很多重要的预言。其中最有意思的一个推论就是，他认为物质和空间之间不能够像过去那样看成相互外在的两个东西，比如说空间是一个篮子，物质就像篮子里的菜；空间是那个书架子，物质就是书架上的书。爱因斯坦说这是不对的，实际情况是，空间变成了物质的某种几何性质。广义相对论主张，有什么样的物质，就会有什么样的空间。就好比篮子装了菜，篮子就发生变化；书架装了书，书架会发生变化。任何有质量的物质都会引起周围空间的弯曲，质量越大、引力场越大，空间弯曲得越厉害。过去我们认为月亮绕地球转，是因为有地球的引力在拉着它，现在，按照广义相对论的说法，恰好是因为地球的引力场让地球周边的空间变弯了。月亮某种意义上是在走一个直路，只不过空间弯了，它走的直路在我们看来也是一个弯路。

空间弯了，一向走直路的光线当然也会弯曲。这个说法当然是非常奇特的，一般人觉得不可思议。爱因斯坦说只有在特别强大的引力场之中，光才能发生弯曲。我们地球周围最大的引力场就是太阳，太阳质量最大，可是白天太阳很亮，没有办法用它来判定光线在经过它时是否发生了弯曲。但也有办法，就是等日全食，月亮正好把太阳全部遮住的时候，我们再来看一看处在太阳背后的那个恒星的光，能不能绕过太阳被我们看见，如果能的话就证明爱因斯坦说得是对的。这件事情正好发生在第一次世界大战之后，英国的爱丁顿率领一个考察队专门去考察日全食的时候光线是不是发生弯曲，考察的结果居然是真的发生了弯曲。当时就一下子轰动了，爱因斯坦从此成为家喻户晓的科学家。

我们讲这些基本的东西，是想说明爱因斯坦的相对论，对人类关于时间、空间、宇宙的基本观念产生了一场革命性的转变，因此我们说爱因斯坦是 20 世纪的一个科学革命家。下面我们再来讲讲量子力学。量子力学从某种意义上说，比爱因斯坦的相对论还要深刻，它所包含着的革命性因素还要多，主要表现在几个方面。

第一个是微观领域里物质的波粒二象性。微观粒子既表现出波的特性，又表现出粒子的特性。粒子的一个特点是它有个定义明确的界限，有自己独一无二的位置。波则是一个弥散的东西，不能说波在什么位置，波是处在整个空间之中。这本来是两种完全不一样的物质形态，但量子力学发现，微观粒子既像是粒子也像波。比如说这间屋子有两扇门，我们每个人进来的时候只能从一扇门进来，你不能说我同时从两扇门进来的。可是量子力学发现，微观领域的粒子就是从两扇门进来的；同样，它也是从两扇门出去的，因此，你就不好说它出去之后究竟在什么地方。

第二个叫做测不准原理。一个粒子的能量和时间、质量和动量不能够同时精确测定，也称为不确定性原理。为什么量子领域会发生这个事情呢？主要的一个原因是我们对量子领域的现象必须通过实验才能了解，可是实验总是会对对象有干预。比如说一间黑屋子里面有一个球，现在我们来问这个球在什么位置，当然我们不知道在什么位置，因为屋子太黑了我们看不见。为了知道它在什么位置我必须把灯打开。可是把灯一打开之后，那盏灯的光线就对那个球产生作用。对一个宏观的球来说，光线不大可能对它产生什么明显的影响，可是在量子微观领域，这个光子跟这个球差不多，它就完全有可能把球打到不知道什么地方去了。即使你打开灯之后看见那个球在某个位置，你也不能说没打开灯之前那个球在什么位置。如果你不开灯你看不见，一开灯球又变了位置了，这就是为什么量子力学说搞不清楚它在什么位置的一个根本原因。

量子力学还有很多这类稀奇古怪的现象。经常有物理学家自嘲说，如果你在学过了量子力学之后没有意识到自己根本不懂量子力学，那么你就真是不懂量子力学；只有当你知道自己不懂量子力学之后，你才能说自己稍微懂得一点量子力学。量子力学在20世纪初产生后，与实验符合得非常好，成了整个20世纪科学的一个基本的平台。今天诸位都用了手机，用了电子设备，其实里面都包含着量子力学的理论成就。量子力学我们就讲到这里。

下面我们讲讲四大理论模型。

四个理论模型里面宇宙学和相对论联系最深。牛顿以来的宇宙学基本上就没了，因为宇宙被认为是无限的，无限的宇宙没法研究。爱因斯坦相对论提出来之后，他发现可以把宇宙整体作为一个研究对象，建立方程。这个宇宙方程导出的解都表明宇宙不是稳定的，但他当时觉得宇宙总体上应该是一个稳定的东西，所以他加了一个宇宙学项，强行从相对论宇宙学中导出了一个静止的宇宙模型。也有一些数学家试解爱因斯坦的宇宙方程，提出了好多数学方案，这些方案都表明宇宙是不稳定的。由于没有观测证据，数学家自己算着玩，也没有人当真。

有意思的是，大概在上个世纪20年代末，美国的一位天文学家叫哈勃——哈勃望远镜就是以他的名字命名的——发现银河系外面的星系都有红移现象。红移就是光谱向红端移动，向低频段移动，人们马上联想到多普勒效应。多普勒效应很简单，说的是一个运动的振动源在观察者看来，振动的波长和频率都是要发生改变的。我们都有这个经验，一列火车鸣着汽笛向我们开来的时候声音越来越尖锐，离我们而去的时候声音越来越低沉。这不是因为它这个汽笛声调发生了变化，而是因为我们和火车之间的运动关系发生了变化。它向着我们来的时候是越来越尖锐，声音的频率发生了蓝移；离我们而去的时候声音越来越低沉，发生了红移。河外星系都有这样的红移现象，这就意味着所有的星系实际上都在离我们远去。如果所有的星系都离我们远去，这就意味着整个宇宙都在膨胀。

这个观察证据发现之后，立即就被人联想到那些数学家所给出的宇宙膨胀模型。理论与观测相遇了，现代宇宙学就这样成长起来。如果说宇宙在膨胀的话，那么往回追溯它应该越来越小，小到一定地步应该就变成一个点。从点状如何膨胀出一个宇宙？点之前又是什么东西？这就是一个大问题。宇宙学家提出一个理论说，宇宙是从高温、高压、高密度的起点状态爆炸过来的，爆炸瞬间之后，是一团宇宙雾，或者说一锅宇宙汤，随着温度慢慢变低，依次产生现在我们看到的这些物质，核子啊、电子啊这些东西，后来慢慢再出现星系、星云，出现行星，整个宇宙就出来了。在冷却的过程中实际上还有一点点雾没有彻底冷却，这个很稀薄的一层雾始终还在，大概相当于绝对温度三度这样的辐射，是早期宇宙汤的一个遗迹。这个遗迹后来居然也被发现了，这个发现也是非常巧的。几个搞射电天文的人做了一个射电望远镜，怎么调试也不能复零，老有一点本底噪音。这个本底噪音当时被认为是望远镜没做好的一种表现，他们很苦恼，在普林斯顿大学吃饭的时候跟同事们谈起来，说者无心听者有意，旁边的理论宇宙学家一听，这个本底噪音不就是宇宙背景辐射吗？他们于是结合起来研究，证明那个本底噪音就是宇宙汤在冷却过程中留下的那一点点雾，称为微波背景辐射。这个辐射的发现就成了对热大爆炸宇宙模型的一个有力的支持，这个模型从此就有力地确立下来了。这个模型也很受理论物理学家喜爱，因为很多高能物理实验在地面上不好做，做不出来，但有了这个模型，我们就可以虚拟地在宇宙早期去做。因为宇宙早期温度又高，密度又大，成了理论物理学家很钟爱的一个模型，他们可以在这个模型的基础上做思想试验。

第二个模型就是所谓的夸克模型。大家知道一分为二的思想。所有的物质都是由分子构成，所有的分子都是由原子构成，所有的原子都是由原子核和电子构成，原子核由质子和中子构成，质子和中子由基本粒子构成，还能不能接着分下去呢？过去我们说一尺之棰，日取其半，万世不竭。可是问题是，你想是可以这么想，但能不能真的分得下去要靠科学来说话，要做实验。实验结果却表明，这个夸克模型分不下去了。因为到了量子领域之后，质能转换关系开始起作用了。打个比方说，你用刀去切苹果，在宏观领域里，苹果是苹果，刀是刀，是两个不同的东西。可是到了微观领域，代表着分解方的刀和代表着被分解方的苹果是可以互相转换的，相当于说，你切着切着，刀切没了，变成苹果了。本来应该是苹果越切越小，由于刀切没了，转化成了苹果，因此苹果被切之后有可能变成两个更大的苹果。由于质量和能量可以相互转化，高能粒子在切割的过程中并不是越变越小，这样一来，所谓的无限可分就变得没有意义了。夸克模型认为夸克实际上根本打不开，一个很重要的原因是你敲击的能量越大，它禁闭的能量也越大，所以根本就打不开。这是夸克模型。

DNA 双螺旋模型大家都很熟悉了。今天我们处在一个生物技术的时代，基因的时代。基因时代之所以能够到来，与 DNA 双螺旋模型的发现是有关系的。过去我们只知道有基因，基因在染色体上，那么具体来说基因是什么样，有什么样的内在结构，过去都不知道，现在都搞清楚了。上世纪 50 年代有两位英国的年轻人，在前人工作的基础上最终发现了 DNA 实际上是两个链缠在一起，缠成的一个双螺旋，有了这个双链条模型后人们才能精细地对基因进行研究和加工。今天我们知道的基因复制、基因修补、基因重组，都是建立在这个 DNA 双螺旋模型的基础之上。所以这个模型对于今天生物科学的发展，对于我们生物技术的发展都是功莫大焉。但是大家也要注意到，DNA 双螺旋模型的发现是与微观物理学的发现有直接关系的，刚才我们讲的量子论和相对论都是有贡献的。因为 DNA 这个东西很小，必须用电子显微镜来看。电子显微技术实际上是建立在当时量子力学这样一些物理学基础之上的。所以从某种意义上说，这个 DNA 双螺旋模型的发现，理论物理学也是有很大功劳的。

我们过去只知道大地有纵向的运动，地震就是典型的纵向运动，上下动。人们从来没想到大地还有水平的运动，地那么大的东西怎么会水平运动呢。但是有些人就注意到了，我们的世界地图几大块之间的关系，实际上暗示了它过去可能是一个整体。有一位地质学家叫魏格纳，有一天他躺在床上看世界地图就发现，非洲大陆跟美洲大陆边界好像能接上，他就想是不是早期它们是一整块的，后来才分开的。这个思想当然过于大胆了，人们很难设想地球那么大的玩意儿还能够水平运动。他有了这个设想之后，就想去验证它，而且写了书，但是得不到大多数人的认同。所以这个大地水平运动理论，一直经历了大概半个世纪的争论，反复地研讨，最终在60年代得到了地质学界的认同，被认为是地质学中的一场革命。这场革命确立了大地的板块模型，以及这个板块的漂移运动。有了这个板块模型，所有的关于地质、地球物理的研究就有了一个崭新的面貌。所以板块模型也被认为是20世纪最重要的一个模型。

第五个模型我们讲的是冯·诺伊曼模型。冯·诺伊曼模型是计算机领域的一个模型，今天我们用的电脑基本上都属于冯·诺伊曼机。冯·诺伊曼机的一个基本原理就是把操作程序代码化，把数据和程序储存在一起。大家知道我们今天的硬盘里既存数据，也存软件。软件就是操作程序，数据是我们用的，比如说文字、图像等。冯·诺伊曼发现把它们混在一起可以提高效率，过去这两个部分是分开的，操作是操作，数据是数据，但是运算速度很慢。冯·诺伊曼提出来把两者混在一起，统一编码，这样就大大地提高了计算机的运算速度。今天我们用的电脑依然属于这个范畴。因此有人认为冯·诺伊曼模型也是20世纪最重要的理论模型之一。

20世纪理论方面的一些成果，我们就讲到这里，接下来我们要讲一讲技术了。只有在讲技术时，我们才真正地领悟到科学与社会之间一些复杂的关联。

我们先来讲一讲核能量的开发。核能量的开发非常典型地表达了科学的社会功能，科学与社会之间的相互作用、相互关系。核能的开发直接根源于核物理学的发展，没有核物理学就绝无可能有核能量的开发。而核物理学、粒子物理学、高能物理学，都奠定在20世纪初相对论和量子力学的革命之上。因此，从某种意义上说，核能的释放是20世纪前期物理学大发展的一个必然的产物。核物理学发展早期的人们并没有意识到，核能量真的可以开发。当时的一些新闻记者问爱因斯坦，$E = MC^2$ 这个公式意味着质量的微小损失就可以带来大量的能量，你觉得它将来能不能造福于人类。爱因斯坦说这根本不可能，完全只是理论上的可能性。爱因斯坦这样的伟人都没有意识到，其实核能的开发已经近在眼前。

但是事情进展很快，到了上世纪 30 年代初期的时候，核裂变以及通过高能粒子轰击造成链式反应的机会就有了。链式反应就是指用一个高能粒子撞击一个核，撞的过程中损失一定的质量带来巨大的能量，撞击的结果是出现了更多的适合做轰击炮弹的粒子去轰别的核，这样一来就像滚雪球一样，轰击过程越闹越大。这个链式反应一旦成立，核能的释放和开发就成为可能。大家知道，30 年代初正好是第二次世界大战的前夜，那时候希特勒刚刚上台不久，叫嚷要振兴德意志民族，排斥犹太人，叫嚣着要报第一次世界大战的仇。人们很担心，因为当时德国的物理学非常发达，可以说是世界第一物理学强国，所以欧洲其他国家的物理学家就很担心，实验室里核能的释放最终可能会变成核武器，而德国人优先拥有这个武器对人类来说不是个好事。所以当时就有科学家很着急，希望物理学家是不是能够放慢研究的速度。放慢一点科学研究的步子，这是人类历史上第一次科学家主动站出来说的。过去认为科学总是好的，科学总是在造福于人类，科学家总是在做好事，我们要把它做得越快越好。可是核能的释放一开始就遭遇了这么一个难题，当时就怕被坏人所利用，所以反而希望不要搞或者搞慢一点。但是这个设想没有得到认可，因为近代科学的一个基本的原则就是学术自由、出版自由、研究自由。研究没有禁区，不能够轻易破坏这个自由研究的原则，所以核物理学还在飞速地发展，特别是那些德国物理学家都很厉害。转眼间就到了 30 年代中期了，纳粹排犹更加厉害，很多有犹太血统或者背景的物理学家都跑了，大部分跑到美国去了。爱因斯坦也跑到美国去了。美国人在战后之所以成为世界强国，很大程度上是发了战争大财，特别是发了人才财，希特勒把一些优秀的科学家都挤到美国去了，所以美国战后立即成为世界的科学强国。当时一些科学家到了美国之后，继续担心德国人会抢先把核武器造出来，就希望美国人也抓紧造。美国人如果抓紧先造出来的话，就可以遏制德国人。但是核武器是个新玩意儿，谁都搞不清是个什么东西。美国当时的总统罗斯福也搞不清楚。那时候马上要打仗，国家的事情很多，所以那位希望美国人尽快研制原子弹的匈牙利籍犹太物理学家希拉德就到处找人签名。他先找爱因斯坦，爱因斯坦那时候已经到了美国，他的名气很大，而且他也很爽快地签了。有人说爱因斯坦是原子弹之父，其实算不上，他那个质能转化公式离造核武器还远着呢，至于他在信上签了名，其实那封信并没有引起美国总统的注意。

后来真正发挥作用的是美国的总统科学顾问。美国的总统科学顾问给罗斯福总统讲了拿破仑忽视蒸汽机驱动轮船这项发明的故事，对罗斯福说，你看看由于军事家、政治家缺乏远见、缺乏想象力，结果就没有把蒸汽机用在军舰上，你设想一下如果当年拿破仑用了富尔敦这个军舰的话，那英国很可能就没了，现在的世界格局就完全不一样了。这个故事打动了罗斯福总统，罗斯福当即就说立即上马这个事。这就是大家知道的著名的曼哈顿工程。

曼哈顿工程大体分成三个部分。第一个部分是物理学家去搞反应堆，即可控的链式反应。你得让它反应起来，还要可以控制，别最后不可控制把整个地球都炸了，必须把它控制住，让它反应它就反应，让它不反应它就不反应。这个事情是在芝加哥大学由一位来自意大利的物理学家叫做费米的来主持。第二个工作就是要提纯大量的铀，铀就是用来做核武器的原料。天然的铀矿不纯，需要把它提纯。据说为了铀的提纯，花了美国当时全国电力的三分之一。为了造一个核武器，把美国一个国家的用电量三分之一都耗掉了，可以想见造这个核武器是一个大规模的协作行为。没有政府的投资，没有政府下那么大决心，是不可能做出来的。第三个部分就是组装炸弹。当时一下子造了三颗炸弹出来，第一颗炸弹先在戈壁上试爆了一下，结果威力无比，当时的核物理学家都吓得浑身发抖，腿都软了，没想到能量这么大。

这个核武器造出来的时候，时间已经到了 1945 年初，这时的德国已经不行了。盟军的特工到了德国境内去侦查他们的核武器的研制点，发现德国人根本搞不出来。这个消息传回美国之后，美国科学家就慌了，说过去我们造核武器是怕德国人抢了先，我们要遏制它。现在知道了德国人根本造不出来，我们还造不造那个核武器呢？物理学家多数说不造了，可是国家不同意，现在由不得你了，我们美国已经花了这么多钱、花了这么多人力物力，全国那么多电力都被你耗掉了，现在不造也得造了。科学一旦引入政治和军事领域，科学家的发言权就变得很有限了。结果还是造出来了。造出来以后又争论，究竟要不要扔这个东西。当时的科学家都说我们是不是不要扔了，能不能组织全世界的人来看一下，威慑一下就行了，看看能量有多大。美国说不行。当时德国已经投降了，但日本还在顽强地抵抗。在太平洋的诸岛上美日之间是一个一个地角逐。虽然当时的科学家们反对对日使用核武器，但军方说我们的美国青年每天都在对日前线上牺牲，早一点投核武器对我们是有好处的，可以早一点结束战争。结果美国就发布了一个最后通牒，通牒说得也比较含糊，说你再不投降我就给你毁灭性打击，没有说毁灭性打击是什么意思。日本人当然不听它这一套。8 月 6 号美国就在广岛投了第一颗原子弹。投了之后日本国内的核物理学家到广岛去勘察究竟是不是核武器。他一去就知道是核武器，当时就吓坏了，但消息没有及时地返回来。日本军方还是很强硬地不肯投降。结果两天之后美国又在长崎投了一颗。这颗投下去之后，日本人立马就在当天宣布无条件投降。

从核武器研制到运用的过程中可以看到科学技术和社会中包含着多种因素，犬牙交错在一起。核武器出现了以后，立即变成了一种超级能量，并且最终转化为一种政治权力。所以战后各国竞相研制核武器。所谓核军备竞赛，就是美苏两个超级大国之间为争夺世界霸权搞的。谁掌握的核能量越多，他就越厉害。我们中国也要研制核武器，两弹一星里面有一弹就是核弹，包括原子弹和氢弹。过去那个时候联合国安理会五个常任理事国，正好是五个有核国家。你没有核武器根本就没有发言权。有了核武器之后，我们才真正成为一个大国，才真正成为一个在安理会有发言权的国家。许多海外华侨听说我们核武器研制成功，那是非常激动的。知识就是力量，科学就是力量，这一点在 20 世纪表现得最充分。核能量的开发充分表达了科学成为一种超级能量的过程。

讲完核武器，我们再讲讲航空航天计划。重要的科技进展都和战争有关系，这一点是耐人寻味的。航天计划也和二战之后的冷战有关系。二战之后没有出现第三次世界大战，但有冷战。冷战就是两个超级大国互相背对背，也不喊打，但是都互相较劲。冷战里面最重要的一个工程就是阿波罗计划。阿波罗计划就是登月计划，是一项重大的航天计划。美国在二战之后有了核武器，又有了高速飞机，挺洋洋得意的，开始时对这个火箭不是十分关心。航天需要火箭，因为普通的飞机是在空气里运动。空气有两个用途，第一个是提供浮力，飞机靠两个大翅膀可以浮在空中；第二个可以作为助燃剂燃烧。但是进入太空就没有空气了，靠飞机是不行的，需要火箭。火箭技术最厉害的本来也是德国，德国人冯·布劳恩是一个火箭奇才，20 来岁就成为德国火箭总监。当时德国用 V2 火箭打英国，把英国人打得没有办法。德国失败以后，苏联人想起找火箭，结果把火箭工厂包围了，但冯·布劳恩跑掉了。苏联人就把那些东西都给缴获了运回苏联。美国这边更厉害，他把人给抓住了。美国把人抓住以后也是运回美国。冯·布劳恩到了美国之后，很快就效忠美国帮美国干。开始美国人不重视火箭技术，又让苏联占了先。我们知道第一颗人造地球卫星、第一次载人上天都是苏联人占先的。在苏联人把加加林送上太空又把他安全运回来之后，美国国内一片哗然，纳税人纷纷谴责政府。所以当时的美国总统肯尼迪就发狠，宣布美国要在十年之内把一个美国人送上月球，而且让他安全回来，借此平息一下民间的愤怒，于是就上马了著名的阿波罗计划。

阿波罗计划分几步走。最终是没花十年，从 1961 年到 1969 年，八年时间它就实现这个计划了，宇航员柯林斯、阿姆斯特朗还有阿尔德林三个人完成了人类首次的登月任务。阿姆斯特朗第一个踏上了月球的土地。他说了一句名言：这一步对一个人来说是一小步，对人类是一次飞跃。这次登月之后，美国又有好几次登月活动。苏联为什么后来始终没有上去，因为它的火箭技术始终不太过关，经费消耗太大也是一个原因。阿波罗计划一方面是高科技，另一方面是高耗费，没有国家的支持和介入，这么大的工程根本就搞不下去。

大家可以注意到，这两次超级能力的开发有几个共同的特点。第一个它是与科学理论上的高度发展直接相关的，核物理学尤其典型。第二个它是与政府和国家的大力支持密不可分，没有国家力量的介入是根本不可能的。国家为什么会卷入这件事情，也是因为这个超级能量本身就代表着这个国家的实力。所以今天的科学技术已经不单纯是一个科学家个人的事情，而是一个国家一个民族一个社会的事情。每一个公民都有权利、都有义务来参加科技决策，参加关于科技发展战略的一些讨论和思考。这是我们就这个问题所获得的一个结论。

下面我们再谈一谈20世纪下半叶的一些重大的技术运用。第一个先说一说所谓的第二次科学革命的问题。这场科学革命在我看来是比相对论、量子力学更加深远的一场思想变革，它要打破近代自牛顿以来的一些对世界的看法，参与这场科学革命的学科很多，非线性科学、复杂性科学、系统科学、生态科学都卷入其中。

这些新的科学都想破除传统科学里面的机械决定论思想。牛顿力学世界观的一个理想是，给定全部的初始条件我就能告诉你世界的过去、现在和未来。法国科学家拉普拉斯对此有一个形象的表述。他说只要有一个万能的计算者，你告诉他这个宇宙的初始条件，他就能算出宇宙的过去、现在、未来。在他看来，难题只在于有没有这样一个万能的计算者，世界的决定论特征是没有问题的。拉普拉斯的这个形象的说法，现在看来是有问题的。决定论的信奉者也是征服自然、改造自然的信奉者。我们因为能够精确地预言、预测，因此我们什么都不怕，我们可以无所顾忌地改天换地。因为我们能够精确地知道，我们对自然界的改造会造成什么样的后果。如果你不能够知道后果，那么人类对自然会有所敬畏。新的科学认为人类对自然的研究，并不能够获取完全的确定性。我们只能或然地了解世界，我们对于世界长远的后果没法了解。这就是所谓的非线性效应、复杂性效应、生态效应。过去有一个箴言说人算不如天算，就包括这个意思。历史上的许多原始文化、传统文化都强调要敬畏自然，主张自然的很多后果是我们难以预料的。但是，这个论调是近代科学所不理会的，近代数理科学传统认为自然界是一个确定的体系，现在看来这个信念过于理想。新的科学发现了路径依赖和初始条件敏感，就是说初始条件微小的变化将会非线性放大，放大到不成样子。通俗的讲法就是所谓的蝴蝶效应，说的是北京的一只蝴蝶扇一下翅膀，结果在纽约造成一场风暴。一个玩笑说，坏了一只马蹄铁，损失一匹战马，损失一匹战马带来一场小小战役的失败，小小战役的失败带来一场大战役的失败，大战役的失败带来战略性的失败，战略性失败带来国家的灭亡。这每一步都是非线性放大，结果是一只马蹄铁坏了导致一个国家灭亡了。非线性效应在现在看来不是个别的、孤立的，而是普遍的，处处都存在。过去认为整个宇宙尺度上，还是牛顿力学说了算，现在看来牛顿力学只能是小范围说了算，大范围反而都是非线性系统。我想这是一个很重要的观念革命。

第二个方面是整体论的出现。过去的科学都主张对世界进行分割、切割，把宏观的东西还原为微观的东西，把整块的东西切割成小的东西。我们先对小的、简单的东西进行研究，研究了小的东西，那么大的东西自然就可以拼出来了。所以近代以牛顿力学为代表的世界观，基本上是一个拼装、拆拼的世界观。我们做什么事、看什么问题，都先是把这个事情拆开了、分解了，模块、板块化。现在我们管理学里面经常搞模块化、板块化，其实就是来自经典科学里面的原子论思维。这种拆拼世界观、原子论世界观有个问题，就是忽视了世界、事物本身是个有机的整体，拆和拼的过程中肯定会损坏或者忽略掉有机的部分。我们都知道有许多东西是拆不出来也拼不出来的，这就是整体的东西。比如我们说一个和尚挑水吃，两个和尚抬水吃，三个和尚没水吃，这就是一个整体论效应。如果按照线性相加的原则，一个和尚挑一担水，两个和尚就挑两担水，三个和尚挑三担水。但这是原子论的思维，实际上并不是这么回事，和尚越多越没有水吃。这个效应你通过拆分拆不出来，拆出来之后的东西就像我们刚才讲的量子效应那样，有可能越拆越大，越拼越小，这就不是线性效应。

还有一个方面是，新科学确认了世界的不可逆性。牛顿力学根本上认为，一个物理系统是可以反演的。时间变成负的无所谓，反正牛顿方程里面的时间都是以平方的方式出现的。不可逆性早在19世纪后期热力学第二定律出现的时候就已经认识到了。人们发现一杯热水放在空气里面，它只会越来越凉，一直凉到和空气温度一样为止。从来没有一杯冷水放在桌上，能从空气中吸热把自个儿烧开了。可是按照牛顿力学，这种逆转原则上是可以的。宏观上看一个物理系统总是按照一个不可逆的方向发展，一杯水总是慢慢地变冷或者变热和室温保持平衡，从来没有越来越偏离室温的情况出现。这种不可逆现象让很多科学家很苦恼。因为所谓的热力学定律不过就是微观定律的一个宏观表现而已，微观领域的粒子肯定都是符合牛顿定律的，因而是可逆的，可是为什么微观里面是可逆的，宏观就不可逆呢？当时有一位奥地利的物理学家叫玻耳兹曼，一直在试图解决这个问题，结果到死也没有解决。最后他是自杀的，没解决这个问题很苦恼，自杀了。这个问题到现在也没有完全解决，但是新科学，就是非线性科学、系统科学、复杂性科学、生态科学都试图把这个不可逆性作为一个基本的现象来处理，而让牛顿力学的东西作为一个次级的现象。这是新科学的一个崭新的变化，这个变化将更加符合我们的日常生活经验。

科学与人文在现代之所以分裂，一个重要的原因就是古典物理学、古典科学不再关注价值问题，只关注事实，造成了事实和价值的二分。事实和价值之所以二分，是因为古典力学、古典物理学、古典科学所面对的对象是一个机械。机械本身是没有目的的，没有目的就没有价值。如果你把世界本身看成个机械，那么这个世界本身就谈不上什么价值，价值只属于人。于是，人和自然、事实和价值、科学与人文之间就发生了分裂。可是新科学认为世界本质上不是一个机械，而是一个有机体。这个有机体有自身的目的，有自身整体的效应。机械论理想局部是合理的，但是它是有限度的。因为根据特定的目的、特定的目标，我们可以把世界看成个机械，但是从根本上来看，世界并不是一个机械，而是一个有机体。这个有机体有整体效应，有非线性效应，它的变化过程是不可逆的。一个人只能由小孩长成青年，青年长成中年，中年变成老年，最后死掉，不可能倒着长，倒着长不是有机体的模式。想倒着长恰恰是机械自然观的一个必然后果。从这个意义上说爱因斯坦的相对论，特别是狭义相对论总体上看也还属于机械自然观的范围。爱因斯坦相对论是允许时间倒流的，逻辑上它允许时间倒流。其实可逆性思想已经遭到了新科学的质疑。

人生在世一个基本的东西是，过去和未来是不对称的。我们能够回忆过去，能够展望未来。你不能说我回忆未来，展望过去。过去和未来的不对称也是人生意义的根本来源。如果人没有这种不可逆性、不对称性的话，也就没有后悔问题、没有憧憬问题，就谈不上人生的意义了。所有人生意义和价值都根源于人生的不可逆性。可是，这个不可逆性恰恰在过去是不被科学所承认的。因此我高度评价新科学所代表的发展方向。当然，我们现在也很难说新科学是不是已经成熟了，是不是可以替代旧的科学了。从历史上看，新的科学从诞生到成熟需要好几百年。近代科学在西方也经过了大概二三百年的时间才确立自己。但是，总的来说，新科学的成熟将导致人类一种新的存在方式、新的生活方式。

我们最后来讲一讲目前还在方兴未艾的生物技术和信息技术。生物技术刚才说过了，来源于 DNA 双螺旋模型的建立，它本身也代表了物理学思维向生命科学的一种扩张。目前所采用的生物技术基本上都在使用物理学的方法，用的是还原论的方法，用的是拼和拆的方法。生命虽说是一个整体，但今天的生命科学仍然想尝试一下机械的方法，对它进行拼装。现在的基因重组、基因移植、基因复制，统统都是按照机械论的方案来进行的，很有效而且很有用。但是另一方面，生命技术的出现也遭遇一个很大的问题，就是会挑战我们日常的一些价值观。我们可以举几个例子来说明。像勇敢、顽强、勤奋都是很好的道德价值，可是现在突然有生命技术告诉你，说那些玩意儿可能和你是否努力没关系，可能是你基因造成的，这样一来，就瓦解了我们这些伦理价值。过去我们崇拜一个人特别勇敢，后来发现没什么可崇拜的，就是基因好。如果我能够把自己的基因改一改，我也能变得勇敢。包括基因技术在内的所谓生命扩展术，肯定会挑战一大堆我们通常所说的伦理上的东西。过去赞扬人的后天努力具有可贵的道德价值，比如说一个人笨鸟先飞，虽然笨但是很勤奋，一样可以取得很好的成就。在生命扩展技术看来，改一改笨基因就可以实现这个目标。所以一个尖锐的问题摆在人类的面前：是不是我们仅仅通过基因修补术，从广义上说，通过一切高技术，就能解决人类的所有问题。过去人类的许多道德高尚的东西还有没有用？会不会有一天，你的孩子回家哭着跟你说，我的同学基因都 2.3 版本了，我才 1.5，赶紧花钱给我刷新吧，再不刷新，我的学习成绩不好别怪我。当然现在我们讲这个故事仍然是未雨绸缪，但它的可能性已经很清楚了。因此，我们要在发展基因技术的过程中及时地调整，及时地为这些难题的到来做准备。

信息技术也很重要。信息技术改变了人类的社会交往模式。目前由于带宽限制，很多信息交往还不能完全依赖网上。但是，如果将来带宽瓶颈一旦突破，我们完全可以想象，将来社会交往的很大一部分会在网上进行。电视、电影院、电话，都可以统一起来，都在网上进行。但是网络上的交往行为与我们传统的交往模式有很大的不同。传统的交往模式是身体出场的。脸部是一个伦理学器官，是一个道德器官。脸怎么红了，你心虚了不是，做了对不起人的事了，是不是害羞？所以说，脸是一个非常丰富的伦理学器官。我们经常说有话当面谈，因为见面就包含了一种确定性。但是网络交往一个大的问题是脸不出现，是蒙面交往。

除了面部的在场外，通常当面交往要握手，可以感受体温，可以感受对面是个活人，因为生活就是跟活人打交道。总而言之交往中要有身体出场。身体的出场对于我们交往来说很重要，因为我们交往过程中有很多是身体语言。当面说话比较容易沟通，有时不用讲几句，一个眼神就可以眉目传情。身体的缺失将会使我们的交往出现僵硬化，丧失人作为有机体的那部分信息，这一部分信息往往无法通过数码化的方式传递出去。数字化生存（been digital），必定要丧失很多信息。没有身体的介入，人性里面很多信息是要丢失的。所以我们说在信息技术时代，我们在拥抱高科技的同时也要注意如何捍卫、维系和守护人性化的那部分信息，这一部分信息最终只能靠身体的出场，只能靠面部的出场才能保持下来。

时间到了，今天我们就讲到这里。谢谢大家。

（本文根据吴国盛2010年1月30日在中央国家机关“强素质·作表率”读书活动2010年第1期主题讲坛上的讲座内容整理）

信息科学技术漫谈

主讲人：梅　宏

谢谢郝院长的介绍，非常荣幸今天有机会到这里来，和大家谈一谈我自己的专业领域——信息科学技术。信息科学技术是一个覆盖面很广的学科，讲座的标题用的是“漫谈”，是为了少些约束。我今天主要从以下三个部分来讲：

第一，从人类社会的发展来看信息技术起到的作用

经济学家费歇尔，第一次比较明确地把人类的经济活动分为三类产业。第一类产业是指以农业为代表，利用自然力生产粮食、增加人口；第二产业是指以工业为代表，利用机械生产有形产品来创造物质财富；第三产业，叫做服务业，是利用智力生产无形产品来满足我们的精神需求。第一产业经济发展主要反映在劳动力资源上，我们称之为劳动力经济时代；第二产业经济发展主要取决于自然资源的占有和配置，称为资源经济时代；第三产业经济发展主要取决

于智力资源的占有和配置，我们把它称之为信息时代，也叫知识经济时代。

人类社会发展史上生产方式发生了两次重大转变，而不论处在何种时代之中，人类经济活动的三类产业在我们生活中都一直存在，只是比重不同。比如从第二产业到第三产业转折时，第二产业仍然重要，只是占有的比重度大大降低。现代西方发达国家，他们的现代服务业占到 GDP 的 70% 到 80%，这就证明工业不重要吗？实体经济不重要吗？仍然是重要的。到目前为止，我们中国的服务业占 GDP 约 40% 左右，所以说我们的工业化还没有完成，我们要迈入以现代服务业为主的产业时代，还有漫长的一段路要走。在这个进程当中，材料、能源和信息成为我们现代社会发展的三个支柱。在知识经济时代，我们认为信息尤为重要，历史上很多战争也与材料、能源和信息是紧密相关的，特别是现在，和信息紧密相关。

既然谈到知识经济，我们就要谈到知识经济和信息技术的关系。知识经济基本的理论形成于 20 世纪初期，有位经济学家叫熊彼特，他提出了技术创新与经济发展的长波理论，阐述在时间上均匀分布的技术创新群是造成经济波动的一个原因。1962 年，美国的一个经济学家出版了一本书叫《美国的知识生产与腾飞》，提出了知识产品对社会经济发展的重要作用。1983 年美国加州大学保罗·罗默提出了新经济增长理论，认为知识是一个重要的生产要素。

知识经济真正开始起步，比较公认的看法是美国微软公司的诞生。微软作为一个典型的软件公司，让真正通过智力、知识来挣钱成为一个现实，创造了一个新的产业。按 1999 年底的数据，比尔·盖茨从大学毕业开始建立微软公司起的 20 多年间，拥有了 540 多亿美元财富，并仍以每周 4 亿美元的速率增长，微软公司产值超过三大汽车公司产值的总和。美国当时经济增长主要来源之一为5000家软件公司的产值。硅谷市场价值已达4500亿美元。而以底特律为中心的美国三大汽车公司市场总值约为1130亿美元。

而从现在最新的数据来看，信息产业仍占有很大的比例。比如说互联网公司，不管是在国际上还是在我们中国，都是信息产业中的“霸主”。今年8月20日的最新数据显示，苹果公司市值达6235亿美元，创造了历史新高，并刷新了微软创下的6163亿美元的纪录。当然这个还存在争议，有专家认为，虽然从数字讲它刷新了纪录，但要把通货膨胀因素考虑进去的话，还没有超过微软。

第二个视角是从15世纪开始的人类全球化的进程。2006年，《世界是平的》这本书成为世界范围的畅销书。它里面谈到了全球化的问题，全球化是西方一直在努力鼓吹的趋势。所谓的1.0版本是从1492年到1800年，哥伦布远航开启了新旧世界的贸易，那时候以欧洲为中心，通过西方对新世界的探索、地理大发现，使世界的规模由大号变成中号，这是第一次全球化，它取决于国家实力以及它的应用形式。这时候面临的问题就是，国家在全球竞争中处于什么样的位置？怎么样走出国门，利用国家的力量和其他人合作？

全球化2.0版本，是从1800年到2000年，由19世纪到20世纪。这时候代表性的是铁路和蒸汽机带来的运输成本的下降，以及电话、电报、卫星和初期互联网等带来的通讯成本的下降，使我们世界的规模从中号变成小号。这时候主要力量是跨国公司，这些公司到国外去的目的是寻求新的市场和劳动力资源。全球经济的诞生，使各国之间具有充足的商品和信息的流通，出现了真正的全球市场，商品和劳动力在全球范围内实现套利。这时候所有面临的问题就是，我所在的公司在全球竞争中处于什么位置？哪些机遇是可以使用的，公司怎么样和他人去开展合作?

第三个就是新世纪，21 世纪开始之后的所谓全球化的 3.0 版本，这个时候由以互联网为代表的新型的信息技术，带来了合作成本急剧下降，使得世界规模从小号“缩水”为微型。如果说全球化的主要动力在 1.0 版本时是国家，2.0 时是公司，3.0 时就是个人，是我们每一位，所谓的草根。信息技术所带来的草根力量不可忽视。那么在全球竞争中间，我们自己在什么位置?我能不能和别人进行所谓的全球合作呢?现在的世界是个人计算机、光缆、工作流程软件等形成的，以个人之间关系连接的平坦的世界，“世界是平的”是这么来的。所以在 2006 年《时代周刊》评选的年度人物，是“你”，是我们每一个人，这是世界变化的一个很重要的方面。这是我们谈的第二个视角——全球化。

如果我们探讨信息技术和信息产业的未来，从熊彼特的经济长波理论来看，在未来的较长时期，信息技术仍然会是经济发展主要驱动力。这里有一个表，罗列了历史上的几次长波，每一个长波大概是 50 年。第一次从 1780 年到 1840 年，是以纺织品工厂化生产为代表的产业革命；第二次是 1840 年到 1890 年，主要代表的技术因素是蒸汽动力与铁路时代；第三次是 1890 到 1940 年，这一个长波是电力与钢铁时代；第四次是 1940 年到 1990 年，这 50 年是汽车和合成材料的出现，特别是以福特汽车这种工业化生产所开启的一个新时代；第五次从 1990 年开始算起的话，它就是信息的时代，其代表性的东西就是微电子学以及计算机网络给世界所带来的深刻变化。每一个时代有一个主要的技术特征。如果从 1990 年再往后推算，应该到 2040 年，还有几十年时间可以走。也就是说，信息技术目前还处于鼎盛时期。

再一个视角就是第三次工业革命。第三次工业革命现在谈得比较热，美国趋势学家杰里米·里夫金新出版了《第三次工业革命》一书，这里列举他的一些主要观点，他认为“经济和社会变革总是来自于新能源和新通信方式的交汇”。这本书的观点是，在21世纪第二次革命开始走向终结，我们要走出经济危机，就需要新的结合，这就是新能源和互联网的革命。当然，对这些观点，目前还存在争议。

我们来看看到底什么是新能源的分配模式？首先传统的能源、集中式的能源，是不可再生的能源。我们需要向新的可再生的能源过渡。传统的以煤、石油为主的能源，是集中式的、国家掌控的能源。而太阳、潮汐、水、风、生物、地热等属可再生的能源，但它的持续能力不够，我们就需要新能源的分配方式。杰里米·里夫金认为互联网提供了这种可能。互联网创造了一种完全不同的经济模式，新型能源生产和传输方式，将互联网上的分布与共享的模式推到了能源领域。比如说互联网的知识传播，大家在创造知识，也在分享、共享知识，这是互联网带给我们的好处。同样，我们能不能够在自己家、办公室、工厂生产所谓的绿色能源，并且通过智能的互联网把这个能源分享出去，就像我们在互联网上创建和分享信息一样。所以说第一次和第二次工业革命时候，能源是集中生产控制的，社会组织结构是自上而下的纵向结构。那么第三次工业革命，权力的等级结构就开始横向发展。但是事实是否就此定论，尚存在争议，需打个问号。但我个人相信，互联网带来的奇迹，可能在能源领域再重新来一遍。

第二，信息科学技术的内涵及发展现状

什么是信息技术？我们简单描述一下，信息技术基本上是看不见、摸不着，特别抽象的一个东西。

说起信息需要从数据开始。我们写在纸上、存在计算机里的东西就是所谓的数据和信息，它是人类对自然世界了解的“数字化”形式。在计算机的数字化模式中，数据就是某一个具体的物理对象，或抽象对象的一个表示，而信息是指人们按照已知的约定对数据赋予的含义。这二者是紧密相关，或者说信息是数据的一种语义表示。我们把一个客观世界、现实世界的数据数字化，放到计算机的空间里面，作为数字化的信息来处理，处理完之后再反过去来影响和改造现实世界，这就是所谓的信息技术。

信息科学技术和信息产业指的是什么？信息科学技术主要是指研究信息的产生、获取、存储、传输、处理及其应用。它是以微电子、计算机、软件、通信技术为主导，微电子是基础，计算机及通信设施是载体，而软件是核心，也是计算机的灵魂。信息产业，就是进行信息的收集、整理、存储、传输、处理及其应用服务的产业。信息技术目前是世界第一大产业。

信息技术有一个很重要的特点，在世界新技术革命中，它既是一项独立的技术，也广泛渗透到其他领域，渗透到传统的生产、经营、管理等过程中，成为发展的基本依据和重要手段。也就是说，在某种意义上信息技术是催化剂和倍增器，它能够和传统的产业技术产生融合，融合以后形成一种新的东西。

就现状而言，信息产业整体上增长平稳，其中软件和移动通信的增长较快。从 2008 年金融危机开始，几乎所有的行业都在下滑，而

只有信息产业稳中有升。

下面我们回顾看一看，信息技术到底改变了我们什么？它深刻地改变了我们的世界。

第一，电话改变了人类的通信方式。电话从19世纪末开始使用，到现在的21世纪不断发展革新。从最早的人工接线，到自动交换，程控交换，到光交换，一直与我们的生活息息相关。

第二，个人计算机的出现，改变了人类学习、工作和娱乐的方式。个人计算机真正开始普及是在20世纪80年代，它已经深入渗透到了我们生活的方方面面。当时在施乐公司工作的Charles Thacker研发了首台个人计算机，后被称为“个人计算机之父”，在2009年获图灵奖。历史上，图灵奖大都颁发给在基础理论方面有重要突破的人，时隔那么久以后颁奖给他，也是为了凸显个人计算机对整个人类世界的重要作用。

游戏机也可视为一个专用的个人电脑，它从上世纪80年代开始流行，现在成为年轻人的主要娱乐方式，改变了我们娱乐的方式。

第三，网络改变了人类共享合作的方式。电子邮件现在已经是我们写信交流的主要方式。1990年出现的浏览器改变了我们上网的信息共享，到现在的搜索引擎、即时通信等等一系列都深刻地改变了我们的生活方式。

人类学习方式实际上也在改变。过去我们读书，老师要求每本书都要精读。而现在的年轻人已经正在改变这种精读的方式，一切变成了泛读，脑子里面有点印象就行，需要的时候上网一查，敲两个关键词临时去找，这样的学习方式的改变我不知道是好是坏，但至少我们得接受这个现实。

网络深刻地影响着我们生活的方方面面，特别是微博。微博的特点是用户众多，简短，大家可以随时发上去，图文并茂，即时分享，传播快。2012 年 7 月发布的数据显示，中国的微博用户已经达到 2.74 亿，网民的使用率到了 50.9%。微博的负面消息不少，特别是通过微博的谣言传播，对社会的影响很大。但微博事件正面的消息也有很多，比如北京的“7·21”特大暴雨，微博的及时报道，引发了大量的网友关注，网民通过微博开始自发组织各种各样的救助活动。

第四，智能机器与人工智能。各种各样的机器人大量出现，有的可以做一些工业的生产（工业机器人），有的具有一定的智能能力。

第五，生活中无处不在的信息技术。比如说电子设备，电控抽水马桶，电子血压计等。

第六，军事领域的应用。比如说微纳电子技术在军事领域的应用。大家可以看到微纳卫星、GPS 制导导弹。还有昆虫间谍，科学家做实验的时候把芯片装在飞蛾的蛹里面，通过这个芯片，就能控制飞蛾的飞行，能够指挥它到想要去的地方，相当于半机半兽。无人机也是信息技术在军事上应用的综合体现，比如美国的捕食者无人机，已成为美国反恐战争的利器。

第七，信息技术在综合国力体现方面，也非常重要。比如航母里面有大量的信息技术应用，飞机的制造现在已经脱离图纸完全数字化，气象预报如果不靠计算机根本完不成，这些都是在国家战略性综合国力里面的一个体现。

我们简单回顾一下信息技术对人类社会的改变，真的是很快，特别是电子器件技术的发展，改变了人类社会最基础性的东西。信息技术领域有一个很重要的定律——摩尔定律：在集成电路芯片上，集成晶体管的数量每 18 个月就翻一番，而同时微处理器的性能每隔 18 个月就提高一倍，但是价格下降一半。

2000年以后，我们进入一个所谓的互联网时代，而互联网也催生了一个创新的时代。这里我罗列了大量的新术语，那这些新名词到底是什么？比如说用得很多的，智慧地球、社交网络、数字经济、门户网站、电子政务、电子商务、网格计算、云计算、普适计算等等。这些新术语意味着什么？

我有时候在想，2000年以前，计算技术发展大体上每一个术语的出现，基本上都有一个严格定义，那种术语大部分是技术导向。2000年以后出现了一个很重要的变化，我把它称为概念创新时代。大量概念、术语的出现往往不是技术导向，而是应用导向，是用户导向，我们不断地要去"忽悠"用户，让用户去了解，去听懂这个概念，这是一个很重要的分界线。

在这么一个创新的时代就产生了很多的东西，我不研究经济，没仔细分析过，但至少就我知道而言，2000年以后的所有短时间致富的公司几乎都在互联网行业，传统的行业没有长期的积累，不可能暴富，而这个互联网公司发展会很快，因为它有巨大量的用户积聚在那里。

我们可以看看以下两个案例。

第一个例子是谷歌。谷歌由两个大学生创立，他们在大学里所从事的研究是关于自动搜索技术，做得不错。发明了显著提高搜索准确率的Page Rank方法，1998年创立公司，并迅速发展成最大的搜索引擎。后来谷歌又扩展到各种应用领域，比如说Gmail、地图、在线文档等。原来的应用软件要安装到本地电脑上，但现在你可以到他那里用，不需要安装应用软件。进一步，云计算也由谷歌公司的工程师较早提出，此后，谷歌与IBM、Amazon等公司一起成为云计算的积极倡导者。

再一个就是把握住3G带来的机遇，2007年底的时候，谷歌成立了一个开放手机联盟，现在的联盟企业有84家，共同推动开源智能手机操作系统Android的发展，短短时间之内市场份额就达到68%，远远超过第二名的苹果。

另外一个例子就是苹果公司。苹果早期的时候是做个人计算机的，它对计算机进入寻常百姓家起了很重要的推动作用。1976年乔布斯与他的合作伙伴，创建了苹果公司，就做出了苹果I代微型计算机，当时的售价是600多美元，而当时的计算机至少是上万美元，这使得它可以为个人和家庭所接受。后来研发了第二代苹果，就是Macintosh电脑，这个是它第一次在个人计算机上运行图形用户界面、使用鼠标。由于苹果奉行封闭的技术路线，独自打造从硬件到应用的整个产业链，企图独吞PC市场，受到以微软与Intel为核心的“Wintel”IBM PC兼容机联盟激烈竞争，市场惨淡，1985年苹果董事会决议撤销乔布斯经营大权。1998年，苹果几近破产，苹果董事会重新召回乔布斯，苹果开始走向复兴之路。回来之后他做了两件事，完成了苹果的“华丽转身”。

第一，改变过去封闭的技术路线，采用Intel通用芯片，将苹果打造成高端品牌。后来苹果打造iPod，用于MP3，形成一个新的增长点。90年代时，音乐大量在网上传播，开始出现在网上下载音乐，但是产品上没有支持。所以苹果就抓住了这个机遇，用iTunes+iPod实现了音乐交易、下载、播放“一条龙”解决方案，广受欢迎，所以一下子就火起来了。

第二，打造出新一代智能手机。在2007年时，智能手机的领跑者是诺基亚，它占据了先机，但并没有形成独占。后来苹果利用了软硬件技术的整合，还有功能设计、外观设计的优势，使得iPhone取得了巨大成功。仔细一分析，它里面到底什么样的技术特别好，专家也说不出太多，它就是一个集成，一种新的应用方式。接下来，iPad也应运而生。这种触摸型的平板电脑具有 PC 的大部分功能，这使得笔记本的体系受到了严重挑战。

苹果还有一个很重要的创新，就是 App Store，可以通过智能手机在网上下载不同应用软件。现在的数据说是 65 万多个应用，这 65 万多的应用软件，大家可以去下载，很多是要钱的，也有的是免费的。有的 1 美元，有的几美元，有的可能十几美元，这个积少成多的收入方式不得了。应该说，苹果成功的过程是和互联网紧密相关的。

下面，我介绍信息技术领域的几个热点：

云计算

什么是云计算？有人觉得很抽象。它描述了一个愿景，就是我们能不能像用水、用电那样，按需使用计算能力。现在的应用模式是每个人有一台计算机，我们家里有一台 PC 机，单位有自己的机房。那么能不能够我们任何时间、任何地方都能使用计算机资源？互联网给我们带来了这种可能性。我们有互联网的连接，就可以在任何地方，像用水用电一样，拿个插头一插上，把无线连上，就可以使用，这就是它的一个理念。

现在云计算很热，过去我们有很多技术术语，都有明确的定义，而在云计算时代没有。所有的企业都在从自己的角度来谈自己的事情，所以我把它称为众说纷“云”时代。

所谓的云计算大体上有三类：

第一类：IaaS，就是我把机器摆在这里，然后你通过互联网使用这个机器，你不需要再有自己的机房，在我这租用就可以了。

第二类：PaaS，我给你提供软硬件平台的解决方案，把你的应用部署到我这里。

第三类：SaaS，你可以连应用都不用管了，应用我都给你做好了，你直接用我给你提供的软件能力，就可以了。这就是目前云计算的三种模式。

当然了，现在很多的人，把这种信息稍稍集中就叫做云。我个人不是特别认同这种叫法，我觉得云一定是和互联网紧密结合在一起的，使我们方便地使用各种计算机能力。

云计算起来以后，确实带来一种新的模式，成为世界关注的热点，它有很强的市场潜力。比如说，Gartner 预测，2011 年仅有 7% 的消费者数字内容被存到云中，到 2016 年的时候会增长到 36%。

现在事实上真正成功的云都是公有云。比如以谷歌为代表，它所提供的信息服务；还有亚马逊所提供的机器租用服务，我国的阿里云，也在提供这种服务，有很多创业的小公司，已经把自己的机房建立在阿里云上面。这样的服务是公众性的，搜索引擎也是属于这一类。除了企业界很火之外，各国政府也有大量的云计算战略。2011 年美国发布了联邦云计算战略，希望政府项目能够优先使用云计算；2011 年 11 月，英国也启动了政府云计划；2009 年，日本的 IT 战略部制定 I-Japan2015 的计划，随后发布了“云计算与日本竞争力研究”的报告，推动云计算；韩国也有全国性的云计算计划；我国《国家十二五规划纲要》和《国务院关于加快培育和发展战略新兴产业的决定》都把云计算列为重点发展的战略性新兴产业。2010 年 10 月，工信部与国家发改委联合下发《关于做好云计算服务创新发展试点示范工作的通知》，确定了北京、上海、杭州、深圳和无锡五个城市先行开展云计算服务创新发展试点示范工作。

到底什么是云？刚才我谈到，现在中国的问题是云太热了，本来这个云，是一种基于互联网的集中计算模式，而现在咱们从中央、从省到县，到镇长都在谈云的时候，肯定是出了问题。全国那么多的云，还有价值吗？过去我们完成计算任务都得到计算中心机房去，好处是什么呢？很简单，成本分担，你不需要买机器了，你不需要再维护机器了；缺点是什么呢？过去为什么集中计算不行呢，是因为它不好用，难以个性化，满足不了我们每个人的要求。比如隐私需求，我个人的数据不想让别人看到，这些它都很难保障。这样的情况下怎么办？这种集中运算它的好处缺点都是很明显的。

云计算是现在新的一种集中运算，它和过去有本质性的不同。但是它也不应该是唯一的模式。我们说，在个人、组织内部的计算，仍然是有必要的，这是由几个属性决定的。首先，任何一个组织、个人都期望私有的计算资源和信息资源随时可以用到。第二，我们的隐私问题。就算我们现在有法律法规，但并不是很健全，怎么能保护隐私，技术手段也不能解决。第三，有一些专业的应用不是一种集中计算能够完全满足的。所以个人计算、组织计算还是有必要存在的，当然有人把这类东西称为私有云、或者称为个人云。我觉得叫不叫云不重要，现在终端能力这么强，我为什么一定要所有东西放在云上去呢？有些应用也必须在终端执行，没必要放在云上去，不需要完全去追求这种特定模式。

物联网

物联网和国际上 IBM 倡导的智慧地球，是紧密相关的，和温总理在无锡谈的“感知中国”也是紧密相关的。所谓的物联网是要把我们的物理环境、物理基础设施和我们的信息基础设施相结合，实现我们机与物、物与物之间的即时信息通讯和交互。物联网是什么呢？大体上就是一个更为深度的、更为全面广泛的信息化进程。所以现在一谈物联网，所有东西都会在里面，比如智能电网、智慧城市、智能家居、智能楼宇、智能交通等等。极端的情况是什么？我们恨不得把地上的任何一个东西，哪怕每一粒沙子都贴上电子标签，然后把这些信息收集起来，这就是一个彻彻底底的物联世界，但现在各种东西还只是初步。

这中间有几个主要热点，其中一个就是智慧城市，与政府的推动紧密相关。这里主要的动因是国家推动城镇化、城市化所带来的机遇和挑战。我们国家要从一个农业社会走向工业化、走向信息化，所以这时候我们要大力推进城镇化。人口的增长带来了改善教育和公共服务的机会，城市越大，人均财富和革新就越多，工资的增长也就越快。但也使城市的就业、居住、能源、基础设施面临更大的挑战。怎样减轻城市的贫困，以及城市面临的压力？例如垃圾问题，北京每天产生垃圾 1.8 万吨，并且还在按 8% 的速度增长。中国怎么样在城镇化过程中间解决这些问题，毫无疑问就需要城市的信息化，这是很重要的。信息化是解决城市化过程中面临的诸多难题与挑战的基础之一。

现代信息技术的运用，是城市信息化的原始动力，信息化是不断发展的过程。有统计显示，全国 47 个副省级以上的地方，有 43 个已经明确提出智慧城市、智能城市或者数字城市的说法，这又是一个新的浪潮。但是总体上，不能脱离过去的信息化，所谓的智慧城市，只不过是更为广泛深入和综合的一个城市信息化工程。过去我们做了很多工作，现在需要突破现有信息系统固有边境，实现多系统、多领域的综合性的融通。

实际上现在来讲，技术是有很大挑战，但是技术真还不是唯一的挑战。例如，以前大家总说信息不共享，但实际上有一个挑战，就是管理挑战，各个部门不愿意共享数据，这是最大的问题。所以未来要解决很多问题，才能达到我们所谓的智慧城市。有时候我想，如果北京真是智慧城市的话，那么我们“7·21”大暴雨就是可以预报的。

物联网的另一个热点是智能电网，建立在集成、高速双向通信网络的基础上，通过应用先进传感和测量技术、设备技术、控制方法和决策支持系统技术，实现电网的可靠、安全、经济、高效、环境友好和使用安全的目标。目前就是两种类型，像美国做的智能电网是集中式的，集中发电，分散感知，智能配送，这是美国模式；分布式就是欧洲型，德国做的智能互联网，就是分散发电，把各种分散“绿色能源”集中在一起，实现余电存储、点网协作，智能配送。这个难度很大，要由集中控制型走向一个分布控制型。

移动互联网

所谓移动互联网不是我们重新建一个互联网，它是由互联网加上一个宽带的移动无线接入，还要有一个相对能力比较强的智能终端，例如手机、平板电脑。

移动互联网肯定是诞生在所谓的3G时代。早期的模拟手机1G到2G，都很难上网。到3G、4G时，互联网和移动通讯就开始形成一个整体了。这里可以看到2007年到2012年中国移动互联网市场的规模，总体增长的速度真的很快，移动互联网会是一个新的热点。据预测，全球用户使用的90%的新设备将是智能手机和平板电脑，4/5的软件产品中将用于移动设备。

刚刚提到，苹果的应用软件有65万个，Android的应用也是几十万个，有时我就在想，把这65万个应用都用一遍，这一生大概就没了。把它全用熟了你的时间就耗费掉了，怎么找到自己想用的东西，这对技术也提出了很大的挑战。2011 年有 109 家从事移动互联网的公司实现了融资，总投资额超过以往。2011 年 6 月底中国网民数量达到 5.38 亿，其中手机用户达到 3.8 亿。所以未来的移动互联网，实际上核心就是一个强大的互联网通讯服务，还有宽带的无线或移动的接入，再加上我们手上有一个足够计算能力的智能手机或者访问终端，这样就构成了我们整个移动互联网的框架。

社交网络

在信息时代，信息网络上由社会个体集合和个体之间连接关系构成的社会性结构就是社交网络。现实社会中也有由社会个体集合和个体之间连接关系构成的社会性结构，即人际网。社交网络是互联网和人际网络的融合。

我们看一下数据，Facebook 有 9.5 亿用户 ,Twitter 有 5 亿用户，腾讯有 7.2 亿的用户。社交网络是典型的用信息技术来构建社会网的东西。现在社交网络真的对人类方方面面形成影响，政治、购物、教育、生活都受到影响。比如 2009 年摩尔多瓦的 Twitter 革命，2011 年的利比亚 Facebook 革命。

这是在互联网时代我们面临的一种新的挑战，2011 年伦敦骚乱以后，很多人通过 Twitter、Facebook 号召老百姓出来清理残骸。2011 年、2012 年中国的两会代表开微博的也很多。

2009 年美国国防部长罗伯特·盖茨表示，Twitter 等在伊朗德黑兰抗议活动中起到重要作用的社交网络是"美国的重要战略资产"。2011 年 2 月，美国国务卿希拉里在乔治·华盛顿大学就互联网自由问题发表讲话，强调以 Twitter 为代表的社交网络，是美国政府的一种重要战略力量。把社交网络提到了一个很高的高度。现在我们国家对微博这类东西也非常重视。

大数据

现在数据进入一个快速增长的时代，全球数据 2005 年的时候为 135 个 EB，2010 年达 1227 个 EB，2015 年将达 7910 个 EB。现在，全球数亿社交网用户，每天数千万次状态更新，每月新增数亿照片，数千万视频；环保领域数百万传感器的实时数据传输，“平安”城市中日新增约 1PB 监测数据，大型公共场所的密集人流监测；全国电子商务网站达到 1.56 万家，年访客数达 2.67 亿，年交易额约 2500 亿元。

怎么从这些大数据中挖出有价值的东西？过去我们每个单位都会有个数据库，管理人事、工资等。我们把这个称之为结构化数据。那些东西是放在数据库里面的，分类整理好，然后我们随时就能检索到。现在根本来不及，产生那么多的数据怎么处理？这样的挑战就会很大。大数据有几个特点，一个是量大，一个是多样性，一个是价值密度低，大量是垃圾数据，只有少部分数据有用。还有就是时效性，必须尽快处理，就是刚才谈到北京“7・21”大暴雨，如果那些数据不能及时分析出来，过一天就没有价值了。现在的数据管理和处理技术相对难以满足这样的挑战，要及时地完成这么大量的各种信息的管理、处理与利用，难度是极大的。

文化创意

文化创意是影响我们精神层面的东西。以软件为核心的信息技术推动了高科技和传统文化相结合，产生了数字化、虚拟现实等新的展示方式，互联网、移动等新的传播平台诞生了更多创新的商业模式，形成了现代文化创意产业。文化创意产业已成为部分城市的主导产业，2009 年北京市文化创意产业逆市飘红，全年实现产业增加值 1497.7 亿元，占北京市 GDP 比重为 12.6%。

举个例子来讲，前几年热播的《阿凡达》，播出之后大家都感到很震撼。这里有一些数据：其中60%的画面是由图形学的相关技术来完成的，包括：场景渲染技术、动作和表情捕捉技术以及基于虚拟现实的拍摄技术；使用了1280台惠普服务器，其累积峰值高达205万亿次浮点运算/秒，与部署在上海超算中心的曙光5000运算能力相当。虽然运算能力大幅提高，但是最长的一帧仍然用了92小时才绘制完成；最终完成的影片大小为3TB，而在电影制作过程中产生的数据大约有3PB，是影片的一千倍。整个投资3.1亿美元，全球的票房是27亿。未来依靠信息技术，甚至可以让电影连演员都不要了，全由虚拟人物出演。

现在信息技术面临什么挑战呢？第一，当前的信息技术，正在趋向物理极限，我们需要新的原理的发展和突破。第二，随着广泛深入的信息化进程，把大量的现实世界的复杂性实现到软件中来，怎样控制软件的复杂性，怎样把大数据有效地利用起来？还有能耗问题、安全问题等。

什么叫做物理极限？我们现在每18个月集成电路晶体管数翻一番，但这不能永远无止境，总会有逼近物理极限的一天。

软件规模、复杂性越来越大。宝马7系轿车，软件总量是2亿行，占到总成本的40%。空客380的软件总量超过10亿行。这些软件系统中复杂的调用关系已经完全是在人力控制范围之外。

信息产业已成为第五大能耗产业，Gartner的数据显示，广泛应用于通信、医院、银行、机场等设施的数据中心占到了全球IT行业总能耗的40%。IT行业排放的二氧化碳已经占到了全球的2%。谷歌2010年的耗电量为226万兆瓦时（相当于22.6亿度）。《纽约时报》的消息称，这一数量相当于一座核电站产量的四分之一左右。信息产业的能耗是我们未来必须面临的问题。

现在开放的互联网谁都可以进去，由此就产生了信息安全、公共安全的问题。比如说美国花旗银行2011年6月8日被黑客侵入银行系统，盗取了大批信用卡持有者的信息，约21万用户信息可能泄露。2011年12月21日，国内最大的程序员社区CSDN上600万用户资料被公开，同时黑客公布的文件中包含有用户的邮箱账号和密码。

互联网上的自由信息传播涉及社会经济安全问题。如日本福岛核泄漏之后，民众受微博谣言蛊惑而抢盐，影响社会稳定；邪恶势力通过社交网络鼓动青年人崇尚暴力，鼓吹破坏性的个人英雄主义；低俗团伙利用社交视频、即时通信等渠道传播色情等等。因此，建立一套科学高效的互联网信息传播监管机制是互联网时代面临的重要挑战。

这也涉及国家安全。比如说从互联网获取情报。美国情报机构统计，在各国情报机构获得的情报中有80%左右源于公开信息，而这其中又有将近一半来自互联网。2009年，美国成立网军司令部，并将对其网络的攻击，视为对其国家的侵犯，已经把这件事提到了国家安全高度。

第三，信息技术未来的发展趋势

60年代以来，信息技术主要是渐进式发展，前面我们谈到的摩尔定律，在现有CMOS技术和工艺下，摩尔定律仅能持续到2020年。2020年前后，会遇到靠渐进式发展难以为继的一些重大障碍，这将成为信息时代未来需要解决的问题。

未来之路怎么走？一个是追求质变。比如我们去探讨 DNA 计算、分子计算、量子计算等各种新的计算模式，希望能够摆脱传统的电子计算，摆脱传统的冯·诺依曼体系结构，形成一种全新的计算模式。但这种模式可能短时间还做不到。第二个是互联网，由量变引发质变，能够带来很多新的意想不到的东西。把互联网上的海量信息与计算资源融合，实际上形成一种全球范围的巨型计算机。这个互联网计算机可能能够突破我们传统模式解决不了的一些问题。

有时候我在想，在未来社会，我们大量的数据和信息资源掌握在哪里？在网络上一些数据中心里面。我们的很多决策都是靠数据统计和分析而做出，我们甚至可能在某些方面离开了数据就会失去判断力。如何正确地使用数据是一个挑战，如何不完全受制于数据也成为一个挑战。

刚才我谈到物联网、社交网和信息系统。我们的人类社会、信息世界和物理世界相互融合，人、机器、还有所有的物体，融合成一个新的系统，这就是未来要达到一个人、机、物和谐发展的计算模式，如果做不到，可能对我们人类社会是一个很大的灾难。需要从技术手段、法律手段以及其他方面保证未来的人机物的融合。

从未来信息技术的总体发展来讲：

一方面，技术上要追求能力，追求极限，追求更多的功能、更高的性能，这是客观需求，也是科学家应有的追求。

另一方面，广泛深入的信息化和现实世界的客观复杂性，意味着我们的信息系统越来越复杂，我们怎样去控制复杂性是一个挑战。

第三方面，怎样在合理的资源消耗之内完成这些工作？这也是持续发展的需要。因此，未来的信息技术发展将是在追求能力、控制复杂性和节省资源这三元因素共同约束下的一个优化发展过程。我相信信息技术发展还有较长的时间和较大的空间，因为毕竟我们现在的信息技术本身及其应用都还有很多不如意的方面。

我就讲这么多。谢谢大家。

（本文根据梅宏2012年9月23日在中央国家机关“强素质·作表率”读书活动2012年第9期主题讲坛上的讲座内容整理）

中国人的探月梦

主讲人：欧阳自远

尊敬的郝院长、尊敬的中央国家机关工委和国家新闻出版广电总局的各位领导，各位听众同志们，大家上午好。今天非常荣幸能够来到“强素质·作表率”读书活动主题讲坛向大家汇报嫦娥工程的情况。大家都知道，我们党中央号召2020年要全面建成小康社会，要进行西部大开发，振兴东北老工业区等等，可以说我们中国在地球上的事儿都干不完，怎么一下子要去探测月亮？这个月亮到底对我们中国的经济发展、科技进步、老百姓的生活质量提高有多大意义？美国和苏联已经搞了一百多次了，中国人再上去还有什么创新和必要？有人听说探测月亮要花很多很多的钱，究竟花了多少钱？另外，我们中国的“嫦娥一号”“嫦娥二号”已经上去了，究竟干了些什么？以后还要怎么干？中国人是止步于月球，还是会拓展到更远的一些星球？所有这些问题我不一定能一一解答清楚，但是我很想和大家交流我的想法，我的题目是《中国人的探月梦》。

我大概分九个方面来谈。

一、月亮——地球的女儿

大家都知道我们生活在地球上的人类最熟悉两个天体，一个是光芒万丈的太阳，它给我们光明和温暖，使万物生长，地球充满生机；一个是月亮，圣洁而美好，人类在它的光辉下产生了无限遐想。月亮在人们的心中代表和谐、美满、团圆。但问题是为什么我们地球的边上会有一个月亮，月亮到底是怎么来的？现在有一种理论越来越被广泛认可，这种理论是说当我们地球刚形成不久的时候，有一个和火星大小差不多的天体，撞到了我们的地球上，产生了很多碎片，这些撞下来的碎片就绕着地球旋转，最后慢慢汇聚起来形成了月亮。这个说法听起来有些离奇，但却得到越来越多的有力证据。月亮上有很多地球的基因，所以说月球是我们地球的女儿。

本来太阳系所有的行星都是直着旋转的，包括八大行星，我们的地球在那次撞击以后，撞出了很少的一部分东西，也变得倾斜了。就因为倾斜反而有了一个好处，假如不倾斜，我们每个地方永远是同一个气候，倾斜之后才有了春夏秋冬，这为我们的地球增添了很多色彩。另外月亮的存在对地球还起了很大作用，给我们地球增添了很多生机，比如每天的潮汐，就是月亮的功劳，而不是太阳的。另外，我们看到月亮的表面有很多坑，这是40多亿年以来，月亮一直围绕着地球转，为地球抵挡了很多小天体的撞击而留下的，所以说月亮是我们忠实的保卫者。月球将圣洁的光辉洒向大地，自古以来，激起人们无限的遐想和憧憬，引发了各种神话传说、宗教信仰、哲学思想、文学艺术和风俗传统，并对古代的历法编制、农耕时令和社会发展发挥过重大作用。月球象征着宁静、温馨、和谐、团圆和美满。我国自古以来就有嫦娥奔月的传说，全世界各民族也几乎都有自己的月亮神，我们不知道有过多少诗词歌赋来赞美月亮，来表达自己对月亮的情感，对世间百态的看法。因此，实现“嫦娥奔月”是我们民族乃至全人类几千年的梦想。

二、第一次探月高潮

从1958年以来，当时的两个超级大国——美国和苏联为了军事上的竞争，为了空间霸权的争夺，展开了一场月球探测的竞赛。从1958年到1976年，这两个国家开发了108枚探测器去探测月亮。开始的时候苏联节节领先，直到1960年美国总统肯尼迪，制定了阿波罗计划，使美国完成了六次载人登月，而苏联一个人也没有上去过。美国人一共从月球上带回381.7公斤的样品，而苏联人由于不能登上月球，只能用机器人打钻取样，每次取回0.1公斤，加起来才0.3公斤，远远落后于美国。苏联在科学技术上、在空间霸权争夺上的彻底失败，甚至影响到它后来的发展，包括政治体制的解体等等，所以阿波罗计划对美苏争霸起了很大的推动作用。

我们人类获得的月球知识主要来自阿波罗计划，自从阿波罗计划取得彻底胜利以后，美国人和苏联人都不再从事月球探测活动了。美国把全部的精力集中在两件事情上：一个是发展航天飞机，一个是建立国际空间站。阿波罗计划实际就是用当时最大的火箭土星五号，发射了阿波罗飞船，将三位宇航员从地球直接发射到月球，到了月球后分离出一条飞船来，环绕月亮飞行，一位宇航员值班，另外两位宇航员搭乘着陆舱在月亮上着陆，走出舱门工作以后再回去，和等候的那条飞船交会对接，共同返回地球。阿波罗计划投资254亿美元，相当于2005年的1360亿美元，可以说是人类有史以来规模最大、耗资最多的科技项目之一。参加阿波罗计划的有2万家企业、200多所大学、80多个科研机构，总人数超过40万人。阿波罗计划导致上世纪60至70年代产生了液体燃料火箭、微波雷达、无线电制导、合成材料、计算机等一大批高科技工业群体。后来又将该计划中取得的技术进步成果向民用转移，带动了整个科技的发展与工业繁荣，其二次开发应用的效益，远远超过阿波罗计划本身所带来的直接的经济效益与社会效益。另外在政治上也获得了巨大的收获。所以阿波罗计划应该是人类有史以来最伟大的科技计划之一。

三、揭开月球神秘的面纱——真实的月球

通过阿波罗的探测，我们对月球有了一定了解，月亮的体积只有地球的1/81，表面积却有3800万平方公里，相当于四个中华人民共和国领土面积的总和，也就是说别看月亮很小，却有四个中国之大。地月之间的平均距离大约是38万公里，有时候是40万公里。月球的体积比较小，所以月球的重力加速度只有地球的1/6，也就是说你在地球上60公斤的一个人，到月球上称只有10公斤。还有一个问题，我们大家可能都没注意到，我们每天看到的月亮都是月亮的同一面，从来没有人能看到月亮的另外一半，你看到的永远是这个有几块黑斑的月亮，因为月亮自转一圈的时间是一个月，也就是月亮白天和晚上加起来是一个月。它绕着地球转一圈的时间也是一个月，刚好时间相等，所以你站在地球上永远只能看到一半月亮，月亮是转的，但是你绝对看不到它的另一面，哪怕两亿年前的恐龙，它看到的月亮也是我

们今天看到的月亮的一半。

因为月亮比较小，所以没有能量把所有的大气都聚集在它的周围，月球的表面是超高真空的。由于没有空气，导致了月球没有声音的传导，人和人之间的相互交谈无法听见，所以月球又是一个死寂的、没有声响的世界。由于没有空气，月球也无法进行热传导，不像在地球上，坐在火炉旁边你就会感到温暖，在月亮上不是这样的，它是真空的状态，所以有太阳照射的地方温度是 110℃~130℃，而背阳的一面却在 -130℃~-150℃之间，温差可达到 250℃~300℃，所以宇航员在月亮上面对着非常恶劣的环境。

另外，月球表面有一层土壤，大约有 3.20 米厚，这些土壤很重要，将来要是用于解决人类能源需求的话，至少可以用一万年以上。月球由于真空，不可能有水，太阳出来月球的温度要高达 100℃以上，凡是太阳照射的地方不可能有水，但是月球有些地方永远没有阳光，那里的温度有 -180 多度，甚至是 -220 度，这些地方只要有冰块掉进去就会永远保留，我们叫永久阴影区，像储藏在冰窖里一样。而这些冰从哪里来呢？大家都听说过扫帚星，也就是彗星，它是由冰块和脏土组成的，有时候会砸到月亮上，总有一些会掉到阴影区，这就会永远被保存。

月亮上没有任何生命，构成比较简单，但月亮上的矿产资源非常丰富。我们统计了一下，大概有钛矿、铁矿、稀土矿、铀矿、钍矿、磷矿等多种矿产资源，非常丰富，可以说取之不尽、用之不竭，我们知道，目前人类正面临着人口激增、资源匮乏、环境破坏、生态恶化和灾害频发等诸多困境，而人口激增与资源匮乏必然加剧人类步入资源枯竭的困境，可以说月球蕴含的海量资源是人类未来可持续发展的新的资源生长点。

现今的月球已不再是早期吸积后的原始月球，它也具有类似于地球的内部构造（见图一），即有月壳、月幔和月核的圈层结构，月壳的厚度有70公里左右。现在我们探测到月亮的内部有很多瘤子，有的有几百公里大，这是由于月球自身没有能力把它全部熔掉的缘故。现在月球的内部已经不太热了，它不能像炼钢炉一样把里面全部的东西都熔掉，月球的内部冷却了。正因为月球的冷却，也没有火山的活动了，月球的内部能量已近于衰竭，月震和表面热流均极小。所以现在的月亮像一个垂死的老人，几乎没有生命迹象了，它是一个古老的、“僵死”的星体。

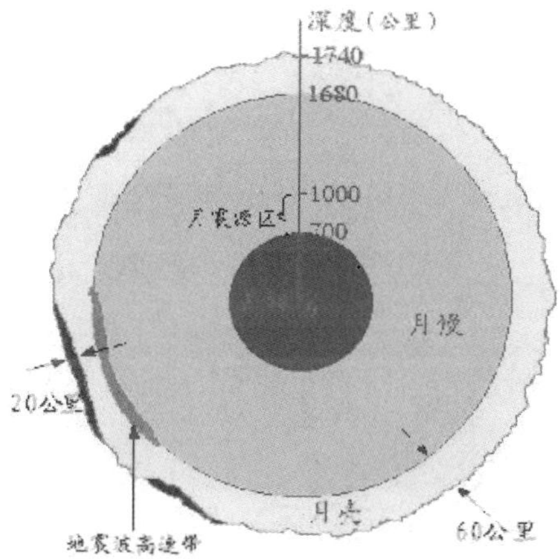

图一　月亮的内部结构

我们地球的内部或许未来也会像月球一样，固化、冷却，没有地震、没有火山，但地球表面的生命会永远繁荣昌盛、生机勃勃。因为地球上所有的生命靠的是太阳的能量，而不是地球内部的能量，万物生长依靠太阳，只要太阳不消亡，我们的生存条件永远是美好的。人类一定要改正自己环境污染的错误，慢慢建设好我们这个美丽家园，这样地球的未来才能美满。

四、小天体撞击地球的祸与福

1. 撞击坑是太阳系固态天体的表面特征

月球表面最显著的特点就是布满了大大小小的圆形构造。据统计，月面上直径大于 1 千米的环形构造总数在 33000 个以上，总面积约占月球表面积的 7%~10%。月面上直径大于 1 米的月坑总数可达 3 万亿个。（见图二）

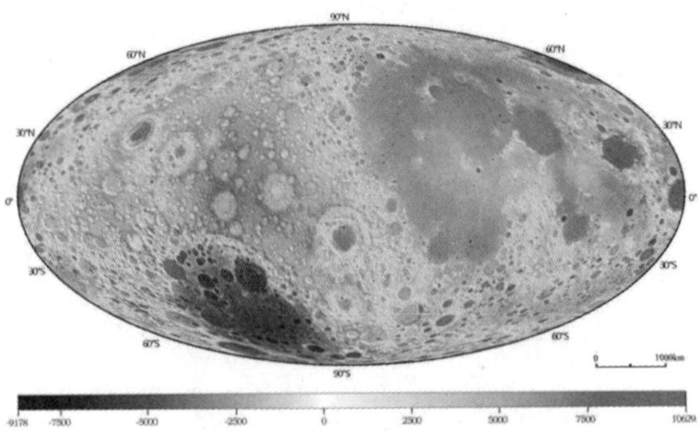

图二　千疮百孔的月球

在太阳系里，不是只有月亮因为撞击而变得千疮百孔，（见图三）水星的表面也砸得像月亮一样有许多坑洼，另外火星的表面也有很多的坑（见图四）。

图三 水星表面

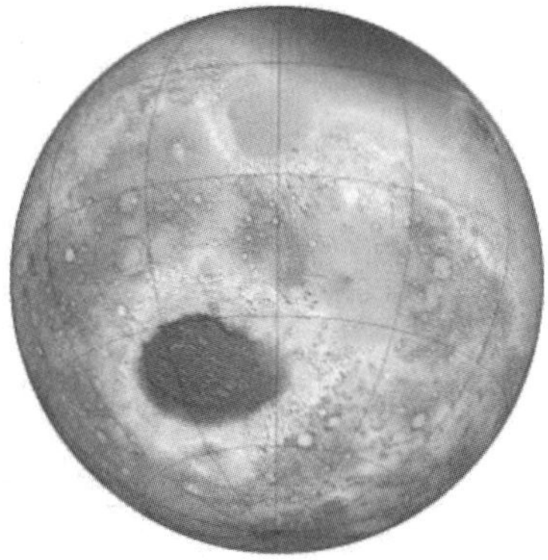

图四 火星表面

对于太阳系内非固态的天体而言，由于撞击而产生的坑洼就不复存在，比如在 2009 年 6 月 3 号就有一个小行星撞到木星上，给木星砸了一个很大的伤疤，伤口有太平洋那么大，但是这个伤疤后来很快就愈合了，因为木星是流体的，伤疤很容易愈合，不像月亮和地球上那样，砸一个洞就是一个坑，几十亿年都保存着。在太阳系中，还有一些小天体甚至撞到了太阳上，这当然就很倒霉了，典型的飞蛾扑火，撞上去就烧掉了。我们也可以经常看到流星，流星实际上是一种灰尘，最大的只有绿豆大小，它通过高速撞入地球的大气层跟大气的分子摩擦，从而发光、发亮，燃烧殆尽。而大一点的就是火流星，比如有几米大小的，还没燃烧完就落到地表上，这个就是陨石，每年人类可以发现的陨石大概有十几次。大家都知道前不久俄罗斯降落了一场陨石雨，把那个城市的房子的玻璃都砸碎了，使 1000 多人受伤进医院，这是由于陨石高速进入大气层产生了强大的冲击波，冲击波在地面上扩散，产生的气浪把玻璃都震碎了，这种情况大概每十年会碰到一次。（见图五）

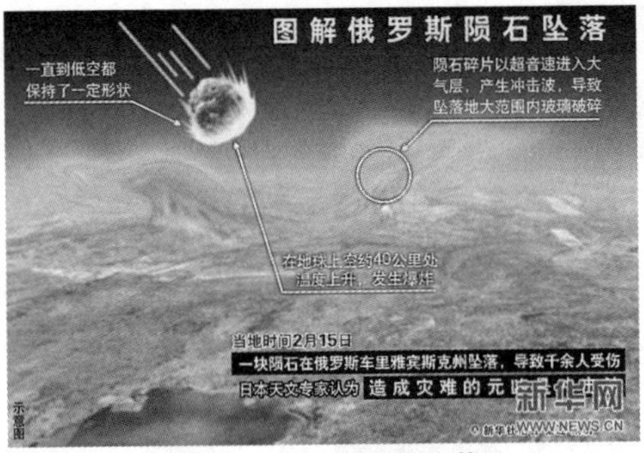

图五　俄罗斯陨石坠落

2. 通古斯大爆炸——20 世纪最大的自然之谜

20 世纪最大的自然之谜是通古斯大爆炸。1908 年 6 月 30 日清晨，在西伯利亚的上空一个燃烧着的、比太阳还亮的怪物拖着浓烈的长长烟火尾巴，带着呼啸的阵阵巨雷声，在几秒钟内从东南偏南方向向西北偏北方向高速移动，留下一道约 800 千米长的浓浓光迹，消失在地平线外，通古斯周围尘土飞扬，烟雾弥漫，云堆里火舌缭绕，灼热的气浪此起彼伏地席卷着整个浩瀚的泰加森林，超过 2150 平方千米内的 6 千万棵树呈扇面形状从中间向四周倒伏，1500 多头驯鹿在大火中化为灰烬。熊熊的森林大火连日燃烧，爆炸后的几天里，通古斯地区方圆 15 万平方千米范围内的天空，布满了罕见的光华闪烁的银云，每当日落后，夜空便发出万道霞光。北半球广大地区连续出现了白夜现象，即使远在西欧，也竟然能在夜间不用灯火看报。在美国，史密斯天体物理天文台和威尔逊山天文台观察到几个月来大气的透明度有降低。

那一次的陨石有多大呢？和我们今天这个礼堂差不多，50 米左右，但是它的速度很快，威力相当于 200 个广岛原子弹爆炸，这在当时是一个谜团，列宁和斯大林都曾派过考察队去考察。我在 2008 年写过一篇关于通古斯大爆炸的文章，论证过这完全是一次正常的小天体撞击，仅有 50 米大小，要是有更大的天体撞击我们应该怎么办呢？

3. 小天体撞击地球的后果

大家都知道，在 6500 万年以前，地球是由恐龙主导的世界，但是一场变故导致 70% 的物种包括恐龙在内一下被灭绝，这是什么原因呢？我做过这方面的研究，并找到了充分证据，这是由一个 10 公里大小的小天体撞击造成的，它高速进入大气层，产生了强大的冲击波，和原子弹的爆炸一模一样。原子弹最大的杀伤力是冲击波，把所有的东西像一阵风一样给毁掉了。小天体的撞击是这样的，高温高压的冲击波使地球表面森林燃起熊熊烈火，甚至引发为全球大火。它在撞击的时候会产生强大的地震，杀伤力是汶川地震的 1000 多倍，并造成了全球性的海啸，整个世界遭遇了毁灭性灾难。

我们地球上的生命发展是非常艰难的，也是很顽强的，我说的这次毁灭性撞击导致恐龙灭绝是 6500 万年以前，算是中等灭绝，这样的灾难在地球上发生过四次，还有一次大灭绝，导致地球上 95% 的物种消亡，这些都能找到证据。所以我们地球的生命发展到今天遭遇过很多劫难，十分艰辛和不易。我可以告诉大家，生命在 38 亿年前就有了，慢慢地发展到最近 300 万年，才出现了古人类，我们人类的文明才有五六千年历史，没法和地球寿命相比，我们的生命能存活到今天是非常珍贵的。像通古斯这样的灾难，大概 1 万年到 10 万年之间有一次，像恐龙灭绝这种灾难要 1 亿年到 10 亿年之间有一次。

小天体的撞击给地球带来了巨大的灾难，但是灾难也有另一面，它也给人类带来了一些好处。比如说在 18.5 亿年以前发生在加拿大的一次撞击，由于强大的冲击波撞击地壳，巨大的断裂诱发深部基性岩浆侵入而成矿，形成了全球最大的镍、铜和铂族元素超大型矿床，为加拿大的经济作出重大的贡献。还有，大家都知道南非盛产黄金和钻石，这也和天体撞击地球有关，南非弗里德佛撞击断裂带热液活动强烈，因此形成许多大型的金矿床。更有意思的是最近俄罗斯报道，他们在西伯利亚东部地区发现了一个直径超过 100 公里的陨石坑，里面蕴藏数万亿克拉的钻石，超过全世界现有的钻石储量，这是由于小行星撞击遗留下来的，俄罗斯宣布这些钻石可以供全世界用三千年。所以说小天体对地球的撞击也给人类带来了很多的财富。

小行星撞击地球是一种自然现象，以后绝对还会发生，关键问题是我们如何规避。最可怕的是近地小行星，美国最新统计宣布已经有一万个，它们对地球有毁灭性的威胁，将是地球最大的杀手。

4. 防御小天体撞击

我参加过世界紧急状态会议，曾经讨论过四个议题：第一，人类自己打核战争，科学家怎么办？第二，全球性的火山地震，科学家如何拯救人类？第三，小天体撞击地球，科学家的责任是什么？当然还有第四个议题，这个不是我的研究领域，就是艾滋病问题。这些都是全球的紧急状态事件，对人类的生存和发展有很大影响，我们都要有相应的对策和解决方案。

为防止小天体撞击地球，科学家提出并开展了全球联网监测，早期发现预警等措施。科学家们商定即将在夏威夷建设"全景搜索望远镜和快速反应系统"（Pan-STARRS），由多台天文望远镜组成的小行星观测网络，搜寻环绕太阳运行并有可能撞击地球的危险小天体。我们中国也参加了，投入了自己的设备，现在提了很多的方案，大概最坏的方案是用氢弹和原子弹把它炸了，但是这会产生很多的碎块，有可能掉下来会造成更大的灾难。还有人建议用激光把它烧掉，但现在根本没有这么大能量的激光。最好的办法是发射一个航天器，现在技术上也做得到，我们能够清楚小天体的运行轨道，计算出它大概还有多久会撞到地球，这样朝某一个方向稍稍施加一点力，就可以使小天体与地球擦肩而过，而绝不会撞上地球，我们有办法控制。我待会儿会讲到“嫦娥二号”就控制得非常好，所以今后我们不必担心地球因为小天体撞击而消亡，因为人类是地球的保护神，我们可以化解这场危机。

五、重返月球的缘由

我回到原来的题目，为什么大家对月球那么感兴趣，有许多国家现在提出来，还要去探测。从 1990—2010 年的 20 年间，各国一共发射了 9 个月球探测器，全是环月轨道器，中国有“嫦娥一号”和“嫦娥二号”，在进入 21 世纪后，提出重返月球计划的国家有美国、俄国、德国、英国、乌克兰、法国、巴西、奥地利、印度、韩国等。为什么会有这么多的国家对这样一个小天体感兴趣？我想有这么几个原因：第一，它有重大的军事战略地位。肯尼迪在上世纪 60 年代就说过一句名言，他说“谁控制了太空，谁就控制了地球”，现在美国人说“谁控制了月球，谁就控制了环地球的太空，因而谁就控制了地球”。现在战争和过去不一样了，原来重要的制空权、制海权、制陆权发生了变化，不是说它们不重要了，而是说现在最重要的是制天权，像伊拉克战争、海湾战争等所有的当代战争，都是动用天上的这些卫星来指挥导弹。因此月球是当代战争的最高制高点。当然我们中国一贯主张和平利用太空，和平开发月球，反对月球的军事化，但是这个世界仍然有战争危险，大家都看得很清楚。第二，月球的能源。

月球表面可进行丰富而稳定的太阳能的利用。经计算，每年到达月球范围内的太阳光辐射能量大约为12万亿千瓦。在月球上，太阳能的能量密度为1.353千瓦/平方米。月球上白天和黑夜都相当于14个地球日，可以获得极其丰富而稳定的太阳能。通过激光、微波传输，地球上的接收系统通过地面天线接收能束，再将其转换成电能。另外，月壤中气体（如氢、氦、氖、氩、氮等）资源，尤其是核聚变燃料3He的开发和利用。初步估算，月壤中3He的资源总量可达100万至500万吨，将是人类社会长期稳定、安全、清洁、廉价的可控核聚变能源原料。第三，月球特殊环境的开发利用。月球具有高真空、无磁场、温差变化大、弱重力的特点，有些产品就一定要在这种环境下才能实现，月球的条件可以建立天文观测站与研究基地，且精度高、造价低，运行与维护费用低，还适合进行各种科学试验，研制特殊的生物制品、材料等等。第四，月球有丰富的资源，月球资源的前景非常巨大。基于这四个原因，所以有这么多国家要重返月球。但是联合国有规定，不能在月球上占有土地，不能殖民，这是大家定的公约，中国也签字了，但事实上谁先开发利用，谁就能先获利。面对这样的严峻形势，中国绝对不能袖手旁观。因为不能到达月球就没有话语权，就不能维护中国的合法权益，因此中国必须要有月球探测的能力。

2004年，美国总统布什宣布新的航天计划，他要将人类足迹扩展到整个太阳系。要在2008年前将无人驾驶的探测器送上月球，在2015年至2020年之间实现美国宇航员重返月球，并在那里建立太空基地，在2030年把人类送上火星乃至更遥远的宇宙空间。美国的战略遭到了全世界评论，为什么美国又倒回去走原来的老路呢？全世界的评论就是三点：第一，保持美国空间科技的领导地位；第二，控制未来的能源；第三，占有军事领先的优势。这就是美国的目的，所以美国一直在探测月球、火星。

奥巴马上台之后，依然全部支持布什的计划，后来因为遇到金融危机，真的没有钱，所以取消了这个计划，但是美国的大火箭大飞船仍然在制造。除了美国之外，欧洲、日本的计划也完全是步美国的后尘，这里我就不详细说了。

印度自从发射了“月船一号”以后，也提出来要举全国之力发展载人登月，在2020年全面实现载人登月，这将比中国的计划早四年。我也和印度的科学家探讨过，我说你们总统提出来要在2020年实现载人登月，这对中国而言都很难实现，印度的困难比中国多多了，你们怎么敢这么提？他跟我说了一句非常中肯的话，他说你要理解这是政治家的语言。所以说我们当前的形势是前有阻击，后有追兵。美国完全是阻碍，甚至是扼杀我们，美国到现在一直不给我们嫦娥工程任何一个元器件，欧洲是军事禁运，俄罗斯的元器件不是太好，日本也生产一二十万个元器件，连美国都要购买一些元器件，中国更需要买一些元器件，不可能全部自己包揽，谁也没有这个本事。日本可以卖给我们一批，但是每一批都有一两个坏的，后来按照合同必须要罚款，日本人老老实实赔款，但最后谁吃亏？还是中国吃亏，因为这耽误了中国的时间。我最后体会到一条，就是世界没有一个国家真正希望中华人民共和国强盛，没有一个国家真正希望中华民族实现伟大复兴，中国人实现伟大复兴只有一条路，叫做“自力更生，自主创新”，不这样做就得挨打，所以中央要求我们做的是“中华牌的嫦娥”，中国人必须要争这口气，我们中国人一定要自己努力。

六、中国月球探测的起步与嫦娥一号

到了 1993 年，我们觉得条件成熟了，载人航天立项了，再努一把力一定可以上月球，所以当时向国家提出了申请。经过十年的论证、探讨、长远规划，写了近二十个报告，在 2004 年大年初二温家宝总理、各位副总理、军委副主席终于批准了中国的第一次月球探测工程，叫“绕月探测工程”，我们全部的经费是 14 亿人民币，这相当于北京市修 2 公里地铁的钱。

计划批准以后，我们就分阶段开展。

第一阶段叫无人月球探测。我们现在有能力把人送上月球，因为一个人最多 100 公斤，但是送到月球以后有一个最大的难题，就是没有办法让他回来，而这是不允许的，所以我们一定要做无人的飞船，要保证人的人身安全。

我们无人月球探测又分为三段三期：第一，全面了解月球。第二，仔细探测月球。第三，把月球上的东西带回来。

我现在简单向各位汇报一下“嫦娥一号”的情况。“嫦娥一号”探测整个月球，是比较粗糙的，但是综合性的。我们当时没有任何基础设施，我们要发射一颗卫星，要建立全部航天工程系统，要培养出一支专业的队伍，这是中国人的希望。我们当时在轨道设计时挺害怕的，从没去过那么远，所以要绕着地球转三四圈，转一次加速一次，加速到一定速度冲出地球奔向月球。然后最难的就是要被月球抓住这一步。应该说我们中国全部的航天活动就正如俄罗斯航天之父讲的“人类终将离开自己的摇篮”，在嫦娥工程之前，我们中国人没有离开过自己的摇篮，一百多个卫星和全部的载人航天飞船，全都被地球控制，只能围绕着地球旋转。所以我们第一次离开地球心里真的没底，所以设计得这样复杂。

2007 年 10 月 24 号在西昌，我们发射了“嫦娥一号”。发射时间要求非常准时，这里面有一个窗口的问题，这就要求一定要在这个时间，不能早不能晚，我们先在月球上算好了，什么时候要到月球，进到哪个位置最好，再反过来一步一步算到最后，你必须在哪一天哪小时哪一秒，零点几秒发射，这样的话才能到达窗口的位置。

当时一共飞了 13 天 14 个小时 19 分，行程 206 万公里。飞得不能太快，也不能太慢，要恰到好处，才能被月亮抓住，飞得太快飞走了，飞得太慢就撞上去了。所以那时非常紧张，最后我们控制得非常好。进入工作轨道以后，命令照相机开机工作。我们的照相机是一个镜头，同时照三张照片，一张往前看，一张往后看，一张往下看，为什么要三张照片，而且是不同的视角呢？人有两个眼睛，看东西是两个视角看，一只眼睛构成不了立体，我们要照立体照，所以我们现在是三只眼睛，每个轨道都能看清楚。接收数据是靠两个最大的望远镜，一个在北京，一个在昆明。这毕竟是中国人第一次看到月亮，探测这个承载着我们梦想的天体，大家都非常振奋。月亮的南北极很暗，开始我们担心我们的相机不行，后来没有想到我们的相机拍摄得非常漂亮，走了 276 圈把月球的南北极全部给拍了下来，这是全世界最好的一张月球图。我们还装了一台精密的仪器，它的任务是测高层的，你的表面有多高，一秒钟打一个点，这样我飞了一年零 4 个月，打了一两千万个点，所以好比你这个桌面上我打了几百个点，上面的所有的高高低低我全可以划分出来，我们最后打了 900 多万个有效的点，日本全部做下来只有 700 万个点。另外我们还要测它的成分，这个很难，因为每一轨都要处理。最后我们公布出所有元素在全月亮上的分布，这个工作是其他国家从来没有做过的，我们探测出月亮土壤层有多厚，这样就能够换算出来有多少3He，它的浓度有多厚，这样的话才能够计算全月球有多少3He。我们第一次向人类交出了月球上拥有3He的数据，测算出大概可以够人类使用一万三四千年，这对人类解决能源问题有很大的帮助。另外我们测了很多的环境数据，都有很大的突破和发展。"嫦娥一号"在完成使命后就要结束它的生命，我们迟迟下不了手，因为"嫦娥一号"是一位英雄，为了完成国家的使命尽了它的责任，我们很不忍心它最后粉身碎骨、葬身异乡，它为中国作出了巨大的贡献。

七、嫦娥二号的使命与拓展试验

我简短介绍一下"嫦娥二号"。"嫦娥二号"是在2010年发射的，比第一次发射改进了很多，"嫦娥二号"原来是"嫦娥一号"备份星，什么叫做备份星？领导说你们胆子够大了，就一个"嫦娥一号"，出事怎么办？所以你还要再做一个，万一那个出事这个赶紧上。结果"嫦娥一号"做得很圆满，所以就给"嫦娥二号"改进了一下，做三号的先导星。我们改进了很多。第一，"嫦娥二号"直飞月亮只要4天半就到了；第二，把轨道降低，数字降到15公里高，这个15公里高就比地面上飞机高一点，月球上的山有一万公尺，"嫦娥二号"撞上去是很有可能的，所以有很多的危险。"嫦娥二号"在很多方面都比"嫦娥一号"细致多了。我们用"嫦娥二号"拍了一张分辨率是7亿像素的图，这张图至少领先世界四到五年，7亿像素的全月球图已经做好了，这张图真的打印出来比足球场还要大，就算月球上哪怕一个小点都可以知道得很清楚。另外"嫦娥二号"还探测出了很多成分和很多别的东西，比“嫦娥一号”的数据多了四倍。最后我们觉得“嫦娥二号”已经全部完成它的使命，还贡献了很多新的成果。我们不想让“嫦娥二号”再撞碎了，便给它分派一个新的任务，让“嫦娥二号”飞到第二拉格朗日点。拉格朗日是法国的一个数学家，他算出来地球和太阳之间有5个点，在这5个点的位置上引力是平衡的，像拔河一样双方的力量都是均等的，所以叫拉格朗日点，我们让嫦娥二号飞到第二拉格朗日点上去。所以“嫦娥二号”离开月球奔向第二拉格朗日点，一共飞行了77天，到达了离地球150万公里的这个点上，飞到这里做什么呢？监视太阳的活动。太阳是主宰我们地球的天体，它的活动有哪些规律，哪些特点？它的爆发情况怎么样？我们做了很多观测，记录了235天的数据，后来觉得没有必要再干下去，就又给“嫦娥二号”布置了一个新的任务，这个任务我们花了很大的力气，搞了很长时间，让它飞到离地球700万公里的地区，与战神号小行星会面，后来“嫦娥二号”准时在2012年12月13日和战神号见面，它们两个擦过去的距离是3.2公里，很容易撞上去，我们控制得很好，这是人类第一次看到小行星的照片，这个小行星长4.6公里，宽约2.6公里，但是在地球上只能看到一个光点，我们精细地分析出来，它未来也有可能撞上地球，所以我们要进一步了解它。

八、嫦娥工程的后续发展

今年年底我们要发射“嫦娥三号”，“嫦娥三号”是着陆探测器加上月球车巡视探测。我们的着陆器上有两样东西，是世界上迄今为止没有人安置过的。它上面有一台望远镜，可以在月球上观测天文，这是人类梦寐以求的，因为月球的真空状态极其适合观测。另外，上面还有一台紫外线照相机监视地球的环境，监视它的大环境变化。我们这个月球车是中国最智能的机器人，完全可以自主导航，可以自己选择路线、自己爬高、自己下坡、自己避开障碍、自己指挥身上的各种仪器，然后自己把数据发回地球。这个月球车底下还有一台全世界没有装过的东西，我们装了一台雷达上去，可以探测地下 100 米到 200 米深的结构，就算走到哪儿都能把地下切开来看，这样它一边走一边干活。最难的一件事情是如何降下去，月球是真空，绝对不能用降落伞，因为毫无用处。所以只有一个反推办法降下去，反推到近月面大概一米多的地方撤发动机，这就是软着陆月球，这个很难控制，着陆以后月球车就往外走出去，然后把探测的数据发回地球，这将是我们中国人第一次在别的天体上降落。还有一个难题我们也解决了，就是着陆器着陆月球是在月球的晚上，晚上月球的温度是零下 180 摄氏度，而且有半个月长，那么冷所有的仪器都会被冻坏，就要想办法保温。保温的话就要用电池，因为晚上没有太阳，月球是漆黑一片。后来我

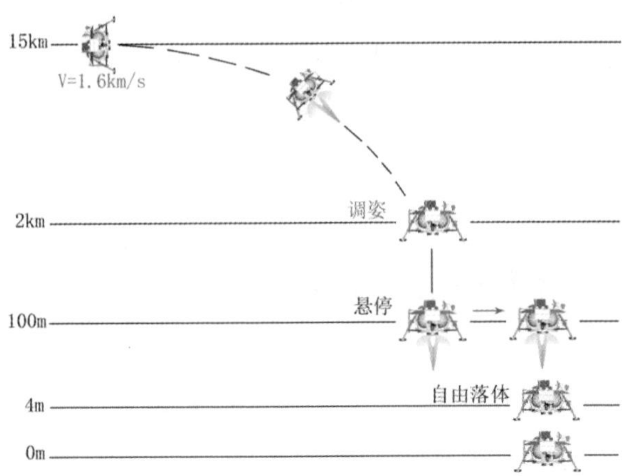

图六　嫦娥 3 号动力下降段飞行过程示意图

们中国自己研制了原子能电池，这种电池可以连续工作三十年，彻底解决了这些问题。

“嫦娥五号”隔两年也要发射，它就更难，它也是直接飞到月球，降落在月球上，然后用铲子取月球的样品，一直到把地下的岩心取出来，再原封不动地放到返回舱里头去。最后它自己发动离开月球表面，进入月球的空间。离开月面以后，它没有能力回到地球来，所以我们有一条飞船在那里等着它，它会和飞船交会对接，由飞船带着它返回地球的大气层，经过缓冲它最后要冲出大气层，最后让它飘出来。它里面没人，是把探测到的样品全部带回来，因为带的东西很多，所以要用大的火箭，这个火箭叫做“长征五号”，在天津研制。这个火箭做出来有一个大问题，不能运到内地三个发射场，因为它体积太大了，火车不能运，铁路隧道太小，火箭比隧道还大；高速公路也不能运，因为火箭比桥梁还要高；所以只能用船运到海南岛文昌县，去新的发射场，“嫦娥五号”将在那里发射。

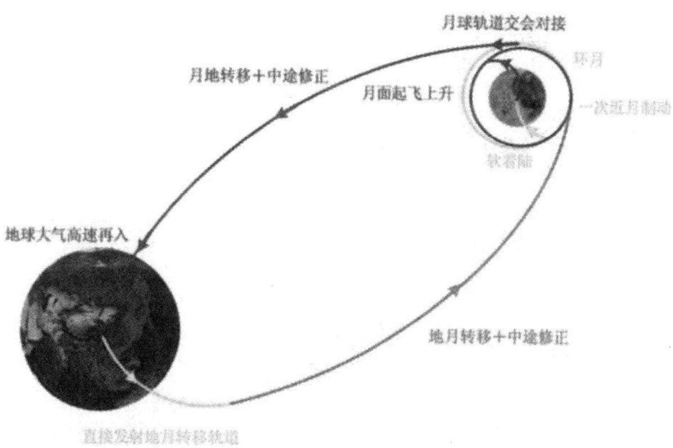

图七

大家一定会问我们，怎么是探测器是一号、三号、五号，没有四号和六号呢？我们单数是正规的任务，双数是用来备份的。所以我一般只讲一、三、五，没有讲二、四、六就是这个原因。总之，通过环月卫星探测，月面软着陆探测与月球车勘察，月面软着陆探测与采样返回的实施，为载人登月和月球基地建设积累经验和技术。

完成这一阶段的任务后，我们一定要把中国人送上月球，然后开发利用月球。在“嫦娥二号”成功以后，党中央国务院给我们召开了庆祝圆满成功的大会，胡锦涛同志也发表了讲话，他说“嫦娥二号”任务圆满成功，是我国探月工程取得的又一成就，是我们建设创新型国家取得的又一成果，是中国人民攀登世界科技高峰的又一壮举，谱写了中华民族自强不息、锐意创新的壮丽篇章。这一重大成就，对推动我国航天事业发展、引领我国科技创新，对激励全党全军全国各族人民意气风发地投身改革开放和社会主义现代化事业具有十分重要的意义。他特别强调“开启了中国人走向深空探索宇宙奥秘的时代”这一点。按照这个指示，我们准备了四五年，拟定了中国深空探测计划。我们中国人绝对不能止步于月球，我们还要走得更远，我们要探测金星、火星、木星，还要探测巨大的太阳，以及太阳系里面的小行星。

九、深空探测——让中国人走得更远

深空探测是当今世界极具挑战性、创新性与带动性的航天活动之一，对增强民族自信和提高民族凝聚力、推动国家科技进步与人类社会可持续发展，激发科学探索精神，具有重大而深远的战略意义。我国“嫦娥一号”“嫦娥二号”任务取得圆满成功，开启了中国人走向深空探索宇宙奥秘的时代，标志着我国已经进入世界具有深空探测能力的国家行列。

目前，我们探索的任务主要有以下几个：第一是要探索太阳系里还有没有存在着生命的星球。这是一个科学问题，首要目标是探测火星，火星上最可能有生命；还要探测木星的一个卫星“木卫二”和一些有组成生命物质的小行星。第二个任务是要做类地行星的比较研究和了解太阳系的形成与演化。我们要探测火星、金星、木星，研究太阳系的起源和演化。第三个任务是认识太阳和小天体活动对地球的灾害性影响，这是人类未来安全的保障。第四个任务是探寻地外资源，研究地外能源与环境的开发利用以支持人类社会的可持续发展。最后一个任务更为长远，能否在太阳系里面改造一个天体，让它变成另外一个地球，成为人类的第二个栖息地？这个问题全世界都很关注。

世界上对于深空的探测已经进行了 255 次，最早是探测地球附近的天体，到上世纪 70 年代开始探测一些大的行星，我们主要先探测以下几个行星。

首先探测的是火星，因为火星离地球最近，它和地球一样有春夏秋冬，和地球非常相像。它也有大气，主要是二氧化碳，很稀薄。火星外表北半球好像还有海盆地，但是没有一滴水，南半球主要是陆地，我们第一步要做全火星的卫星探测，探测火星上是否有生命，研究火星的环境。有几台着陆器着陆到火星上，做了大量的试验，证明火星现在没有任何生命活动迹象，包括“海盗”号、“凤凰”号。美国派了一个着陆器“好奇号”降落在火星上，装备十分齐全，大概有二三十套仪器在上面，它主要的任务是要探测火星上有没有生命活动，火星上有哪些条件能够让生命生存，它做的工作是非常庞大的。

从火星掉下来的陨石里面，我们找到了很多种化石，细菌大小，电子显微镜才能看得见，这么多小虫子在它的里面，现在很多人还在争论，这是不是火星以前的生命，因为这些石头都是36亿年以前的，所以证明火星36亿年以前可能有生命，生命的水平（细菌）非常低级。但是36亿年前我们的地球也有生命，生命是什么，也是细菌，水平也很低。现在的问题就是，到底是火星带给地球生命，还是火星上的生命体也是地球上带过去的。火星以前有水，还有河道，还有湖泊，北半球好像还有海洋，现在一滴水都没有。火星上有很多湖泊都干了，而以前有水就有可能有生命。因此，我们中国也有一个任务，要把火星地下的水全部探测出来，结果美国先做了一步，做了一个小地区的水的分布。我们的仪器可能要比他们的好，我们在南极做过，地下的冰层、水都可以测出来，我们有把握会做得好一些。

另外我们还要探测有关火星的一系列科学问题，包括它的磁层、大气层、地形、地貌、物质组成、内部结构等等，我们要把它和地球的内部结构进行对比，和其他行星摆在一起，把所有的数据拿来对比，研究这几个行星是怎样起源发展的，目的是为了更好地理解我们的地球，火星非常像地球。现在全世界每年都要开会讨论如何改造火星，这是人类未来重大的一个移民地，是为了几百年后的地球在遇到人口增长、环境恶化、资源匮乏等危机时，为人类寻找另外一个栖息地。人类希望通过几个世纪的艰苦努力，将这颗贫瘠的行星改造成一个拥有蔚蓝色天空、绿色平原、蓝色湖泊和生态环境友好的新世界，地球－火星将成为人类社会持续发展的姐妹共同体。

我们要探测太阳。探测太阳第一步我们是用望远镜来观测太阳的活动；第二我们要探测太阳的南北极，经过太阳的南极转一圈需要7年，大概得飞十几亿公里。最后还要有卫星阵来探测太阳。另外我们还要探测一些小行星，以免它们会撞击到地球。

我们还有一个探测对象就是金星，就是大家看《西游记》里那个白胡子老头“太白金星”，早晨看到它是启明星，晚上看到它是长庚星，这个金星实际上云遮雾罩，你根本看不清楚它的本来面貌。它发光很亮，其实都是云遮雾罩的，它的大气有将近 99 个大气压，待在金星表面人都会被压扁。这里大气主要是二氧化碳，我们现在最害怕温室效应，金星的温室效应严重到什么程度，使金星表面的温度达到 485 摄氏度，铅都得熔化了，所以假如温室效应再严重，很多人担心地球会不会变得与金星一样不可居住。人类是有智慧的，还是会要改正自己的错误，不至于演化到如此级别。我们要探测金星的大气层，还要探测金星表面的各种地形、地貌、结构、成分。

木星也是我们探测的一个重要目标。木星是遥远的巨大的行星，大概有好几千个地球大，除了探测它以外，还要探测它的第二个卫星——“木卫二”，这个卫星表面冰冻得很厉害，有很多的裂缝，裂缝上面有底下排出来的东西，是不是有生命的物质呢？冰层底下是海洋，只要有水、有能量就有可能有生命。

对于太阳系的探测都是为了保障人类的生存条件和人类的美好未来，我们中国人也应尽我们自己的责任。我们这个计划就是一个目的：要让中国人走得更远，要走 11 亿公里，要走 20 亿公里甚至更深远的地方。宇宙是非常辽阔的，这个舞台我们中国人将持续地往前走。我们一定要有好的开始，所以嫦娥工程一直得到中央的亲切关怀和坚强领导，并得到全国人民的鼓舞与支持。我们一定继续艰苦奋斗，竭尽全力，精益求精，做好后续工作，圆满完成任务。我们还将积极进取，攻克难关，加速开展太阳系的全面探测。我们热切地希望有关的专家学者和青年学子，能够投入到嫦娥工程和探索宇宙奥秘的行列中来，共同为人类社会的持续发展和美好前景，为中华民族的伟大复兴作出历史的贡献！

我今天就讲这么多，谢谢大家！

（本文根据欧阳自远2013年6月29日在中央国家机关“强素质·作表率”读书活动2013年第6期主题讲坛上的讲座内容整理）

中国高速铁路的创新与发展

主讲人：刘　辉

各位领导、各位在座的朋友，大家上午好！

首先非常感谢论坛的主办方给我提供一个机会，给大家介绍一下高速铁路的发展历程和所取得的重大创新成果。高速铁路目前已成为我们生活的重要组成部分，成为中国走出去的亮丽的名片。今天我想在有限的时间里，从我这个角度给大家作简要的介绍。

一、什么是高速铁路

我先谈一下高速铁路。我们在座的各位对高速铁路都有切身的感受，下面我说说什么是高速铁路。它的基本定义从现在来看，主要是两个方面：一个是国际铁路联盟（UIC）对它的定义；以及中国目前，我们以前的铁道部，现在的中国铁路总公司和国家铁路局给它的一个定义。基本上，新建铁路，速度在250公里/时以上的，我们就称为高速铁路。就我们国家来说，目前从250公里/时到350公里/时的客运专线和高速列车，在这个速度目标值范围内的，我们都称为高速铁路。经过我国工程的验证和实践，目前中国的高速铁路按运营速度分为 250 公里 / 时、300 公里 / 时、350 公里 / 时三个等级。

高速铁路是个系统，主要由五部分组成：线路轨道系统、牵引供电系统、列车控制系统、高速列车系统和客运服务系统。我们大家乘坐高铁感到平稳、舒适，正是高速列车这个系统提供的。

线路轨道系统非常重要。线路轨道系统它必须要有一个坚强的、稳定的轨道结构，它不能有太多的沉降，因为高铁的速度有 350 公里 / 时，沉降控制不好，容易脱轨。所以在这方面规范要求是不大于 1 毫米，就是一定范围内纵向轨面高差不超过 1 毫米，包括轨距。现在高铁的轨距是 1435 毫米，是国际标准轨距。还有什么呢，有隧道，有桥梁，还有我们跑的线路的路基，这都是高速铁路轨道的重要载体。如果没有这种结构的稳定，没有对它的沉降的有效控制，就没有一个稳定的轨道结构，就不可能有平稳的钢轨铺在这上面，那样，高速列车就不可能平稳地在上面进行安全运行。

高速铁路需要动力，怎么来呢，牵引供电。首先高速铁路有一个 110 万千伏贯通线，通过牵变所将贯通线的高压降压至 27.5 千伏，通过导流线经受电弓向列车供电，这就是高速列车的供电系统。

高速铁路，实际上是一个国家经济发展到一定程度的必然产物，也是一个国家根据国情需要的一个必然选择。中国有一个很大的特点，就是流动人口比较多，同时流动性比较大；还有中西部的发展极不平衡，提供一种快捷、安全的运输方式，是中国社会经济发展的一个现实选择。

中国有 14 亿人口，这个客流量是中国建设高铁的重要物质基础，其他国家做不到。高铁的运营成本是很高的，如果没有客流，那么它可能就要亏损，所以发展高铁还是要视具体的国情而定，要有技术、物质的基础，不能说世界各国都一定需要修高铁。

二、世界高铁发展简史

高速铁路技术不是中国的原创技术。我们是在世界铁路技术发展的基础上，通过引进、消化、吸收、再创新，形成了我们高速铁路的整个体系。

我们当时引进高铁技术实际上来自三个国家，一个是日本。日本的新干线技术，包括它的线下技术，还有它的高速动车技术。从2003年到2009年间，我大概五六次到日本，就是进行高速铁路的考察、交流和学习。我注意观察了，它的速度大概就是250公里/时到300公里/时，我还问日本朋友，你们能不能搞快一点。他当时回答说，我们日本国家比较小，人口密集，都在沿海一带，所以我们认为270公里/时、280公里/时比较经济，比较合算。所以他们的速度目标值都定在不超过300公里/时。

再一个，我们借鉴了法国的高速铁路技术。法国的高速铁路跟我们中国的有所区别。我不知道大家在坐高速列车的时候看没看到，我们的高速列车的轨道下面都是混凝土的，我们叫做无砟轨道。为什么我们要采用无砟轨道，实际是基于三个原因：一是因为速度，高速列车跑得很快，轨道必须要稳固；有砟轨道它不太稳定，速度就比较低。所以要把轨枕嵌到混凝土中，形成一个坚强稳定的轨道结构，采用无砟轨道。再一个高速铁路速度比较快，全封闭，维修养护工作不能太多，要不然会影响高速铁路运营的效率。无砟轨道是混凝土的，就几乎没有什么养护，我们或者叫做零维护。第三个原因，就是采用无砟轨道，它的耐久性高，使用寿命可以延长。从刚才这三个角度来看，高速铁路采用无砟轨道结构，是目前国际上通用的选择。

但是法国不一样，法国采用的是有砟轨道。法国高速铁路大概跑到每小时 300 公里，从巴黎到马赛，我专门乘坐了列车进行体验，平稳度还是可以的。目前世界上高速铁路跑得最快的实验列车，就是法国的 TGV，它达到了 572.5 公里 / 时，但它是实验列车，跑完以后，整个轨道跑散了。

还有一个就是德国的高速铁路 ICE。这三个国家的高速铁路技术，是中国在引进技术当中的重点。

三、中国为什么要修高铁

首先是我国资源分布的区域性，我们的经济建设需要大量的煤炭、石油以及货物发送，而铁路在我们国家的运输当中发挥的作用是非常重要的。

第二就是经济发展不平衡、需求拉动不平衡、城乡发展不平衡、地区发展不平衡。总体而言，我们国家东西部的差别还是比较大的。东西部的不平衡，就需要找到一种连接的通道或者一种新型的运输方式，促进经济的发展，减少或者缩小这种不均衡。应该说高铁间接地或者直接地起到了这种作用。

第三是城市化进程的推动。中国现在的城市化率实际上是不高的。下一步，城市化建设会进一步促进我国经济的发展，城市化建设的进程会加快。城市化建设的不断提速，城市规模的不断扩大，城市之间的交流越来越频繁，那么对交通的需要和要求就越来越高。现在我们每个省市都纷纷跟铁总签协议，其中一个很重要的原因，就是各省会城市、主要城市要通高铁的愿望强烈，高铁已是各省发展经济的一个代名词。

第四个原因，高铁是我们提升铁路运输能力的根本措施，这个我就不多说了。

还有，高速铁路建设是促进区域经济社会发展的重要途径。刚才我也谈到了，高铁带动了相关产业的发展。这是比较明显的：第一，带动材料业，高速铁路需要很多材料。第二，拉动了就业，像中国中铁因铁路建设就为社会近 200 万人口提供就业。第三，带动了整个产业链，因为我们是施工企业，有很多社会化的施工企业跟我们合作。有材料供应商，有装备制造商，还有机械加工业、材料研究和制造业，以及与我们相关的一些产业，包括通信信号这些合作方等等。所以高铁所带来的是一个非常广泛的产业链，它激发了相关业态的需求，促进和拉动了相关行业和产业的发展。

便利的、快速的交通工具改变了我们的生活，也给我们的思想、思维带来了转化，高铁给我们带来的变化，既有物质的，也有精神的；既有我们生活方式的变化，也有我们思维方式的转变，所以高速铁路带来的变化，是全方位的，是深刻的。

四、中国高铁发展的现状和规划

中国高速铁路，最开始是从“十一五”发展规划起步的，紧接着开始中国高速铁路发展研究，当时就提出了“四纵四横”的思想。

“四纵四横”的一些基本线路有：北京—上海、北京—深圳、北京—大连、杭州—深圳，这是四纵；徐州—兰州、杭州—长沙、青岛—太原、南京—成都，这是四横；还包括几个重要区域的城际铁路，如环渤海湾、长三角、珠三角等。

目前，“四纵四横”已经全面建成，中国高速铁路的基础已经全面实现。到 2016 年底，我们铁路整个营运里程达到 12.4 万公里，高速铁路达到了 2.1 万公里，应该说中国高速铁路的总里程比世界各国加起来还多，所以，中国已经当之无愧地成为世界高速铁路的大国。从技术创新来说，已是世界高速铁路的强国。高速铁路已成为中国经济发展和腾飞的重要标志。

为了进一步加快高速铁路的发展，最近经过国务院批准，我们国家颁布了中长期的高速铁路发展规划，要建成“八纵八横”的高速铁路新网络，2020 年中国高速铁路要达到 3.8 万公里，2030 年要达到近 5 万公里。这个目标就使中国高速铁路与中国经济发展的需求完全匹配。高速铁路的建设，就可以为实现“两个一百年”奋斗目标和中华民族伟大复兴的中国梦，提供一个有力的技术支撑。

由于“八纵八横”的建设，我们就基本形成了高速铁路网、普速铁路网和综合交通枢纽这么一个系统的结构形式，使我们高铁的覆盖面更广、层次更清晰。“八纵八横”以及中国中长期铁路网实现以后，我们的铁路运营规模将达到 20 万公里，高速铁路估计要到 5 万公里。这样的话，全国铁路高速网全部形成，大中小城市基本上都会形成 1~4 小时这么一个交通圈，城市群会形成 0.5~2 小时的交通圈。高速铁路到时候就成为支撑我们国家经济快速发展的一个重要基础。我觉得到那个时候，中国的铁路建设就要走向拐点了，后面就是逐步完善路网。所以，基本上就一个概念——20 万公里的铁路，5 万公里的高速，中国铁路运输网的建设大概就是这样的。

五、中国高铁创新路线和发展历程

下面我想给大家汇报一下中国高速铁路的创新路线及发展进程，这可能是今天我要汇报的主要部分。

政府主导，企业主体，引进关键技术与集成技术相结合，工程实践消化吸收相结合，原始创新与改进提高再创新相结合，产、学、研、用一体的高速铁路技术创新路线，极大地推进了中国高速铁路技术发展的步伐。高速铁路的引进，铁道部作为政府部门的主导作用是至关重要的。为什么我们的市场换技术策略能够取得成功，一个是体制优势，政府引导、企业主体、市场化运作，发挥了体制优势；第二个，我们国家持续开放政策的支撑；第三，中国通过逆向研究，取得了高速铁路的初步成果。

实际上，中国高速铁路的研究，最开始是 1999 年我们建的秦沈客运专线。据我所知，当时，国家科技部大概拨了 10 多亿人民币给铁道部，进行高速铁路原创技术的研究和实践。所以在秦沈线，在轨道结构上，我们进行了无砟轨道的试验线研究，进行了软基的处理，桥梁路基隧道过渡段的技术研究，还进行了控制车辆技术研究和牵引供电动车组的研究。

2002 年，秦沈客运专线准备开通的时候，我们国家自主研发的中华之星，跑到了 321.5 公里 / 时。当时，一致呼声，这个要推广。我记得，在开通前夕（2002 年），当时我参加了最后的实验，是验证高速列车中华之星的一个实验；当时的四位部长，加上我们工程单位的、装备制造单位的，以及铁道部各路局的领导都在等着跑这个321.5公里/时，大家都很高兴，结果实验没有成功。我个人认为，这给铁道部刺激比较大，这个事情发生以后，马上就做了一个重大的决策调整：把原来的自主研发调整为引进国际先进成熟实用的高铁技术，技术路线整个就转换了。在新的技术路线下，我们引进国外先进、成熟、安全的高速铁路技术，包括设计技术、建设技术、装备技术、列控技术和通信供电技术，是全方位的引进。

从2003年开始，各个企业在铁道部组织下，就展开了对日本新干线、德国ICE、法国TGV高速铁路相关技术的交流。但是我们只能去交流，是不能谈引进的，引进是铁道部来组织。所以刚才我谈到，第一个就是有中国特色的技术引进路线。

那么中国高速铁路的创新进程，实际上有四个方面：第一是技术储备阶段，第二个是引进消化阶段，第三个是吸收创新阶段，第四个是自主创新阶段。这四个阶段都有故事，也有标志性的工程做支撑。

第一，技术储备阶段。刚才我说，秦沈客专是当时国家科技部支持的最重要的技术储备，我们试验无砟轨道，就是混凝土的轨道结构，同时试验对软基的处理，对高速动车所需要的结构，进行了设计和实验验证。当时秦沈客专跑到了200公里/时，这样的速度，跑的是中国的中华之星列车，这个很重要。第二个重要的实验就是咱们的遂渝客专。2002年开建，2004年开通。我们在重庆地段，选了16公里进行试验。这个试验的内容有跨区间的无缝线路，高速铁路有一个重要的特点，就是轨道必须是没有缝的，原来是一节节的钢轨，后面要全部焊起来，叫无缝线路。遂渝客专进行了跨区间无缝线路、大跨桥梁上无缝线路的试验。还试验了各种形式的无砟轨道，有板式无砟轨道、双块式无砟轨道以及长枕埋入式无砟轨道，以及各种弹性扣件。还试验了各种路基处理结构技术，以及供电系统。遂渝线当时就开始引进部件，并开始试验中国组装的动车了。所以这两条线，都是我们原始研究和引进技术相结合进行的试验。在这个基础上，我们开始谈引进技术。

日本、德国、法国，他们都很迫切地希望自己的技术能输出，于是我们就提出了一些条件。就动车来说，不能光把你产品引进来，你得把设计转让，标准也要转让，另外，生产线要转让。我必须引进一整个平台。再一个土建方面，我引进的，不光是你的设计理论、设计技术，还包括实验方面的一些成果。有些东西他只告诉你怎样做，不告诉你为什么，他留一手。告诉你数据，告诉你这样做、这样计算，方法可以告诉你，但是这些数据是怎么来的，不说！一些核心部件的软件，他不转让，他就是想把核心、关键技术给你控制住。当时谈还是很艰难的，开始他不想转让技术。铁道部就很简单，你不转让技术，咱们就不谈，中国市场就不向你开放。我们还说了一句话：再有三到五年，我们就用自己的技术上高铁。因为有秦沈在那儿，遂渝线在那儿，都可以跑到 200 公里 / 时了，跑到 300 公里 / 时以上了（动车组），最多两年就上去了，没问题。也就是说我们有底气，因为已经有了相当一些研究工作做铺垫，国外的人到遂渝线、秦沈线一看，感觉中国技术还不错，中国已经有了相当的技术储备和基础，也感觉如果再坚持，那真是机不可失，时不再来，可能会丢掉中国市场。加上铁道部一个口径出去，所以迫使他们接受了中方条件，签了技术转让协议。我觉得中国高铁技术引进的最大优势，就是我们确实发挥了体制优势，政令畅通，高度集中。你在引进技术上不这样谈，肯定不行。如果中国企业纷纷去谈，完了，他可以各个击破；现在他就根本没机会，只能找铁道部。

我们国家，不管在军工领域，还是一些成功领域的技术引进，我们自己逆向研究的技术储备是很重要的。在技术储备阶段，我们当时就掌握了 200 公里 / 时速度客运专线的修建技术，并且研制了运架一体化的 Q600 型的架桥机。中国的高速铁路跟国外比，我们在轨道工程结构上有自己的特点，我们都采用桥的方式，我们叫做"以桥代路"，这个方法是国外用得比较少的。我们在德国参观，在法国考察，他基本上都是路基。为什么采用路基，因为路基的成本低。再一个他的工期比较长。因为在国外修建高铁，不像中国有很明确的工期要求，基本上是八年搞一条，我们是三到四年搞一条，是他的一半时间。那么如何做到这一点，我们采用"以桥代路"。"以桥代路"的优势一个是节地；再就是有效地控制沉降。路基有沉降，在国外把路基填充好就甩在那儿，一年两年让它自然沉降完成以后，才开始做轨道。中国不行，时间来不及，我们要跨越式发展，没有太多的自然沉降的时间，所以我们采取了很多辅助措施：路基加固、强化排水，包括进行路基加载预压，加速沉降，尽快稳定。更主要的是还有一个运行维护。桥梁运行维护的工作量相对小得多。

这是第一阶段技术储备，是我们引进技术的重要基础。

第二，引进消化阶段。我们第一个引进的高速铁路是京津城际，在某种程度上，它就是一条最大的试验线，我们从设计、无砟轨道到施工装备，全是从国外引进的，京津城际全部是桥梁没有路基，100 多公里都是桥，为什么？一是京津城际经过的地段很珍贵，要尽量少占地，第二京津城际原先有很多采空区，不均匀沉降很难控制，采用桥梁我们有效地把沉降给控制住了。第三是时间紧，京津城际是 2005 年开工，2008 年必须建设完成，向奥运会献礼，怎么办，只能搞桥。京津城际是全套引进的技术，建造无砟轨道板用的是德国技术，动车用的是西门子和新干线的技术，供电采用了部分法国技术。整个高速铁路所有的技术的集成，在京津城际进行了引进试验。应该说京津城际既是中国第一条高速铁路，同时也是国外技术在中国的集成利用。我觉得这是必须的，因为当时我们还没有时间来消化它，只有在京津城际的建设过程当中，我们通过应用来进行消化。然后再从技术、理论方面逐步研究和掌握它，这需要有一个过程。

接下来就是郑西客专线试验段建设。郑西客专线试验段也是我们引进技术的试验线，这个试验段就是引进加消化吸收，京津城际是外国公司设计，郑西线是我们设计他咨询。再一个就是武广线。这两个试验段虽然是一样的，但产生了一个比较大的变化，就是通过消化吸收我们基本掌握了高速铁路建造技术。

第三，消化吸收阶段。在京津城际，我们对 350 公里 / 时的高速铁路，进行了一次完全的应用型的掌握，在应用基础上我们进行了一些自主性的开发，我们获得了纵联板、超细水泥的一些研制成果，也获得了有关关键设备工艺工装的引进创新成果，同时我们实现了一部分材料的国产化，为高速铁路的完全技术创新打下了一个坚实的基础。

比如500米的长轨焊接锁定技术，我们修建京津城际时完全掌握。再比如通过试验段我们掌握了软土的设计施工技术、沉降控制技术和联试联调技术等等。武广段应该说体会比较深，通过武广高速铁路建设，穿过复杂地形的高速铁路修建技术我们就完全掌握了。

简单总结一下，刚才我谈了三个阶段：技术储备阶段、引进应用阶段、消化吸收阶段。我们的技术储备主要是秦沈客运专线和遂渝客运专线，我们的引进应用主要是京津城际，我们的消化吸收主要是郑西、武广两条客运专线的建设。客运专线现在叫高铁线了，当时，高速铁路还没有被国家正式列入项目规划，所以就叫客运专线。

第四，自主创新阶段，就是在刚才所说的三个阶段的基础上，我们完全掌握了具有自主知识产权的成套高速铁路修建技术和装备制造技术，京沪高铁是典型代表。京沪线目前是世界上最长、运行速度最快、标准最高的高速铁路，京沪高铁的建成标志着中国高速铁路取得了重要成果：那就是完成了自主创新的整个过程，这个时候我们就具备了高速铁路走出去的技术能力，包括设计、建设和装备制造等各方面的能力。

六、中国高铁取得的重大成就及主要创新成果

我们在国外的高铁技术平台上，针对我们中国特殊的需要进行消化、吸收、创新与集成，科学研究和工程应用相结合，使我们中国的高铁技术品牌得到了一个整体的提升，这是一个重要成果。为什么我要这样说？实际上刚才我跟大家介绍的时候，大家应该都感受到了，国外的技术是停留在 300 公里 / 时的技术平台上，而中国已经达到了 350 公里 / 时的技术平台，所以我们说中国的高铁技术相对于国外的高铁技术进行了重大改造，有重大的技术提升，自主创新的重要成果体现在平台方面，有很多重要的变化。

这些变化体现在 12 个方面，就是我们引进了 12 个方面，但我们都经过了自主创新，这样它才能跑 350 公里 / 时，要不然绝对跑不到。下面我大致介绍一下这 12 个方面创新的内容。

第一，在线路修建方面，有复杂地形高精度的测量定位控制，软

土、湿陷性黄土路基的防腐及排水、沉降变形控制、自动检测等等。

第二，在桥梁方面，有大吨位的箱梁预制运输和架设技术等。目前我们高速铁路正在进行试验 40 米跨度的标准的检测量精度。中国的高速铁路结构，主要的体现形式是以桥代路。所以桥梁技术很重要。

第三是隧道方面，解决了在岩溶地区高速铁路隧道的施工技术。施工技术不限于施工，还有配套设备，包括地质预报，地质加固，机械化开挖和衬砌支护这些技术，是一整套的。

第四是过渡段技术。从路基到桥，路基是一个柔性结构，桥是个刚性结构。在柔性到刚性之间有一个连接、过渡，这个过渡要把它处理好，不要突然从软到硬，轨道线路就会出现问题，对安全也有影响。

第五是无砟轨道技术，刚才我介绍过了。

第六是高速道岔技术。高速铁路必须有高速道岔，它在折岔上岔形有不同的间距要求。

第七是无缝线路技术。在高速铁路施工现场，焊接工把 100 米的短轨焊成 500 米的长轨。500 米的长轨再焊接成 1.5 公里的单元轨，单元轨再焊接，一条线没有一个接缝。中国的无缝线路标准挺高的，因为出厂就是 100 米。我知道这个事情，当时我跟攀钢、宝钢谈，还是下了点功夫的。因为当时他们生产 25 米的，要改成 100 米的，整个生产线要变，那投资是很大的。铁道部就说，你怕什么，全买你的钢轨。还给了一些科研投入。所以整个生产线全调了，几个钢厂都调整了。

第八是牵引供电技术。大家看到高铁有一个拱，拱顶那条线，叫导线。350 公里 / 时的话，叫高强高导，300 公里 / 时及 300 公里 / 时以下不需要，所以光这个线，就有很大的差别。我们在牵引供电方面的技术比国外先进。

第九是高速动车组，目前最先进的是“复兴号”动车组。“复兴号”最大的一个特点是标准化，原来我们的动车组引进了几个国家的，有德国的、日本的、法国的，加上南车、北车，有些配件是不能交换的，标准也有差异。铁总就建立了一套技术标准、产品标准和制造标准，使所有动车组的兼容性提高，同时技术标准统一，实现了动车组在不同速度目标值下的一种统一设计，统一制造，体现了我们技术的系统性。所以现在我们的“复兴号”动车组能跑到 400 公里 / 时。目前铁总正在研究 400 公里 / 时以上的超高速动车组。

第十是列控通信系统。我们的高速铁路与国外最大的不同在于，我们是双制式，既有无线通信控制，也有轨道电路的有线控制，这是中国的特色。

十一是联调联试技术。联调联试简单地理解就是轨道结构、动车牵引供电、信号及服务系统要在动车跑动当中来进行调试，以达到整体的系统功能。这种调试是一种技术，它需要专门的仪器、专门的软件来做一些技术分析和技术处理工作。目前我们是完全掌握了，中国的联调联试技术目前非常先进。

十二是运营维护。运营维护这方面的技术在不断地研究。高速铁路运营过程当中会出现变形结构等问题，需要研究怎么对高速运营的动车进行监控、监测，潜在的故障和风险怎么消除等等。我们说高速铁路建造寿命，也就是使用寿命是 100 年，实际上这个 100 年是在有维护这个情况下的 100 年，并不是说这个工程结构放在那儿不维护就可以使用 100 年，那是绝对不可能的。所以维护贯穿于整个高速铁路使用的全阶段。

通过刚才我说的四个阶段以及我们取得的十二个方面的成果，可以这样说，今天我们全面掌握了拥有中国自主知识产权的高速铁路成套的修建技术、装备制造技术和运营维护技术。我们的高铁建造和装备制造技术达到世界领先水平，我们的技术体系更加成熟、可靠和先进，我们形成了高速铁路成套技术标准，并且推进了我国技术标准的国际化，为“走出去”提供了技术支撑。还有行业试验平台的建设，我们建成了多个高速铁路国家试验室，为我们持续创新能力的提升提供了技术保障。

这些成果在宏观上体现为中国高速铁路运营网速度最高，路网规模最大。到 2016 年底，铁路运营里程达到了 12.4 万公里，高速铁路达到 2.2 万公里，占世界高速铁路运营总里程的 60% 以上。

七、中国高速铁路的成功经验及比较优势

从高速铁路来说，我们确实形成了整套的技术，但是下一步还要在修建技术，在怎么减少高速铁路对能耗的影响，怎么适应我们国家新的发展理念等很多地方进行探索。尤其是在智慧铁路建设方面，以京张铁路为代表，我们将在冬奥会之前建成开通，这将是中国高速铁路又一个标志性的工程，也将是世界上第一列无人驾驶高速铁路系统的运用。

刚才我说了这么多，介绍了中国高铁的发展过程以及取得的重要成果，那么跟其他国家相比，我们为什么能够取得这么大的成功，我觉得我们有一些经验和比较优势。

与其他国家相比，我们有这么八个方面的优势：

一是建设模式最新。政府主导、企业主体、市场化运作的建设模式最新。

二是体制最好。中国高速铁路的经验和成果，植根于中国特色社会主义体制这个基础上，体制优势是最重要的。只有共产党能领导中国，只有共产党能建设好中国，这是一个真理。

三是建设规模最大。我们现在高铁 2.2 万公里，铁路运营里程达到了 14 万公里，这是世界上规模最大的。

四是运行速度最快。我们引进了 250 公里 / 时的高铁平台，我们推出去适合应用的是 350 公里 / 时的平台。

五是技术集成最全。中国的引进为什么能成功，它有一个最大的特点，就是在铁道部、铁总的领导下实现了技术的集成，其他国家不行。其他国家车辆制造、设计技术、扣件技术，包括它的供电通信信号是分开的，虽然在一条线上可以集成应用，但是在设计上难以做到统一集成。中国就能做到，因为始终是铁道部、铁总在牵头，它既是主持方又是投资方，既发挥企业市场主体的作用，又充分发挥它在集成创新方面的组织牵头作用，在这一点上有别于其他国家。

六是集成能力最强，把高铁的五大系统能够集成起来。

七是创新能力最高。只有中国能够在短短五年中，建成高速铁路。从 2005 年到 2017 年，我们确实取得了很多创新成果。

八是高铁人才最多。

所以我们有明显的比较优势，这也为中国高速铁路走出去，与世界分享中国的成果奠定了一个比较好的基础。

八、中国高铁走出去面临的机遇和挑战

借助“一带一路”倡议，我们要走出去。走出去当然市场前景比较广阔，但也有很多挑战。实际情况可能跟国人普遍的一些期待，还是有差距的。

我前面也说了，高速铁路跟一个国家经济发展的速度和现状是要相适应的。高速铁路可以带动国家的经济发展，打造以高速铁路为支撑的经济走廊，是一个国家经济发展利益的重要选择之一。很多国家都有这种期待，但是也有一个很大的困境，就是手中没钱，所以纷纷向中国伸出橄榄枝，希望中国投资修建高速铁路，利用中国的技术、中国的承包商、中国的装备来修建。我感觉到发达国家也有这种需求，但是有很多的障碍。比如和美国在谈西部快速，就是芝加哥到拉斯维加斯的快速通道。谈了多少年了？七八年了，没有进展。美国的体制跟我们不一样，政府没钱，财政预算就那么多，政府把项目给了私人企业，让私人企业引进技术、引进资金，但私人企业根本推动不了。所以这个铁路几经谈判，都没谈下来，推进得非常缓慢。总的来说，很多国家都有对高铁的需求，中国高铁走出去技术是成熟的，装备成套出口的条件是具备的，所以中国高铁走出去有广阔的市场，但是项目的推进，确实有很多实际的困难，面临很多问题和挑战。“一带一路”倡议对中国高铁走出去应该说是搭建了桥梁，给我们带来了激励。

高铁走出去面临很大的竞争压力，像欧洲公司、日本公司的竞争。我们要进入欧洲市场很难，现在阿尔斯通、西门子联手成立了合资公司，就是要阻止中国高铁进入欧洲市场，加大了我们走出去的难度。西方国家别看它口头上说自由，说市场经济，实际上它在技术、

经济上限制条件还是很多的。

中国高铁的优势还是明显的，一个是技术的成熟，再一个形成了全产业的体系。还有就是中国高铁的成本比较低，有成本优势。当然建设经验、运营管理经验我们也很丰富。我们的人才储备也能满足输出的需要。

下面我再简单说两个方面的事情，一个就是我们的技术标准问题。我们说中国高铁要按照中国标准走出去，但要这样来理解，它不是中国的标准一成不变地走出去，实际上是中国标准的国际化和国际标准的中国化。因为中国标准是集日本新干线标准、德国的 ICE 标准、法国的 TVG 标准为一体的，中国标准本身就是在国际标准的基础上形成的。所以我们走出去是要使中国的标准更加融入国际标准的大体系。

另一个是知识产权问题。国际项目当中知识产权很重要，国外的法律意识很强，要求全部技术都要有知识产权做支撑并且要进行技术转让，跟我们当时引进的时候一样，就是要以市场换技术。既然我们是自主创新，是在引进技术上再创新，那么就有知识产权，我们也要进行知识产权保护，申请国际专利就是重要方法。

总之，中国高速铁路建设是我们国家综合国力的具体体现。中国高铁，没有照搬任何一个国家的技术体系，我们是在博采众长、消化吸收的基础上，通过试验研制、自主创新加以系统集成，形成了中国特色的高速铁路这么一个成套技术，经得起历史的检验。当然中国高速铁路永远在路上，我们将进一步在设计、研发、制造、应用上加大技术创新力度，使中国高速铁路一以贯之地以技术创新做支撑，永远成为世界高铁的一个示范，进一步为中国经济发展也为世界经济发展做出贡献，体现我们中国作为一个负责任的大国的担当。

今天跟大家的交流就到这里，都是一些个人意见，希望得到大家的批评指正。谢谢！

（本文根据刘辉2017年10月28日在中央和国家机关“强素质·作表率”读书活动2017年第10期主题讲坛上的讲座内容整理）

大脑的奥秘

主讲人：王佐仁

各位领导、同志们，上午好。非常感谢你们冒着酷暑来到这里，感谢中央和国家机关组织这一系列非常有意义的活动，也感谢承办单位和读书活动办公室的邀请。非常高兴来这里作报告。我也来自于中国科学院脑科学与智能技术卓越创新中心，这是中科院神经科学研究所和中科院自动化所联合组建的，由蒲慕明院士和谭铁牛院士共同担任首席科学家。两个月前谭院士来这里主讲《人工智能：天使还是魔鬼？》后，我今天再做一些补充，给大家汇报一下脑科学研究的最新进展。

一、脑科学研究的战略意义

我们知道大脑是很神奇的器官，存在着很多奥秘。我今天从几个方面，比较浅显和初步地给大家介绍一些脑科学研究的基础知识和应用情况。

1. 科学意义重大，是科技竞赛制高点

脑科学是人类认识自然的最后疆域。因为我们人类的历史使命就是认识世界、改造世界，而最难的就是对自己认知过程的认知。著名诺贝尔奖得主拉蒙·卡哈尔说：“只要大脑的奥秘尚未大白于天下，宇宙仍将是一个谜。”

在过去一百年中，关于脑科学的研究获得了近 20 个诺贝尔奖。世界顶级的科学杂志《Science》为了纪念创刊 125 周年，于 2005 年 7 月提出了 125 个重要的科学问题，其中就有 18 个属于脑科学，所占比例达到了将近 15%。这些都反映出，脑科学研究的意义重大，是世界各国科技竞赛的战略制高点。

2. 关乎人民健康的国家重大需求

中国经济发展迅速，人民越来越富裕，但是人口老龄化问题也日益凸显。上海的老龄化人口比例已经超过日本的全国平均值，由此带来的脑相关疾病问题逐渐突出。2010 年以来的数据显示，脑相关疾病的发病率越来越高。脑疾病不会使人迅速死亡，而会让人失能，拖得时间很长，给社会和家人造成沉重负担。只有从脑科学着手，在脑科学领域取得突破，才能从根本上推进脑相关疾病的预防和治疗。

3. 开发儿童智力脑，发展教育新方法

现在的孩子在暑假期间一直在补习，各种补习班很多。大家都很焦虑，不死记硬背就考不到好成绩，而这显然有悖于素质教育。所以研究大脑学习的过程，让小朋友们学会学习，这是我们脑科学研究的历史使命。我们希望能够发现和掌握人类智力发展的规律，改良教育方式，让素质教育成为主流，促进人才的全面发展。

4. 促进脑科学与类脑智能相关产业发展

现在最热门的两个领域就是人工智能和脑科学。与脑科学相关的产业方兴未艾。不仅如此，我们相信脑科学与人工智能相结合的产业，一定会在未来几十年大有发展。

5. 科技强军，保障国防安全

人类历史进程中有四次工业革命，第一次是机械化，第二次是电器化，第三次是自动化，第四次就是智能化。第四次工业革命将由脑科学和类脑智能主导。脑科学和军事有着密切的关系。我们知道，电脑由两部分组成，一部分叫软件（software），一部分叫硬件（hardware）。现在军事上出现一个新名词，叫湿件（wetware），指操纵软件和硬件的人或者生物体。把生物体跟人类的控制结合起来，跟军事的硬件和软件结合起来，发展出新的军事理论，已经成为引导军事革命的主流。所以制脑权已经成为各国军事战略家关注的焦点。

以上我从科学意义、健康意义、教育意义、产业意义和军事意义大概讲了一下脑科学研究的重要性，下面我们进入今天的主题：大脑有哪些奥秘。

二、大脑有哪些奥秘

大脑有这样一些特点：它低能耗，非常高效，学习记忆速度快，非常灵活，具有创造性，控制运动的能力非常强。

1. 大脑的基本结构

大脑里面有一个个的神经细胞。神经细胞细胞膜内外的离子浓度不一样，于是会产生一个跨细胞膜的电压差。当神经细胞变活跃时，会产生一个脉冲的动作电位。依靠局部的离子流动，动作电位能够在神经细胞的轴突上传递，一直到轴突末梢的突触结构。神经突触将电能转化为化学能，释放出一种化学物质传给下一个细胞。下一个细胞又将它转化为电信号，从而在脑子里一直传下去。这就是大脑基本工作原理。

脑是自然界最复杂的系统之一。大家知道我们的脑有多么复杂吗？我们有 860 亿个细胞，每个细胞可以跟另外 1000 个细胞形成连接，就会形成 100 万亿个连接。这种连接有多么复杂？比如电脑有网线的插口，把全世界网线的插口、互联网的接口加到一块，还没有大脑连接的数量多。

大脑的功能就更加强大了，我们的大脑有感知、运动、思维、智力等方面的功能。大脑是生物学的问题，也是物理学、化学等学科的问题。因为脑科学的研究，是一门学科高度交叉的全研科学，涵盖了生物学、物理学、化学，层次很多。要从整体层次、网络层次、环路层次到分子细胞层次等等都开展研究，所以脑科学是一门相当复杂的学科。

2. 大脑的低能耗和高效性

大脑的能耗是多少呢？一台笔记本电脑的功率大概是 110 瓦，而我们的大脑的功率是 20 瓦。这 20 瓦是怎么算出来的？你又没办法用电压表、电流表去测，你又没办法把大脑取出来测量。大脑功率的 20 瓦是一个估算，具体估算过程如下：一个体重 70 公斤的男性，每天要吸收 2500 卡路里的热量，才能保持身体不胖不瘦，就是基本上要消耗这么多的热量。这相当于一个人一天消耗的能量是 10500000 焦耳。一天的时间是 86400 秒（24 小时 ×60 分钟 ×60 秒），所以可以算出人体的功率是 121.53 瓦。又有人会问，你可以算出来人体总体的瓦特数，但你怎么知道这 121.53 瓦里面有多少是脑子用的？这就有个技术问题。有种仪器设备叫正电子扫描仪器（PET），它是检测体内葡萄糖消耗量的机器。癌症病人的葡萄糖消耗量高，所以 PET 能把癌细胞照出来。PET 也可以检测正常组织的葡萄糖消耗。葡萄糖就是我们的血糖，是最直接的能量消耗。用 PET 测量出人脑使用了身体六分之一，也就是约 16.67% 的葡萄糖。于是把人体的功率乘以 16.67%，得出我们人脑的功率约等于 20 瓦。所以这是一个有道理的科学估算。

我们来比较一下这两年很火的人机大战。现在阿尔法狗的风头正劲，我们看看阿尔法狗有多少功率。阿尔法狗有大量的中央处理器（CPU）和图形处理器（GPU），下一盘棋需要 120 个 CPU 和 176 个 GPU，仅这些处理器的功率就有 9 万瓦，还有旁边的电源、风扇等等各方面的能耗。加到一块，有人算出来是大于 15 万瓦，接近 20 万瓦。而我们大脑是 20 瓦，也就是说阿尔法狗的功率是人脑功率的一万倍。那么，李世石以一个人大脑的功率对付了 20 万瓦的功率。而 20 万瓦功率的机器要运转起来，还需要配置一百名工程师。所以从能耗上讲，人类并没有输。

为什么人脑会有这么高的能效性？比如现场有这么多听众，后面一位听众有与众不同的表现，我就能找到他。这是因为我们人脑有一种注意机制。什么是注意机制？就是大脑集中优势资源，处理当前最重要的人物，也就是提高利用功效。这种能力能够把无效的信号过滤掉，专门处理有用的信号，这是一个很重要的机制，机器很难做到这一点。

人类的注意机制有两种：一种叫无意注意，是自下而上（bottom-up）的过滤，也叫目标显著性的注意，意思是这个目标比周边其他目标更显著，从而引起注意。另一种是更高级的注意，也叫经验依赖的注意，或者说是由顶至下（top-down）的注意。人工智能可以比较好地实现目标显著性的注意，而要实现经验依赖的注意就很难。

3. 大脑学习与记忆的特征

我们人脑还有非常了不起的记忆体系。第一个优点是快速检索。举个例子，我是上个月见到郝院长的，今天我见到他的时候，我马上就想到，上个月某日，我在中国新闻出版研究院见到他。我想这个事情的时候，从来没有检索过昨天有没有见到他，前天有没有见到他，大前天有没有见到他。但如果我们要在电脑里找一个文件，电脑要把所有的磁盘都搜索一遍才能出结果。所以人类可以非常快地搜索。

第二，不需要穷举。这也是非常了不起的性能。例如我今天第一次见到了某位同志。见到这位同志的时候，我就知道自己以前从来没有见过他。而电脑做这件事情呢，又要把磁盘从头到尾搜索一遍，才会告诉你没有这个文件。人脑是怎么实现这点的呢？我把这位同志的相貌跟我脑子里存储的所有人的脸进行比较，找出其中最相似的人脸与之进行比较，结果这位同志和我最熟悉、最相似的那个人并不是同一个人，我马上就判断，我从来没有见过这个人。

第三，从局部到整体。比如我上次见到这位同志，他穿的是红衣服，这次穿绿衣服；上次他卷发，这次变直发了。虽然他的容貌发生许多变化，只要他的一些基本特征仍然存在，我就还是能把他认出来。这就是从局部到整体的能力。

第四，广泛联系。比如说我看到一张相声演员的照片，我就能马上意识到他是说相声的。从一个人相貌联想到他是干什么的，所有性质就能快速联系起来，这是很了不起的。这个性质是目前人工智能比较难以全面实现的，也是其发展的方向。

4. 大脑的灵活性和创造性

电脑数据由0和1组成，要么是0、要么是1，其数值是很固定的。人神经细胞之间的连接则是可以变化的，它是根据经验记性调整的。这个对我有用，我可以加强；那个对我没用，我可以减弱。就这样不断调整，不断创新。这叫做神经可塑性。

在神经可塑性研究方面，中国人做出了很大贡献。第一个是冯德培先生，1941年他在《中国生理学》杂志上发表论文，首次论述了短时程神经可塑性。他发现：在神经和肌肉接头的信号传递过程中，肌肉接头原来反应是很小的，受到刺激它就会变强，如有连续强刺激则其反应就会更强。

还有一个中国人也做了很重要的贡献，就是蒲慕明院士。他发现了一种很重要的可塑性的时间窗口，叫做放电时序依赖的可续性（STDP）。2016年，为表彰他在大脑神经可塑性分子和细胞机制研究方面所做出的开创性工作，美国神经科学学会将“2016年度Gruber神经科学奖”授予他，这是神经科学的国际最高奖。

人类学习非常了不起的一点是，具有小样本学习的能力。现在的人工智能深度学习，要依靠很多样本去训练才能学会，这叫做大数据依赖。但人类不需要，人类只要小样本学习就可以了，甚至只要看一次就能学会。

第二，人类有概念，能够触类旁通，由这个概念跨到另外一个概念，这也是机器做不到的。

第三，人类有创造性。举个凯库勒构思苯环结构的例子。凯库勒梦到六条蛇缠绕在一起，这使他创造性地构思出苯环六圆环的结构。这就是人类的创造性，而机器是实现不了的。

5. 人脑控制运动的精巧性

人脑还有一个非常了不起的性能，就是能够精细地控制肌肉的运动。大家说运动很简单，不就是一块肌肉负责收缩，一块肌肉负责舒张吗？你说得很对。运动确实是肌肉的拉和伸。但是我们人类有 600 多块肌肉，假设每块肌肉有两个状态，一个收，一个张，不算中间状态，600 块肌肉在两种状态下组合数就有 2^{600} 个之多。这是什么概念？它超过了宇宙中的所有原子数。宇宙中的原子数是 10^{80}，相当于 2^{266} 个。我们有个很了不起的结构叫小脑。我刚才讲了，人的脑子共有 860 亿个神经细胞。光是小脑就占了 400 亿，大脑皮层只占 100 亿到 200 亿。人类用了一半的神经细胞来控制我们的运动，所以我们的运动控制非常了不起。

现在要测试一个机械手有多厉害，最简单的办法就是抓鸡蛋。德国人在 2017 年发明了一个机械手，它能抓鸡蛋，并且百分之百确保鸡蛋不会破。他用两个吸盘把鸡蛋吸住，拎起来，再放下去。而人手是怎么抓鸡蛋的？有一位山东小伙子几年前创造了一个世界纪录，单手抓 14 个鸡蛋。由此可见，人类控制运动的能力有多么强。机器要达到人的运动控制水平，基本上是不可能的。

三、脑科学与人工智能的关系

1. 人工智能的主要流派与三大浪潮

人工智能的第一个流派是符号主义。符号主义曾长期占据人工智能的主流。它是源于数理逻辑、基于逻辑推理的智能模拟方法，它把所有问题变成一个数字、一个符号，然后进行运算，和人脑的工作原理是没有关系的。符号主义的代表人物叫艾伦·图灵，他被称为计算机科学之父，也叫人工智能之父，国外最著名的人工智能奖就叫“图灵奖”。中国的代表人物是吴文俊院士，他是中科院数学与系统科学研究院研究员，他提出用计算机证明几何定理的“吴方法”，开创了数学机械化。同样，中国最高级别的人工智能奖叫“吴文俊人工智能科学技术奖”。

第二个流派是连接主义。最近兴起一种方法叫深度神经网络、深度学习，这种办法就属于连接主义，是模拟人的生理神经网络结构，利用神经网络和神经网络间的连接机制与学习算法来实现人工智能。这种人工智能跟人脑的结构及工作原理是有关系的。随着深入学习的不断成功，这个方法越来越受到广大人工智能专家的认可，逐渐成为主流。举个例子，人工智能有个很重要的领域叫机器学习，而机器学习有很多种方法，包括决策树、遗传算法等，但这些跟人脑工作的原理都没有关系。只有人工神经网络发展的深度学习与人脑的结构及工作原理有关系，现在它已经成为热门的机器学习方法了。连接主义的代表人物，一位是“深度学习之父”杰弗里·辛顿，另一位叫哈萨比斯，他是“阿尔法狗之父”。

人工智能有三次浪潮。第一次浪潮发明了最简单的神经网络。之后辛顿提出了多层神经网络，把神经科学中连接强度可调的概念融入其中，通过反向传播去调节神经的连接强度，于是第二次浪潮开始了。但那时候计算机芯片只有奔腾 286、386，计算能力不行，很多任务完成不了。2006 年辛顿又提出深度的神经网络，发展了深度学习。我们现在正处在第三次人工智能的浪潮里。

2. 深度神经网络与视觉神经机制的关系

首先从神经科学讲起。有两个科学家，大卫·休伯尔和托斯坦·维厄瑟尔，获得了1981年诺贝尔生理学和医学奖。他们在20世纪60年代通过对猫眼的研究把哺乳动物识别物体的机制搞清楚了。1981年日本科学家福岛邦彦提出，人工的视觉属于多层神经网络。这套算法激发了随后的卷积神经网络的诞生。杨立昆和辛顿等发明了数学方法，把它的模型做出来了。这就是深度学习。

深度学习跟人类视觉一样，它有很强的适应性。任何信号都可以变成一个一个的像素点。以前的人工智能方法是一把钥匙，只能开一把锁，而我们现在的深度学习方法，它是一套万能的开锁工具，虽然第一次开锁不会很顺利，但是经过训练，它能把很多问题都很好地解决，这就是深度学习非常强大的原因。但是深度学习也有不足之处，它高度依赖于人，比如说我们拿一个X光片给机器读，它是读不出来的，必须要有人把脑袋画出来，告诉机器这是病人的脑袋，那是健康人的脑袋。画出来以后，再让机器读，这个过程叫标注。所以目前人工智能高度依赖人工标注，有一句笑话叫做，“有多少人工，就有多少智能”。这表明人工智能现在还不能够独立思考。

深度学习还有很大的问题，它只能识别一个最根本的东西，缺乏常识的概念。而检测人工智能水平高低的方法是看图说话，就是把一幅图画给人工智能检测，让它用一句话描述出这幅图画。假设有一幅飞机撞桥的图片让人工智能检测，它的识别结果是飞机停在高架桥上。但是它不知道相关常识，不知道是飞机撞在高架桥上。第二张图片是一个男人向女人求婚，但人工智能的识别结果是一个男人向一个女人推销钻石。人工智能没有常识，没有概念。形成概念也许是人类特殊的认知能力，目前想要让人工智能形成概念是非常困难的。

深度神经网络之父辛顿认为深度学习已经进入瓶颈期。他可能比较保守，其实现在就是发展脚步慢一点儿。他相信克服人工智能极限的关键，在于搭建一个连接计算机科学和生物学的桥梁。

3. 脑科学与类脑人工智能关联的几个层次

人工智能有类脑和不类脑两种。脑科学与类脑人工智能的关系有三个层次，分别是微观层次、算法层次和宏观层次。借鉴脑的整体功能来发展人工智能是一个办法。比如，我们人脑有具体的结构，有运动区、语言区。语言区前部是说话的语言区，后面是语义理解区、视觉区等等。要做一个类脑人工智能的机器人，你就可以仿照人脑把这些体系、系统全部做进去。这也是相互借鉴的方法。这就是宏观层次。

4. 脑机接口与增强智能

还有一种类脑的人工智能，属于人脑和机器一起识别的。脑机接口与增强智能，加在一起叫脑机融合，就是大脑和机器融合。左边是大脑，右边是电脑，它们之间可以相互传递信息。如果信息从大脑出来，去控制电脑叫脑控。如果把电脑的信息往大脑里传，让大脑获得更多的信息，有更强的能力，这就叫做增强智能或者控脑。

我们来看一下，首先是脑机接口，就是我们把脑子里的信号读出来，去控制汽车、轮椅、机械臂等等。中科院开发出一套目光打字的系统，通过一个电极帽，把人脑皮层发出的信号读出来。这时他若盯着一个字母一段时间，这个字母就能在电脑上显示出来。现在许多国家的军队也在研究这项技术。

下面我讲另外一个方向，就是用机器去控制大脑。首先是增强智能。我们总是觉得读书太累，背一个英文单词就得半天，幻想要是有个机器能够把字典输到人脑子里去，就不用背了，那该多好啊。美国的 DARPA（美国国防高级研究计划局）跟我们想的是一样的，他们想能不能把一个人的知识传给另一个人，于是，他们找来一个飞行经验非常丰富的飞行员，让他戴上电极帽，让他使用模拟飞行器飞行，在这个过程中把他大脑的脑电波信号全部记录下来，然后他们找一些没有什么飞行经验的新飞行员，把这些人分成两组使用模拟飞行器，第一组戴着不传脑电信号的电极帽，第二组戴的电极帽能够把资深飞行员的脑电波对应地刺激他们的大脑。最后得出结论，第二组的成绩比第一组高出33%。这个结果似乎提示了知识是可以通过脑电波传递给其他人的。当然，这还需要更多的试验加以证明。

5. 人工智能发展新方向与人工智能的伦理

我们还要讨论一个问题，就是脑机融合会产生什么后果。我们可以把知识传给大脑，可以把大脑能力增强。第一，富人是不是有权力变得更聪明？第二，有一个英国产的机器人叫索非亚，她有表情、笑容，她已经获得了沙特阿拉伯的公民权，机器人可以成为公民吗？第三，机器人有了感情，它和人的感情怎么处理？机器人可以与人类结婚吗？我觉得现在已到了讨论这些问题的时候了，因为这些问题出现的时间可能会比我们想象的快。

四、脑疾病与健康用脑

1. 儿童自闭症的症状及对策

现在自闭症儿童越来越多，自闭症儿童被称为“来自星星的孩子”，为什么这样叫？因为梵·高有一幅画叫《星空》，在这幅《星空》里每颗星星孤独地闪烁着。这些自闭症的孩子就生活在自己的世界里，就像一颗颗孤独的星星独自闪烁。自闭症儿童比较容易表现出来的症状有两个：第一，刻板行为，重复一些简单的行为；第二，很少跟别人交流。有些人认为自闭症儿童在某些方面智商超常，其实自闭症儿童大多数都智商低下。我们正常人的智商是100，自闭症儿童的智商普遍偏低，只要超过70就叫高能自闭症，就是自闭症里面高智商的。关于自闭症的成因到现在也没有完全解释清楚。与自闭症相关的核心基因有100个，一般基因有300个，所以到底是哪一个基因导致自闭症，现在也说不清楚。

2. 青少年网瘾的预防

以前大家觉得上网、打游戏没什么了不起。但是2018年6月18日世界卫生组织（WHO）发布了第11版《国际疾病分类》（ICD-11），其中新增了游戏障碍的诊断分类，正式将游戏障碍与合成毒品、酒精、烟草等一同列入物质使用与成瘾行为障碍。所以我们要提高警觉，关注青少年的网瘾问题。

3. 抑郁症的症状、病因以及防治

现代社会生活压力大，很多人会抑郁，但是抑郁不等于抑郁症。总体来讲，抑郁症有很多症状，比如说，记忆力不好、脑子不够用、心情不好等等。但抑郁症是有办法治疗的，可以用药物提高病人的神经兴奋性，然后通过心理治疗、物理治疗来克服抑郁症。

4. 帕金森症的症状、病因以及防治

帕金森症到目前为止是唯一一个阐述了发病机理的疾病。帕金森症早期有哪些症状？第一，面具脸，脸部表情不够灵活，有时候会流口水；第二，走路姿势异常，会曲腿；第三，易疲劳，睡眠不好，有社交孤立感；第四，小写症，写一行字时会越写越小。帕金森症阐述的发病机理是什么呢？就是病人脑子里面的多巴胺细胞缺失了。治疗很简单，就是补充多巴胺，但是人的大脑外围有血脑屏障，多巴胺无法通过，所以使用左旋多巴胺跨过血脑屏障进入大脑，来代替多巴胺。左旋多巴胺有些副作用，比如会让心律不齐等，并且左旋多巴胺只能用两到三年。现在有一种新的办法叫做深度脑部刺激，也叫脑起博器，就是把一个细小的电极植入患者的脑袋里面，然后在胸部贴两块电池，他感到震颤的时候，马上用开关把胸部的电池控制器打开，然后刺激大脑。深度脑部刺激可以让一个患者比较体面地生活 10 年。

5. 阿尔兹海默症的症状、病因以及干预

阿尔兹海默症的发病原因有两种说法。一种是淀粉样蛋白沉积，观察阿尔兹海默症病人的大脑切片，可以看到这种沉积。还有一种是 Tau 蛋白磷酸化的沉积。这两种说法都没有得到完整的理论证实。阿尔兹海默症有一些症状，比如喜欢独自徘徊、心理障碍、判断力下降、易怒、不安幻觉、定向能力下降等。阿尔兹海默症的诊断不仅仅靠这些症状判断，它还可以靠分子探针结合影像指标来确诊。

6. 普通人群认知能力随年龄变化的曲线

对大多数正常人来讲，认知能力在 45 岁左右会出现一个下降期，到老了以后会比较稳定。所以七八十岁的老同志记忆力下降是很正常的。

7. 中年人脑健康的常见问题

英国、法国在 2018 年发表的持续 20 年的调查结果显示，男性和女性的智力最早从 45 岁开始下降。该研究还指出，痴呆等疾病被认为需要至少 20 年到 30 年的演变过程，但是通过保持健康生活方式和良好的心脏健康状态，可以推迟疾病的发生。

8. 健康用脑的一些建议

第一，改善睡眠：高质量的睡眠有助于大脑健康。第二，保持心脏健康，防止高血压、高胆固醇和糖尿病的发生。第三，锻炼身体：有氧运动对大脑健康大有好处。第四，健康饮食：适度吃肉，多吃坚果、蔬菜和橄榄油。第五，积极社交：参加社交活动，多与朋友交谈。第六，勤用脑但不要持续长时间用脑：读书、写信、学习新的知识。

五、脑科学相关产业的展望

1. 脑功能评测与脑健康检查

第一，我们每年都体检，检查各项功能指标，但是却不检查人脑的功能。如果等到发现大脑出了问题，那就没法逆转了。所以我们正在研究一个检测正常人脑功能的工具。以前是量表，就是做问答题。但做问答题不管用，因为被试者可以做假、对抗，所以现在我们就把它隐藏在游戏里面，希望能够把正常人的脑功能检测出来。

第二，脑功能检测工作对军事也有很大的潜在用途。美军从 1917 年开始就用这种心理测试、智能测试来进行分类。他们以前针对每个个体，现在针对一个团体进行分类测试。美军选择了初创、发展、成熟这些阶段，第一阶段评测的结果是基本合格、不合格；第二阶段就会知道这个人是否适合在一般部队服役；第三阶段就要甄别更特殊的人群，比如这个人是否适合当潜艇兵、特种兵等。

2. 脑疾病诊断干预手段及药物研发

第一，脑疾病诊断。脑疾病诊断是一个非常大的市场。比如说，现在每个县的医院都要有一台核磁共振仪，金额都是很高的。第二，脑疾病干预，主要是物理干预，包括深部脑电刺激（DBS）、经颅磁刺激（TMS）、经颅直流电刺激（TDCS）。第三，脑疾病药物开发。遗憾的是，脑疾病药物开发几十年，成功的很少，90% 以上都失败了，一个很重要的原因是没有合适的模型。以前药物开发都是用小白鼠。但是小白鼠和人类相差太远了，小白鼠不得脑疾病，不得帕金森症，甚至连癌症也很少得。正常小白鼠的生命周期是72个月，在自然界小白鼠只有很少的机会得淋巴癌，其他癌症它是不得的。这些复杂的疾病，小白鼠根本不能反映出来，所以我们研发的药物大都失败了。目前，我们正在研发非人灵长类的疾病模型，有望对神经疾病药物开发带来新的曙光。

3. 脑机交互技术相关产业

脑机接口最简单的应用就是帮助残疾人做神经义肢。一个人的脊髓受到伤害后不能动，那么把他关于运动的脑信号提取出来，利用这些信号驱动机械臂来喝水，这种系统现在已被开发出来。但是这种系统需要把电极植入大脑，或者在脑膜外面放置一层探针，才能把脑信号提取出来。现在很多研究机构都在做基于脑机接口的神经康复，也叫主动康复。康复医院里面的病人50%以上跟脑疾病有关，而目前中国的很多康复医院只能起到照料作用，并没有能力帮助病人康复。那么现在我们就有主动康复技术来帮助病人康复，就是利用电极让信号进行脑内刺激。外边有个机器帮助他伸手，同时刺激他的大脑，让他以为手伸出来就是由他自己的大脑控制的，让他建立信心，然后不断进行反馈训练，这样就能帮助他恢复控制功能。

4. 服务机器人

不同服务机器人的功能有很大不同，服务机器人从事个性化服务，每一种都不一样。大家觉得服务机器人离我们很遥远，其实服务机器人已经来到我们身边。现在中国东方航空公司就已经开始启用迎宾服务机器人“东东”。这个机器人非常智能：第一，我和它对话，它可以认出我是个男的，所以它叫我哥哥。第二，我逗它一下，我说你生病了吗？它说没有。第三，我问它我的登机口在哪里？它说你要把航班号告诉它，它才知道我的登机口在哪里。这个迎宾机器人是有比较高的智能的。

还有就是餐厅机器人，由于现在的人工费用很高，所以餐厅机器人将来会应用得很广泛。机器人端茶送水上菜都没有问题，因为它配备了很好的传感器。但餐厅机器人目前最大的问题是它只会上菜、端盘子，不会收盘子，这就意义不大了，还要找人收盘子。这说明目前的餐厅机器人智能还不够，至少自主控制精细运动的能力是不够的。如果机器人能够自己收盘子，那应用群体就非常大了，我相信将来会实现这一点。

服务机器人将会广泛进入我们的生活。美国已将养老机器人作为阿尔兹海默症病人的一个医保项目。这种机器人可以为老人定时送药。而现在最关键的是研发护理机器人，这种机器人能够帮助病人翻身，可以把他抬下病床，帮他上轮椅，帮他洗澡等等。我们国内有陪伴机器人，在养老院能跟老人聊聊天。

5. 新一代神经形态芯片

现在 AI 芯片（深度学习加速芯片）很火，AI 芯片做得较好的厂商有国外的英伟达、英特尔等公司；国内的代表有寒武纪（NPU）、比特大陆（SOPHON）、百度（XPU）等。目前 AI 芯片只能叫深度学习加速芯片，因为它只能帮助我们深度学习，快速传输数据。现在主流研究的是神经形态芯片，代表性的产品是忆阻器，忆阻器芯片是 2008 年研制成功的。目前中国的研发水平只属于第三梯队，所以我们在努力追赶当今成熟、先进技术的同时，也不能放松对下一代颠覆性技术的关注和投入。

6. 群体智能的研发与应用

当下新的人工智能发展方向是群体智能。以前我们的人工智能，包括机器人，都是个体的，现在发展到很多个，是受生物群体的启发。比如蜜蜂群体是一个“蜜蜂社会”，各项活动都井井有条，这表明群体进化比个体进化有优势。生物群体研究指出：生物群体至少有两个类型，一种群体叫做有等级的群体，就是有类似蜂王的群体。第二种是无等级的群体，比如鱼群是没有等级的，根据这个原理就可以做出机器人的情景智能。现在比较常见的就是无人机的群体智能，无人机使用蜂群战术比单个飞机具有很大优势。我们可以派无人机群进行群体侦察、群体打击以及群体干扰。在民用领域也一样，我们现在的机器人只能做一件事情，如果机器人要做几件事情，组成一个团队肯定更好。现在的民用集群机器人还处在表演阶段，并没有进入实用阶段，但我相信机器人的群体智能是下一个发展方向。

六、脑科学研究的国际竞争态势

1. 美国脑计划（BRAIN）

美国脑计划是奥巴马政府提出来的，于 2013 年开始实施。它的关键目标是为探索脑内细胞与环路在思维过程中的实时相互作用开发新技术，以期解析脑功能与行为的复杂关系。它的终极目标是深入理解心智的内在原理，提高脑疾病的治疗与诊断水平。

2. 欧盟脑计划（HBP）

欧盟脑计划于 2013 年 1 月启动，旨在获得脑神经网络活动信息，利用超级计算机来模拟人脑。它的目标是：（1）建立和运行欧洲脑科学、认知神经科学和脑启发科学的研究架构。（2）收集、组织与传播关于脑与脑疾病的数据。（3）运用超级计算机模拟脑结构与功能。（4）建立脑的多尺度支架理论与模型。（5）开发脑启发计算。

3. 日本脑计划

日本脑计划于 2014 年 6 月启动，总体目标是建立绒猴的脑图谱，为掌握大脑的工作原理以及神经疾病的治疗提供基础。它的具体目标是：（1）发展绒猴为神经科学模式生物。（2）构建多尺度的绒猴脑图谱。（3）发展试验新技术。（4）建立脑疾病的转基因动物，并整合转化成果。（5）与全球的脑计划合作，共享技术与资源。

4. 中国的脑科学研究现状

中国脑计划还在筹划中，但中国的科学家很早就关注到美国和欧盟的脑计划。2013 年 5 月，美国、欧盟提出脑计划后，时任国务院副总理刘延东即批示科技部、中科院、教育部、基金委组织了多次研讨。2014 年 3 月至 11 月，由科技部会同各部委组织了脑科学、类脑智能、脑疾病等多次专题研讨会，制订了发展战略，细化了具体方案。2015 年 3 月，中国脑计划专家组向刘延东汇报了“脑科学与类脑研究”专项筹划过程和内容。2016 年 5 月，习近平总书记在全国科技创新大会上指出，“脑连接图谱研究是认知脑功能并进而探讨意识本质的科学前沿，这方面的探索不仅有重要科学意义，而且对脑疾病防治、智能技术发展也具有引导作用。”

中国的脑科学研究比较全面，以揭示脑认知原理为主体，同时有三个应用方向：第一，用脑功能解析来驱动与认知障碍相关的重大脑疾病诊治。第二，用于帮助儿童和青少年的脑智开发。第三，用脑机融合的方法来推动内脑智能技术的发展。

5. 全脑介观神经联接图谱国际合作计划

人类的基因有基因图谱，人脑也要建立图谱。人脑图谱，是神经科学的基础。介观图谱就是将每个细胞的联接方式搞清楚。现在全球的科学家正在合作进行这项研究，并召开了多次研讨会。

探索脑的奥秘是人类认识自然、认识自身的重大挑战。通过脑科学研究促进人的创新能力发展，提升人民健康水平，是国家重大需求；社会各界对脑科学研究可能带来的技术创新和新兴产业发展有着重大期待。我们应抓住机遇，积极筹划，尽快启动“中国脑科学计划”及“全脑介观神经联接图谱国际合作计划”，参与国际竞争，抢占战略制高点，实现跨越式发展。

（本文根据王佐仁2018年7月28日在中央和国家机关“强素质·作表率”读书活动2018年第7期主题讲坛上的讲座内容整理）

认识我们的宇宙

主讲人：武向平

谢谢各位领导，各位朋友。非常感谢有机会为大家讲讲我们的宇宙。

提到宇宙，你们首先会想到什么？大家首先会想到宇宙太大了，遥不可及、无边无际、深奥莫测，甚至想到宇宙离我很遥远，与我无关。当然，有很多朋友也可能会通过宇宙联想到哲学观，甚至是宗教观。

的确，有人说宇宙非常大，无边无际，根本没法研究；有人说有母宇宙，也有子宇宙，我们生活的宇宙就是由母宇宙诞生出来的一个子宇宙；也有人说宇宙像泡沫一样，存在很多个，而人类只能孤零零地在自己的宇宙里待着，不能到别的宇宙中去；还有人说其实宇宙的概念是假的，是科学家用数学公式、物理定律造的数学模型……

今天我与各位分享的是我们天文学家看到的宇宙，是基于我们今天观测到的事实而勾画的宇宙。

一、宇宙的基本特征

1. 宇宙的名字、年龄、大小、成员和诞生

首先来看宇宙的名字。事实上我们老祖宗对宇宙的理解是非常准确的。查阅我们的《新华字典》就会发现，“宇”的释义是上下四方，“宙”则是古往今来。“上下四方”讲的是空间，而“古往今来”讲的就是时间，所以宇宙的中文名字要远远贴切于其他文种（如英文名字Universe）。那么空间和时间又是由什么决定的呢？根据爱因斯坦的广义相对论，空间和时间是由物质决定的，所以人们往往把宇宙想象成包含所有物质的集合。

再来看看宇宙的年龄。138 亿年前诞生了宇宙，故而今天它 138 亿岁，听上去年龄非常大，但其实它还是个婴儿，还在不断成长。

宇宙有多大？今天宇宙的高度是一串很长的数字，以米为单位，一共 26 位数，前面五位数我们可以测量出来，是 42895，后面测不准的数字就用零表示。所以宇宙是可以用尺度来丈量的。

宇宙的体重，我们以密度来表示，即单位体积有多重。今天天文学家测出来的宇宙密度是一个非常小的数，以小数点开始，后面有 30 个零，最后三位数“417”，单位是克 / 立方厘米。所以宇宙的密度非常低，比空气的密度还低 10^{27} 倍，而这个密度还在降低，因为它的身高还在长，所以宇宙会越来越轻盈。

宇宙的基本成员有两种：一种是如银河系这样的星系，宇宙中有一千亿个像银河系一样的星系；另一种是我们熟悉的星星，每个银河系这样的星系平均包含约一千亿颗恒星。我们常说天上的星星数不清，其实天上的星星数得清，大约有 10^{22} 颗。

2. 人在宇宙中的地位

在茫茫宇宙中我们常常感到很迷惑，我们站在地球上仰望宇宙，会认为自己就在宇宙的中心。但事实真是这样吗？我们可以来一次太空旅行，旅行的出发点就在北京，当你离开北京回首大地，我们会发现北京的地理位置并不是中国的中心，离开国土会发现中国也没有在地球的中心，而是东方的一个大国。当我们离开地球会发现，地球其实是太阳系的第三颗行星，也没有在太阳系的中心。当我们离开太阳系就会发现太阳系身处银河系中，并没有位于银河系的中心，也没有位于银河系的边缘。实际上银河系的中心是没法生存的，因为那里是黑洞，而且在银河系中心恒星的密度非常高，如果太阳系带着八大行星住在银河系中心的话，运行轨道可能会被其他星球影响，根本无法维持一个稳定的轨道，也就不会有生命形成。最后当你离开银河系消失在宇宙中，就会发现自己仅仅是茫茫宇宙中的一粒尘埃。

人类在宇宙中根本没有任何特殊的位置，即便没有地球、没有太阳，甚至没有银河系，我们的宇宙也照样存在。我们只要想想，古人类至今也不过几百万年，人类的文明史不过5000年，没有人的时候地球就存在，宇宙也存在。如果哪一天地球上没有了人类，我们的宇宙还会依然存在。从这点看人类很悲哀。但我们又是伟大的：人类体积虽然非常渺小，微不足道，但我们有聪明的大脑，有卓越的智慧，能认识宇宙，看穿宇宙，认识万物的演化规律，甚至知道宇宙未来的命运。宇宙中没有任何东西能做到！

二、宇宙的起源

1. 宇宙膨胀的发现和大爆炸的痕迹

今天的宇宙学已经进入精确宇宙学的时代。

在宇宙学的发展过程中有许多做出过重大贡献的人物，其中最关键的一个人无疑是哈勃（太空中的哈勃望远镜就是以他的名字命名的）。哈勃是宇宙膨胀的发现者，他观测到银河系周围24个星系都在彼此远离，而且距离越远的，离去的速度也越快。今天的天文学家把哈勃当年的观测范围扩大到上千倍、上万倍，验证了哈勃的发现是对的，就是距离我们越远的星系远去的速度越快。大家感到兴奋的同时又觉得很困惑，为什么它们都远离我们而去，距离越远离开得就越快？如果哈勃发现的这个规律是对的，那么宇宙这么大，我们总能设定一个距离，距离只要足够远，它往外奔跑的速度就会比光跑得还快。人们在几十年后才意识到，哈勃看到的现象并不是简单的多普勒运动，而是宇宙空间的整体膨胀。空间的膨胀使得电磁波的波长被拉长了，所以看到的波长像在运动一样。

如果整个宇宙空间在不断膨胀，那就有一个非常简单直观的推论，因为大家一起在膨胀，如果我们将时间后退一步，退到昨天，那么大家靠得就近一点；退到前天，大家靠得就更近一点……若大家一起一直倒退，那么在遥远过去的某一天，大家一定会碰在一起的。这个时候我们就会想，人们难道不是从同一个地方来的吗？沿着时间发展的轨迹来看，宇宙不就是从一个点爆炸形成的吗？于是产生了宇宙应该来自大爆炸的传说。

俄罗斯裔物理学家和天文学家乔治·伽莫夫在1948年及1956年两次做出预测，如果宇宙来自大爆炸，大爆炸的火球在不断膨胀，越膨胀温度就越低，那么宇宙大爆炸的火球冷却到今天的温度是摄氏零下 267 度（6K）。十年后，贝尔实验室的两位工程师偶然发现了大爆炸火球的遗迹：他们利用旧雷达天线和灵敏的接收机偶然发现了微波背景辐射的存在，且温度等效摄氏零下 270 度。这个重大发现在 1978 年获得了诺贝尔物理学奖。哈勃发现了宇宙的膨胀，加上人们找到了大爆炸火球的遗迹，使我们坚信宇宙的确起源于大爆炸。

2. 宇宙元素的起源

质子、中子、电子结合起来就会形成一个原子核。而宇宙早期的温度非常高，粒子运动速度非常快，质子、中子、电子是无法结合起来的。但是随着宇宙的膨胀、温度的降低，有一个时期宇宙的温度非常适宜形成基本的元素，这三种粒子就可以结合起来形成原子核。

宇宙中形成的第一个元素就是由一个质子和一个电子组成的氢。第二个元素就是两个质子、两个中子、两个电子组成的氦。可是当第三个元素锂要形成的时候，宇宙已经冷却了，并且锂原子很复杂，结合起来需要更高的能量。所以根据计算，大爆炸之后宇宙只诞生了两个最轻的元素：氢和氦。宇宙中只要有 1 个中子就大约有 6 个质子，质子比较多，形成的氢就比较多；中子比较少，形成的氦就比较少。科学家根据简单的比例配对计算后发现，宇宙中有 77% 的物质是氢，23% 是氦。但起初人们并不相信，宇宙中怎么会只有两种元素呢？后来人们做了一个分析，通过研究太阳发现，太阳的成分就是 77% 的氢和 23% 的氦，这解释了太阳为什么会发光。阳光来自于太阳中心的核聚变，氢发生了核聚变，在变成氦的过程中产生了热量才有了阳光。正因为这样，太阳总有一天会把氢消耗殆尽，此后太阳就会消亡。并且通过计算发现，太阳今年已经 50 亿岁了，再活 50 亿岁就会消亡。再分析宇宙中的其他天体（除了较小的行星系统和致密系统），它们基本上都含 77% 的氢和 23% 的氦。

元素周期表

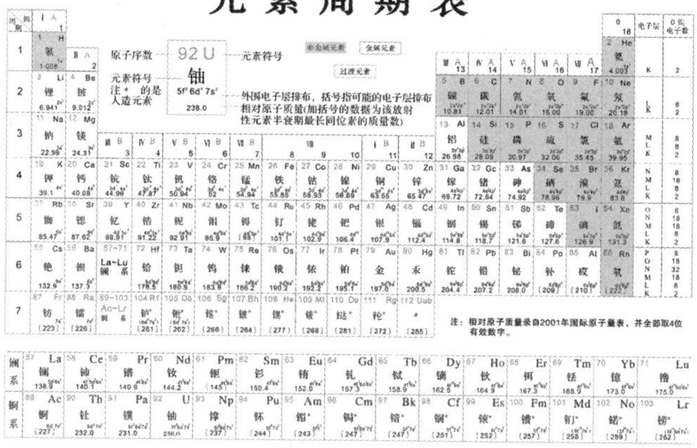

我们看看化学元素周期表上的元素，除了氢和氦是宇宙大爆炸时就产生了，其他的元素是怎么来的呢？元素周期表中除了那些人工合成的非常重的元素，其他元素均来自天上，它们来自恒星内部的核反应，两个氢合在一起变成氦，氦合在一起变成锂，锂合在一起变成铍，如此一直合成下去。当太阳系形成的时候，这些元素落在太阳系里，当地球形成的时候把这些元素再抓起来，地球上就有了这些丰富的元素。

3. 宇宙力的起源

自然界有四种力，我们最熟悉的力是万有引力，此外还有电磁相互作用力、弱相互作用力、强相互作用力。既然所有物质都来自宇宙大爆炸，那这四种力也必然来自宇宙大爆炸，所以人们提出了“大统一理论”，就是希望把自然界的四种力完全统一在一起，这个大统一的舞台就是大爆炸。

今天人们已经把电磁相互作用力、弱相互作用力、强相互作用力这三种力统一起来了。只剩下了万有引力。为什么万有引力不能统一进来呢？万有引力是宇宙大爆炸后产生的第一种力，当时的能量非常高、压强非常大，地球上的实验室无法开展相关研究，只有宇宙空间才能做。尽管大统一的方向可能是正确的，但是万有引力的统一还要等一段时间。

三、宇宙未来的命运

1. 膨胀还是收缩？

今天的宇宙在膨胀，未来的宇宙将向何处去？人类能够预知宇宙未来的命运吗？宇宙中物质的多少决定着宇宙未来的命运。宇宙中的物质如果特别多，就会产生足够的引力，终有一天可以阻止宇宙的膨胀，让宇宙膨胀变慢，直到停下来，甚至还会收缩回来。相反，如果宇宙中没有那么多的物质，宇宙就会永远膨胀下去。所以宇宙膨胀还是收缩，就取决于一个值——宇宙中物质的数量。不过这个值很容易计算，大约每立方厘米中有百分之一个电子质量就足矣，这个值非常之小。

如果宇宙中的物质足够多，那么宇宙会因为收缩不断升温，总有一天万物会被烧死；如果宇宙中没有那么多的物质，宇宙就会永远膨胀下去，温度不断降低，万物就会被冻死。但不管怎样，那都是很遥远的事情。

2. 暗物质和暗能量

放眼整个宇宙，宇宙中是不是只有星星，我们眼睛看到的是不是就是真实的宇宙？答案是否定的。人们看见的仅是可见光带来的信息，宇宙中还有很多人眼看不见的物质。比如同一个星系，人眼看到的样子，与红外望远镜、X射线望远镜、射电望远镜等看到的样子都不一样，这是因为同一个物体在不同波段中展现出了完全不同的形态。如果天文学家只数了能看到的星星，就推断宇宙中的物质太少了，不能让宇宙停止膨胀，那么就可能忽视了很多宇宙中看不见的东西。那如何能测量出有多少看不见的物质呢？地球围绕太阳转，转一圈用365天，从旋转的轨道和周期可以知道太阳有多重。1933年，瑞士的一位天文学家通过测量几十个银河系大小的星系在星系团里的运动，得到了星系团的质量。结果发现通过测量运动得出的质量比测量发光得出的质量高了400倍！

20世纪70年代，人们开始测量银河系等星系，通过恒星绕星系转动的速度计算出星系的质量，结果发现星系中大部分东西根本不发光。我们看到的银河系只是10%的银河系，还有90%的部分根本没看见。后来人们通过引力的办法、运动的办法，在过去20年中测量了大大小小各种星系和星系团，结果发现宇宙中86%的物质居然不发光，我们把它们称为暗物质。

即使把暗物质的贡献计算进去，我们发现仍然不能让宇宙停止膨胀，天文学家只能得出结论，宇宙将永远膨胀下去。整个宇宙的辐射温度将会越来越低，而且是不可逆转的。但是宇宙的膨胀也有3种方式，膨胀的速度是加快、减慢还是匀速？1998年，3位天文学家领导的小组各自独立做了测量，同时发现了一个现象，即宇宙的膨胀是加速的。这一惊人的发现使得这3位天文学家被授予了诺贝尔物理学奖。

这也引出了一个问题，宇宙膨胀我们没有办法阻止，而且宇宙还要加速膨胀，是什么让宇宙加速膨胀？我们知道一个系统没有注入能量是不会膨胀的，现在宇宙都变冷了却还在加速膨胀，这是为什么？这归因于“宇宙的幽灵”——暗能量的存在。

当今笼罩在21世纪物理学上的两朵乌云就是暗物质、暗能量。暗物质就在太阳系的周围，而暗能量也是能够感受到的，就是宇宙在加速膨胀。目前，我们只认识了4%的宇宙，还有96%的宇宙是未知的，其核心问题就是不知道暗物质、暗能量的本质是什么。

现在物理学界上天入地做的一件事情，就是寻找暗物质。在空间站上有丁肇中先生的阿尔法磁谱仪，还有很多其他的地下实验，大家都希望找到暗物质。中国拥有目前世界上最深的暗物质实验室，在四川的锦屏山，清华大学和上海交通大学在那里各进行一个实验来寻找暗物质。2015年，我国还发射了第一颗暗物质粒子探测卫星“悟空号”。习总书记还在新年讲话中专门提到这件事情，大家对它寄予很高的期望，期待我们中国人的卫星在天上能够观测到暗物质湮灭的信号。

四、宇宙答疑

关于神秘的宇宙的确有很多问题，可以列出好几页纸，大家经常会问有没有外星人，有没有黑洞，地球会毁灭吗？我现在给大家简要地回答这些问题。

1. 宇宙大爆炸的能量从哪里来？

宇宙大爆炸的能量来自于真空的破缺。简单来说，原来的真空能量比较高，当真空突然从高能态转为低能态，能量就出来了。真空是宇宙各个地方都有的，膨胀的时候也是各个地方同时开始，今天全宇宙的真空都处在同一态，就是摄氏零下273度。那么宇宙会不会再发生一次真空破缺，导致绝对零度由零下273度变为零下400度？理论上讲是可以的，但是实际上不可能。理论上，这个真空要再骤变一次，需要宇宙各个地方同时变。当初宇宙爆炸的时候空间比较小，现在空间这么大了，各个地方同时改变一次真空态的概率等于零。

2. 宇宙中有黑洞吗？

我们总说有一天所有物质都会掉进黑洞，那么黑洞真的存在吗？如果把地球的直径压缩到1厘米，把木星的直径压缩到3米，把太阳的直径压缩到3公里，那就是黑洞。大家对黑洞的理解，就是它会把一切东西都吸进去。那么宇宙中到底有没有黑洞呢？我们可以做一个简单的观测。银河系有2300亿颗恒星，每颗恒星都围绕银河系中心在转，银河系中心有什么东西？天文学家通过观测发现，银河系中心的所有星星都围绕一个黑点在转，根据它们运动的椭圆轨道，可以算出来这个黑点的质量，它的质量比太阳大了400万倍，所以大家相信这个黑点就是一个黑洞。目前，人们正在测量这个中等质量黑洞。

3. 宇宙中有其他生命吗？

人们很关心茫茫宇宙中有没有和人类一样的生物。天文学家相信外星人吗？也许相信，天文学家们也在寻找地外文明。我们主要用三种观测方法：第一，我们想找找有没有适合人类居住的星球，如果没有这种星球大概就不存在外星人；第二，能不能截获到外星人的通话，如果他们的文明程度足够高，应该可以发射信息；第三，构成生命必须有有机分子。

天文学家在 1993 年发射了一颗开普勒卫星，专门寻找适合人类居住的星球。这颗卫星把围绕太阳 3000 光年范围内所有的行星、恒星系统全部都找了一遍，发现有 4% 的类地行星；有 23% 是超级地球，比地球大多了，等等。2014 年人们发现了第一颗与地球几乎一样的行星。2015 年，人们找到了第二颗这样的行星。2017 年又发现了与太阳系几乎一样的星系，被称为开普勒 -90 系统。这个星系中行星系统的轨道排列和我们太阳系的轨道排列几乎是完全一样的。目前，天文学家把全世界许多的射电望远镜集中起来，对着这些星球做谱线分析，想进一步观察上面有没有水分子，有没有臭氧，有没有甲烷，有没有二氧化碳，因为这些东西是人类活动的痕迹。

4. 世界末日会来临吗？

最后一个问题，讲讲人类的命运。民众容易被虚假消息忽悠，比如说 2012 年是世界末日。从天文学角度讲有没有世界末日？答案也许是肯定的。对地球最大的一个威胁是伽马射线暴。伽马射线会产生非常强的高能辐射，宇宙中每天都有两到三个伽马射线暴爆发，它在 1 秒钟内可以把太阳一生的能量全部释放出去。庆幸的是在银河系至今都没有发现伽马射线暴。现在没有人清楚地知道它的发生机制，如果在银河系出现伽马射线暴，而且波束正好照到太阳系，那么地球瞬间就会被毁灭。

还有一个威胁来自于水。生命依赖于水，地球上的水资源是有限的，而太阳在不断燃烧氢，它的外围会变得越来越亮，有理论计算表明，太阳的亮度每 1 亿年会增加 1%，那么 15 亿年以后地球的水就全部被蒸发了，所以人类要考虑移民到外星球的事了。很多年前，一些社会学家、教育学家、科学家就已经意识到这个问题，试图建立第二个地球。科学技术发展非常快，我们还有很多年的时间来准备太空移民，将来的科技一定可以让人类在外星球生活得非常好。

非常感谢大家！

（本文根据武向平2019年1月26日在中央和国家机关“强素质·作表率”读书活动2019年第1期主题讲坛上的讲座内容整理）